La Risa es un Carnaval
(Melting Pot)
By/ Por
José E. Polo Madero
(Polito)

Printed in the United States of America

First Printing: July 2018
Lulu.com

ISBN-978-1-387-92976-4

CRUDA CARICATURA

Ya es hora de que el muchas veces despreciado género de la **caricatura** sea rescatado de la sonámbula afirmación de que es algo **pasado** de moda. Las caricaturas de José Emilio Polo (Polito, es su **nom** *de plume*) son tan pasadas de moda como pueden serlo los **dramas** griegos, las novelas de Faulkner o las películas de Chaplin.

Narrador de imágenes más que pintor, Polo ha logrado con sus ingeniosos dibujos algo casi imposible sobre un simple pedazo de papel: que tengan movimiento y que emocionen. Los objetos físicos que durante años han sido puros apoyos mecánicos en el arte de la caricatura, se han convertido en vitales símbolos humorísticos en la obra de Polo. De forma genuinamente intuitiva, Polo percibe las limitaciones del género, y se involucra de lleno en su material, estableciendo sin titubeos un principio artístico que es paralelo a un principio físico: la sola observación de las partículas altera las propiedades de esas partículas.

Dibujados por una mano que no se detiene en preciosismos y que, al mismo tiempo, no pierde detalle alguno, sus trazos son disparos de adrenalina limpios, cínicos, directos, funcionales. Su constante invasión en nuestras ordenadas vidas cotidianas, con las situaciones más atrozmente ciertas nos sacude del letargo de la poltrona y nos hace observar la intolerable intromisión de las catástrofes modernas. Es el mundo de un artista que se detiene para meditar (y para burlarse) sobre lo que tiene frente a él, un mundo donde se alternan la calma y la aventura, pero también la nostalgia y la locura.

La atmósfera que crea produce un hechizo que, aun sin conocerlo mucho, resulta típicamente suyo. A veces no hacen falta palabras para saber todos los elementos morales en un cuadro, en una fotografía o en una caricatura. Su arte es uno de los últimos legados de una raza de transeúntes incansables y, como tal, es infinitamente serio. En su universo, cualquier tema, del sexo a la ecología o la política están trastornados: no es sino un expresionismo con los nervios destrozados.

En sus héroes hay siempre un rasgo conmovedor y vulnerable, **y si algo** los sostiene, es a la vez el humor y el dolor; no es casual **que sus rostros** tengan una elocuencia y una ternura sorprendentes **en las situaciones** más caóticas. Es evidente que Polo tiene una **habilidad**

pasmosa para establecer de sólo un pincelazo el estado de ánimo de sus personajes.

Invariablemente se trata de un estilo muy personal y diferente que Polo ha logrado de tal forma dominar, que puede hasta darse el lujo de intercalar pausas y contemplaciones para expresar sus sentimientos. Sus últimos trabajos contienen no sólo su estilo más depurado y su punto de vista más visceralmente expresado, sino también la actitud de un artista hacia su época y hacia la decadencia de sus valores morales. Su maestría radica en una ácida y feroz economía de expresión que ha alcanzado durante 25 años dibujando sin parar garabatos. En la mejor tradición de un músico de jazz, un poeta o un actor, pocos caricaturistas hispanoamericanos han representado mejor el concepto de la improvisación; su arte nunca es más visual que personal, más decorativo que significativo, y muchos críticos incluso han visto más de lo que él quiso poner conscientemente. Que la obra trascienda las intenciones y tenga mil interpretaciones diferentes es lo máximo que un artista puede desear.

Su extraordinario eclecticismo de temas hará de Polo un mal sujeto para un aburrido análisis académico de su obra, porque el secreto de su estilo habrá que buscarlo, sin duda, en otra parte, acaso en la maraña de la ambigüedad en lo imparcial. Llegó a la caricatura a través de la televisión, del periodismo y del cine, donde aprendió a valorar el drama diario como una tragedia no trágica, de ahí que sus instintos más remotos rehuyan el sentimentalismo más facilón. A veces da la impresión de que Polo parece destruir lo que construye con tanto amor; eso es precisamente parte de su espontánea ambigüedad como artista, la clave definitiva de que su humor es más felizmente corrosivo que condescendiente.

Sus caricaturas son innegables crónicas de una angustia muy propia de la que se nutre su inspiración. En un siglo que ha parido pesadillas kafkianas como Hitler, Pinochet y Castro, él no es, como no lo es tampoco ningún otro artista contemporáneo legítimo, una víctima de la paranoia: es realmente un perseguido.

Jorge Posada

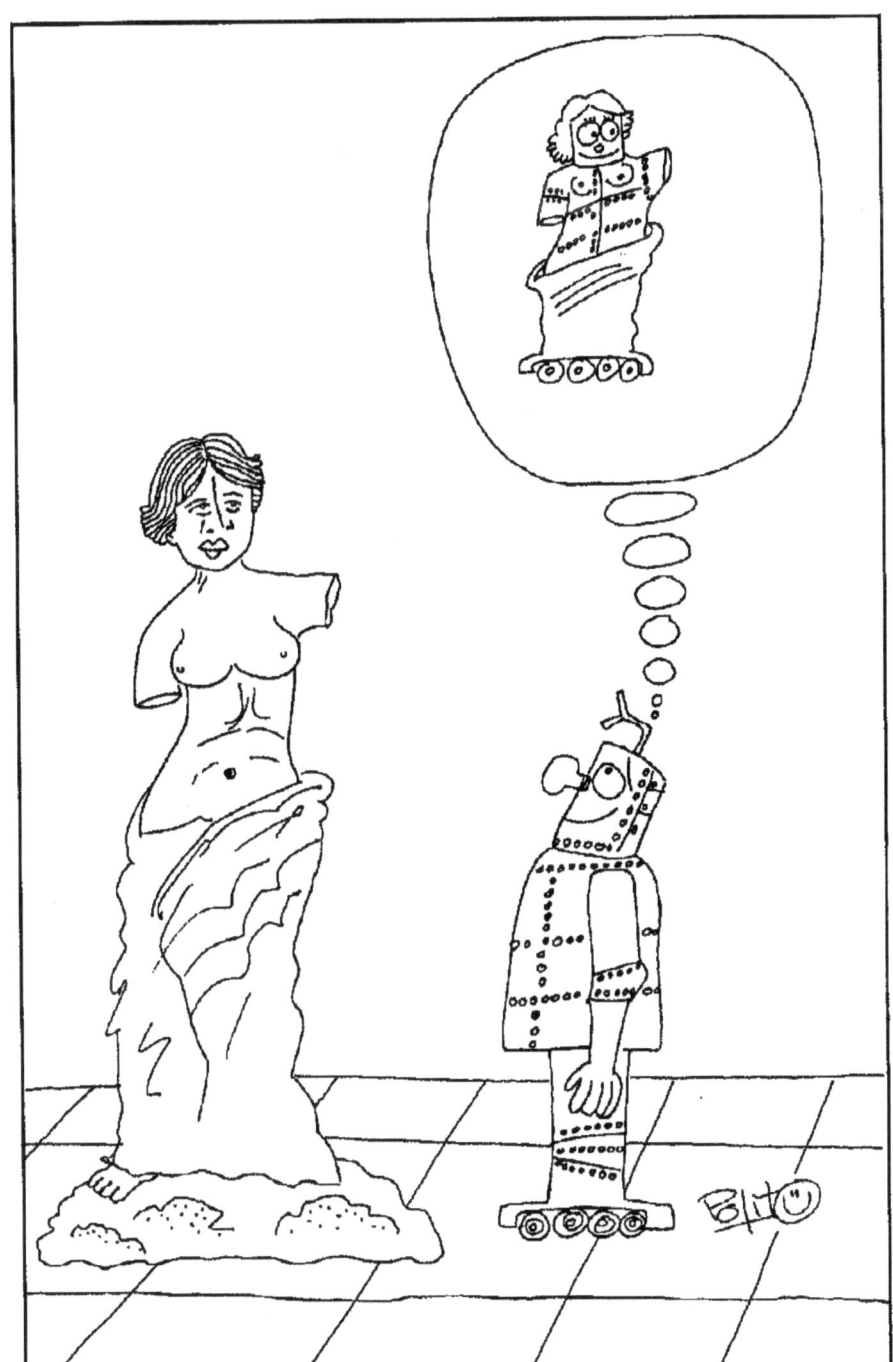

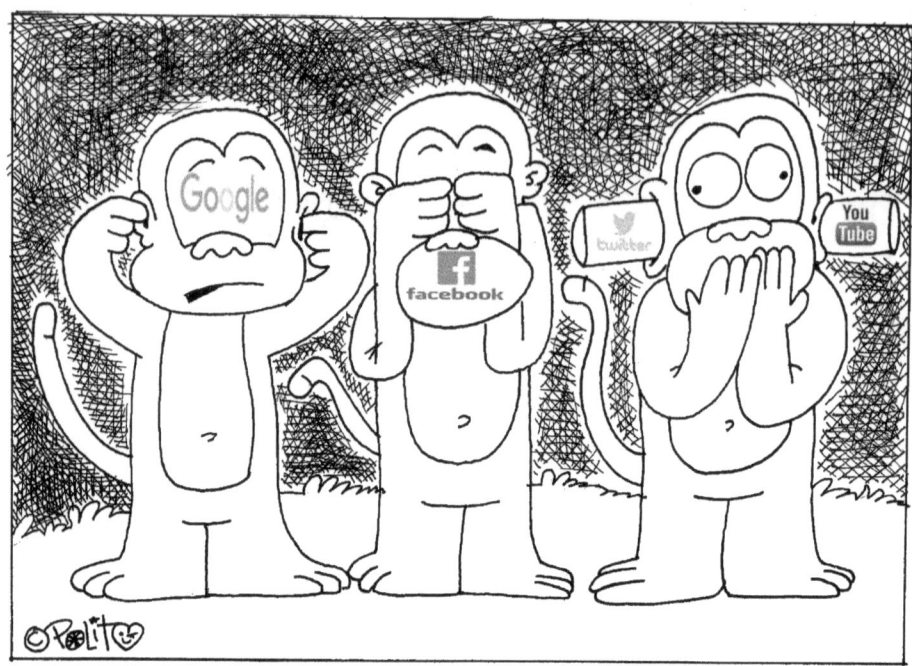

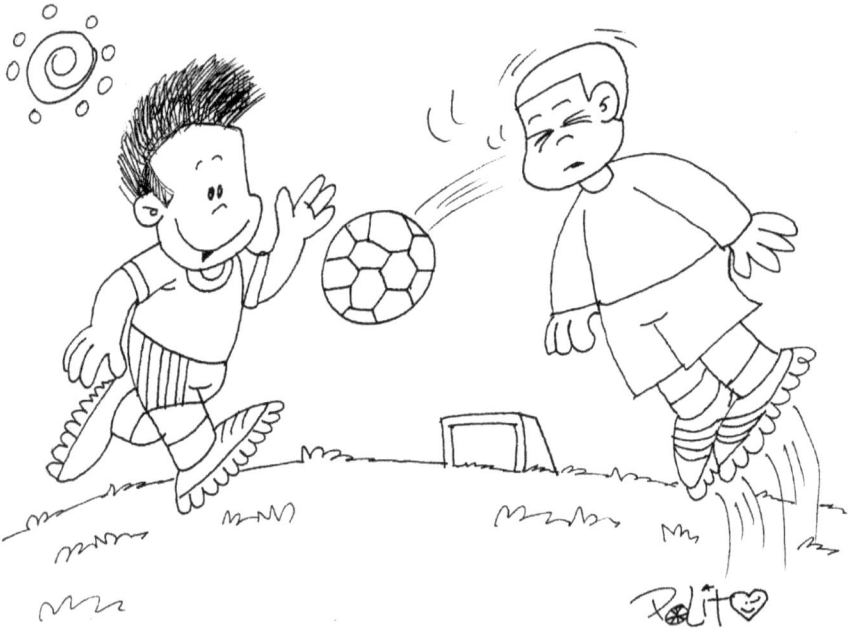

_ Un decreto Presidencial va a juntar a los padres ilegales con sus hijos.
_ ... Y los dos millones y medio de familias ilegales que separó
la administración anterior durante 8 años:¿ Por qué será que nadie habla de ellos?
_ An executive order will bring together illegal parents with their children.
_ I am asking myself: ... And why nobody talks about the two million
and a half families that were separated by the former
administration during 8 years?

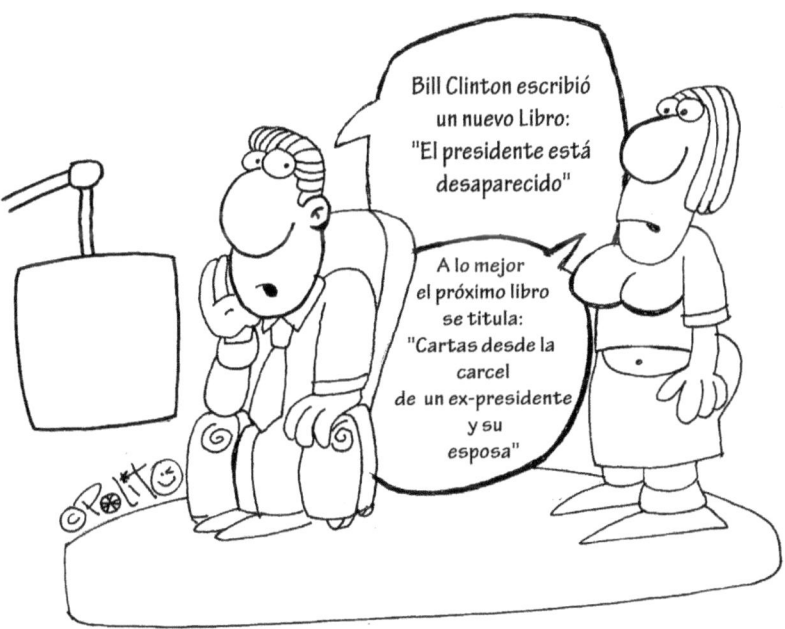

_Bill Clinton wrote a new book: " The president is missing"
_ Maybe the title of the next book will be: " Letters from Jail of an Ex-president and his wife.

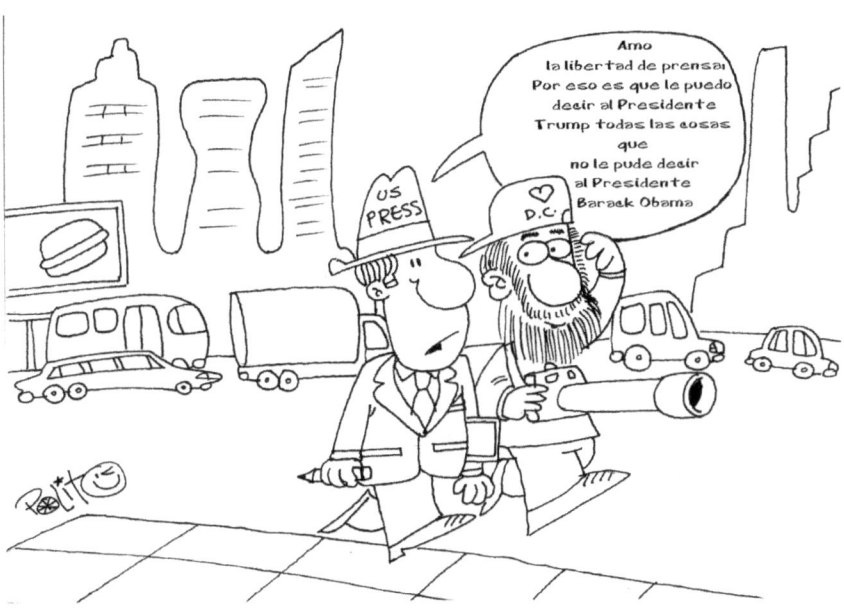

I Love the freedom of press:
That's why I can tell President Trump all the things
I was not able to tell about President Barack Obama

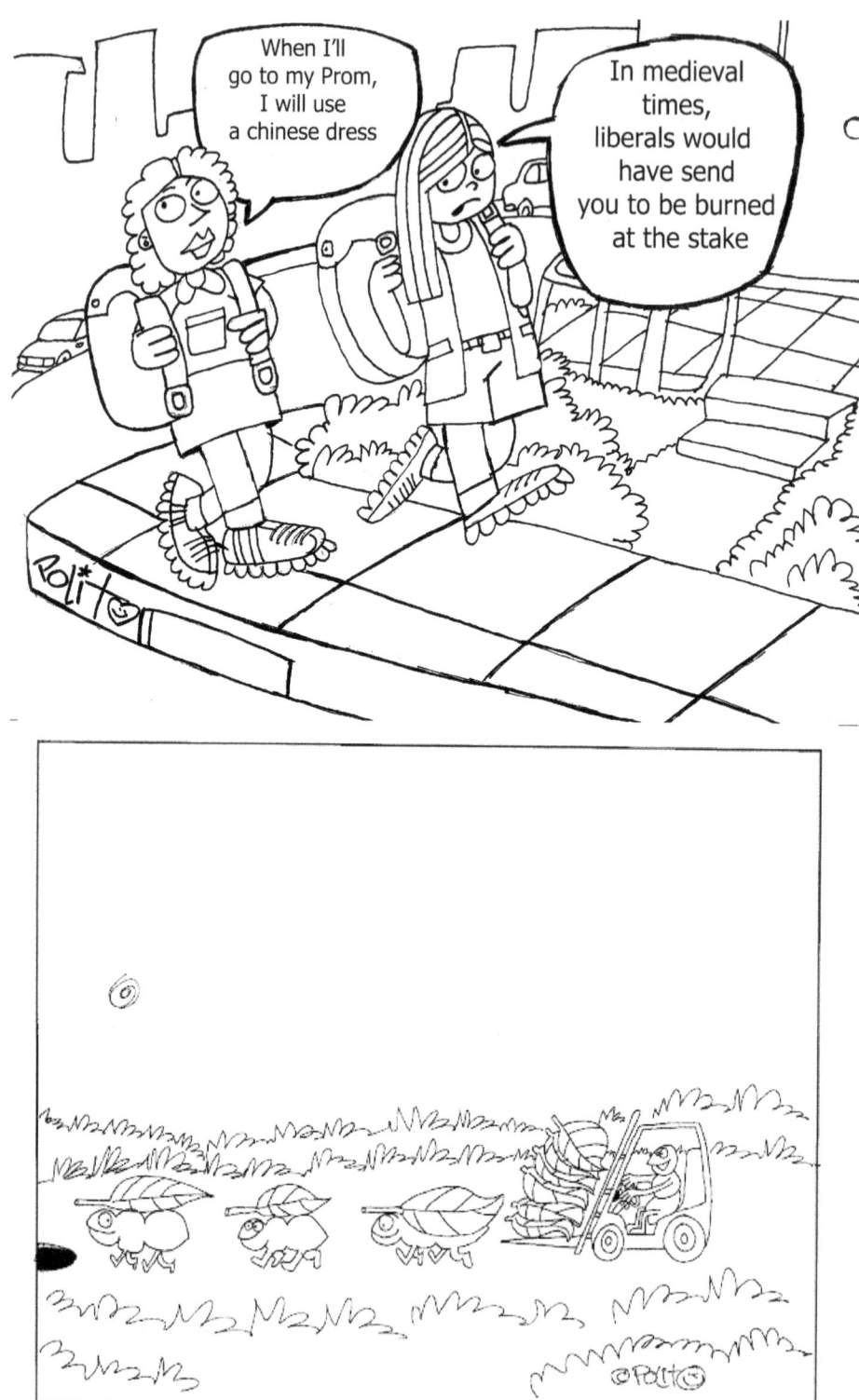

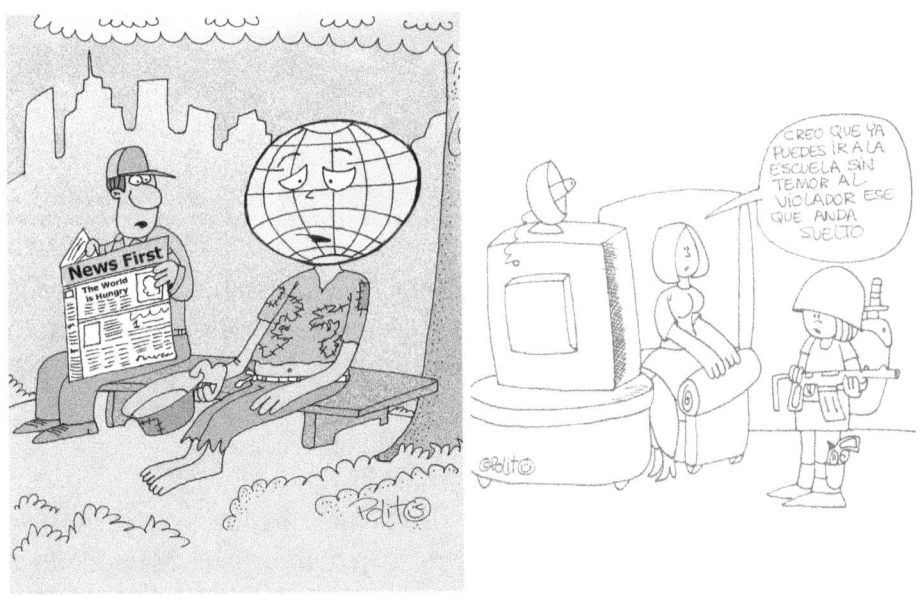

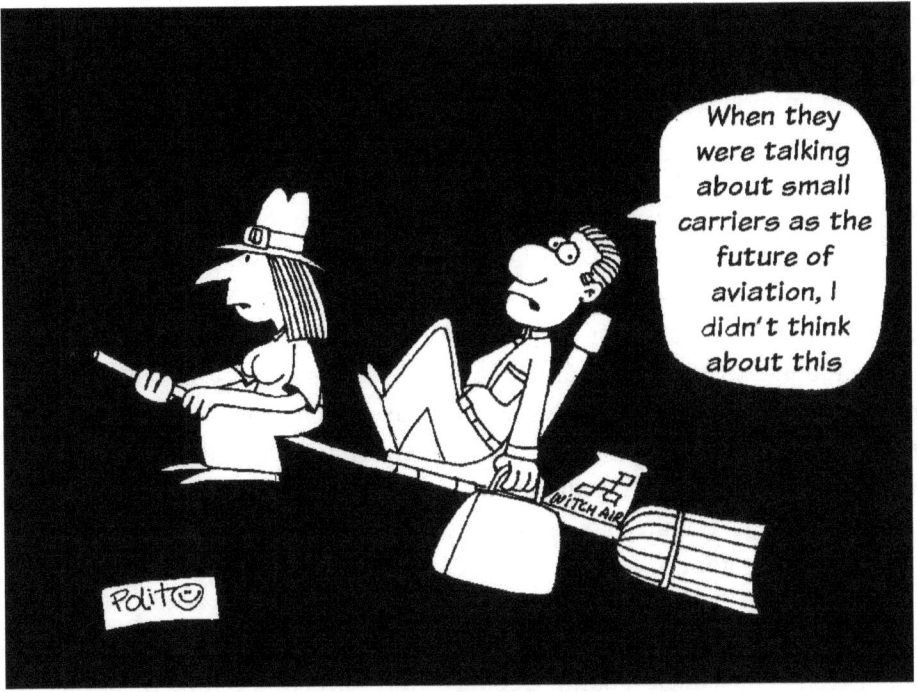

Cuando hablaban de las pequeñas aerolíneas como el futuro de la aviación, nunca pensé en esto.

Venecia o la magia del agua

Fotos: Karla Polo
Jose Emilio Polo Madero

Venecia, La ciudad eterna cercana al mar Adriático, fue fundada para proteger la tierra firme de los ataques de corsarios y piratas de la época. Esta pieza de arte convertida en monumento de la humanidad es más que un gondolero en una vieja postal: La ciudad es un homenaje a la creación divina a través de las manos humanas que la construyeron.
Muchos de los habitantes del lugar honran al famoso músico Antonio Vivaldi en su lugar de origen como uno de sus hijos predilectos. Entre otros hijos amados de esta joya encontramos al viajero incansable Marco Polo, el famoso amante Casanova y muchos otros.
Venecia se fundó formalmente el 25 de Marzo del año 421 A.C. pero no fue hasta el 450 A.C. que un amplio número de personas decidió asentarse permanentemente en la laguna del mismo nombre. La ciudad envejece como el buen vino con una gracia única que toca el alma de cada visitante Alguien dijo una vez:" La magia real reside en perderse entre sus canales y pequeñas calles empedradas. Esa probablemente es una de las muchas razones por las que en el año 2016, Venecia fue nombrada la ciudad más bella del mundo, y yo diría que también es una de las más románticas.

Si planea una escapada por un par de días, desea estar una semana o tiene en mente una escapada romántica, este es el lugar idóneo. Venecia está formada por unas 118 islas, algunas de ellas unidas por los más de 400 puentes y otras por un excelente sistema de transportación de Taxis acuáticos y Vaporettos (barcazas medianas que se usan como autobuses acuáticos), estos últimos, el medio más importante de transporte en la región, junto a las pintorescas góndolas.

A su arribo a la ciudad ya sea por el aeropuerto internacional Marco Polo o por tren en la estación Santa Cecilia o una vez acomodado en el hotel pregunte por los pases válidos para el vaporetto por varios días lo que le ahorrará dinero y hará su visita más interesante, (los pases no son validos para el trayecto aeropuerto ciudad). Puede tomar autobuses del aeropuerto a la Piazzale Roma (Plaza Roma) y de ahí se puede combinar por barco a las demás islas.

El pase también es válido para explorar la Isla Lido Di Venezia por autobús. Algunos turistas inteligentes hacen su reserva en esta isla porque a veces los hoteles son más baratos y los visitantes tiene acceso a una playa y comida espectaculares. los restaurantes del área le permiten degustar deliciosos platillos lejos de las grandes turbas de turistas y es un lugar preferido por los locales para reunirse y discotequear después de un día de visita por Venecia.

Los restaurantes venecianos se precian mucho de su buena comida y si quiere probar algo que es un deleite al paladar pida el Rissotto al Nero di sepia (Arroz negro con Calamares) y acompáñelo con un buen vino italiano Zenato Alanera que es un vino tinto de la región, que al ser hecho con uva Corvina no es muy alto en taninos y sabe exquisito combinado con el calamar. Si el andar por Venecia lo lleva cerca de la Plaza de San Marco y del Palazzo Ducale, vaya a la Pasticceria Da Bonifacio donde podrá degustar incontables dulces entre ellos el famoso pastel de nutella (nueces).

Se puede llegar a Venecia por Tren, avión o crucero y es aconsejable visitar la bella ciudad en el mes de febrero si quiere disfrutar de uno de los mejores carnavales del mundo. En esta celebración Venecianos y extranjeros se funden en uno para celebrar una de las fiestas más bellas del planeta. El carnaval dura aproximadamente dos semanas y es parte de la gran vida artística de esta urbe que cada dos años celebra la bienal de las artes de Venecia, el Festival de cine, conciertos, muestras de artes y otros eventos que traen al lugar 60000 visitantes cada día.

El Festival de Cine de Venecia (Italian Mostra Internacionale d'Arte Cinematografica di Venezia) es el evento de cine más antiguo en el mundo habiendo sido fundado en1932 como Esposizione Internazionale d'Arte Cinematografica, la fiesta se celebra desde entonces a finales de agosto o principio de Septiembre en la isla de Lido di Venezia. La muestra se celebra en el histórico Palazzo del Cinema.

Tome un viaje en Góndola (la barca que por muchos años fuera el medio de transporte de la metrópoli), El gondolero (remero) conoce bien los mejores lugares y lo llevará en un viaje al pasado mientras canta canciones locales que son alimento para el alma. La góndola es conocida como una de las embarcaciones más hermosas del mundo. Si estás disfrutando del viaje con el amor de tu vida Pídele al gondolero que te lleve al puente de los suspiros. Dice la leyenda que si besas a tu pareja cundo estás pasando debajo del puente el amor dura para toda la vida.

El puente Rialto ofrece una vista sorprendente del gran canal 3800 metros de armonia arquitectonica que solo esta ciudad puede ofrecer. Disfrute el paseo por Piazza San Marcos y tómese un expreso, disfrute la magia del museo Peggy Guggenheim y visite la Gallerie dell'Accademia (Galeria de la Academia) donde puede apreciar la obra de algunos de los más grandes pintores y escultores del mundo.

En la isla de Murano puede apreciar el arte de soplar el cristal en el museo del vidrio y deje que su vista se recree en el colorido de las piezas únicas de cristalería que los artesanos locales hacen usando el misterio que sólo conocían los antiguos maestros.

Si vas durante el verano, a mediados de julio se celebra la Festa del Redentore (la fiesta del redentor). Es una fiesta creada originalmente para agradecer al hacedor por el final de la peste en 1576. Un puente de barcas es creado para conectar la isla de Giudecca con el resto de Venecia y los fuegos artificiales preparados para la ocasión son únicos en su tipo en el mundo.

No importa si visita Venecia por amor al arte o a la vida (o ambos), la ciudad es uno de esos lugares que le hará feliz de haber nacido y vivir en este tiempo donde las conexiones y viajar es más fácil que nunca. Cuando pueda apreciar esta belleza cercana al Adriático se va a sorprender de las cosas que pueden ser hechas por los hombres cuando usan la fuerza de la acción y la creatividad. Disfrute su viaje y si todavía no lo ha planificado, comience a soñar ahora porque todos los grandes propósitos comienzan con un sueño.

Moneda:Euro

Como llegar:

Si no hay vuelo directo desde su ciudad, los mayores aeropuertos europeos tienen vuelos de conexión con el aeropuerto internacional Marco Polo.

Principales atracciones en Venecia:

Basilica de San Marco (Basilica di San Marco)

Gran Canal (considerado la "calle" principal de Venecia)

Puente Rialto (Ponte di Rialto)

Plaza San Marco (Piazza San Marco)

Básilica ocatgonal Santa Maria de la Salud (Basilica Santa Maria della Salute).

Catedral ortodoxa Griega San Jorge de Grecia,(San Giorgio dei Greci.)

Museo de la música (Museo della Musica)

Puente de los suspiros (Ponte dei Sospiri)

Hoteles (en Venecia):
Locanda Conterie (en la isla de Murano) $
Nh Collection Venezia Pallazzo Barocci $$$
Hotel Metropole $$$
Locanda Art Deco $
Hotel Riviera (Lido di Venezia) $$
Rio Hotel $
Lugares donde puede reservar sus tickets de avión:
Skyscanner, Kayak, Cheaptickets, Expedia, priceline.
Reserva de hotel:
Hotels.com, trivago.com

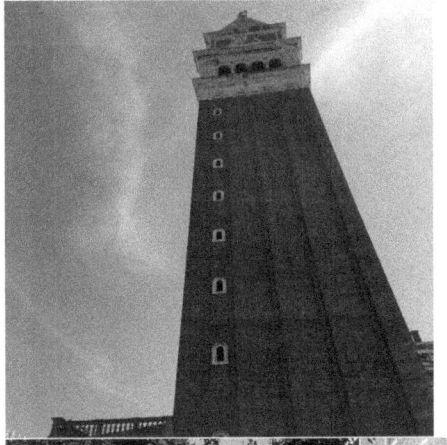
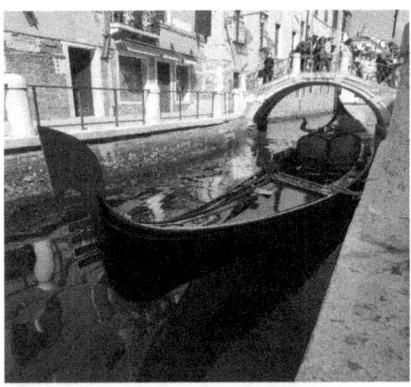
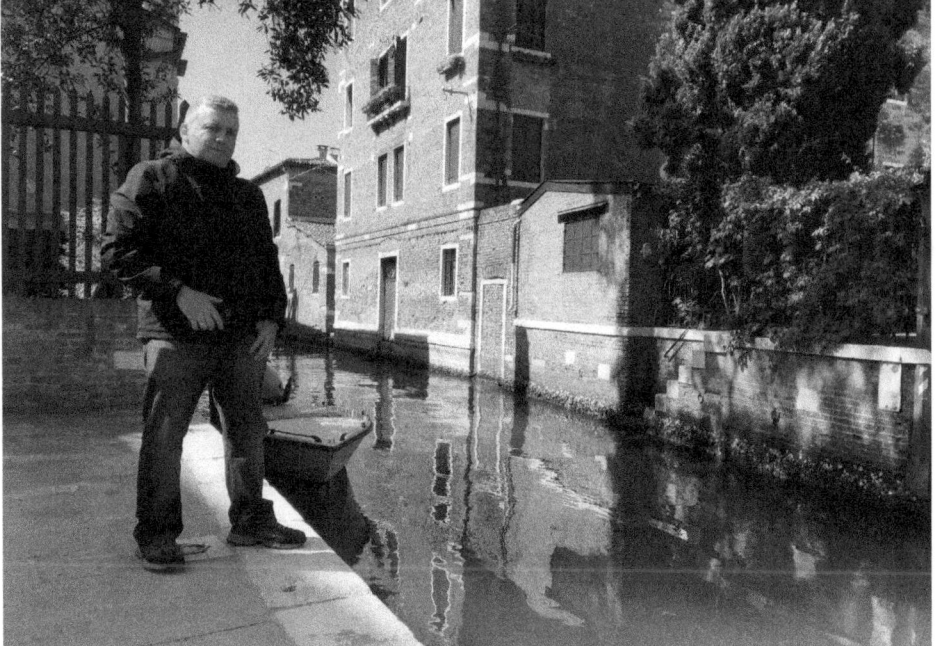

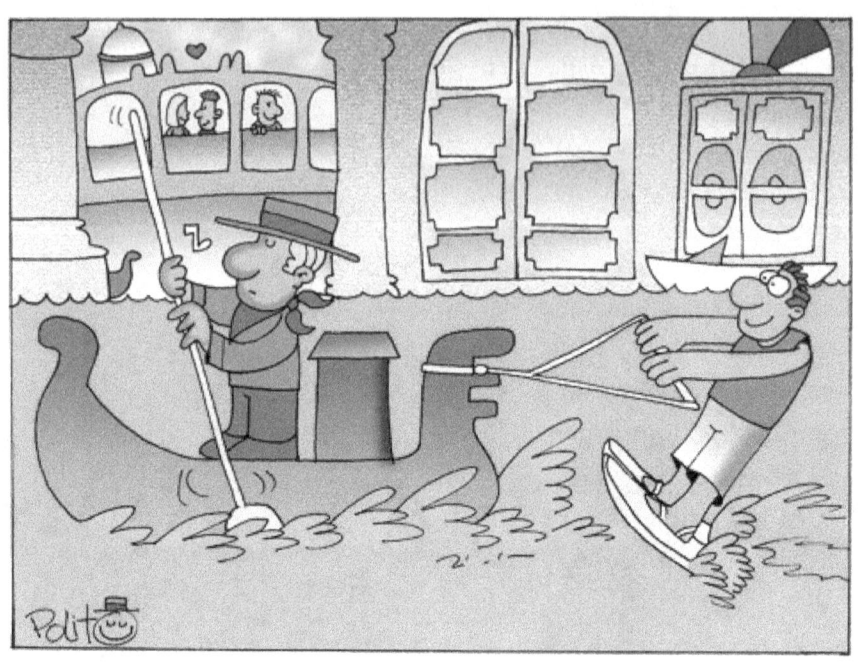

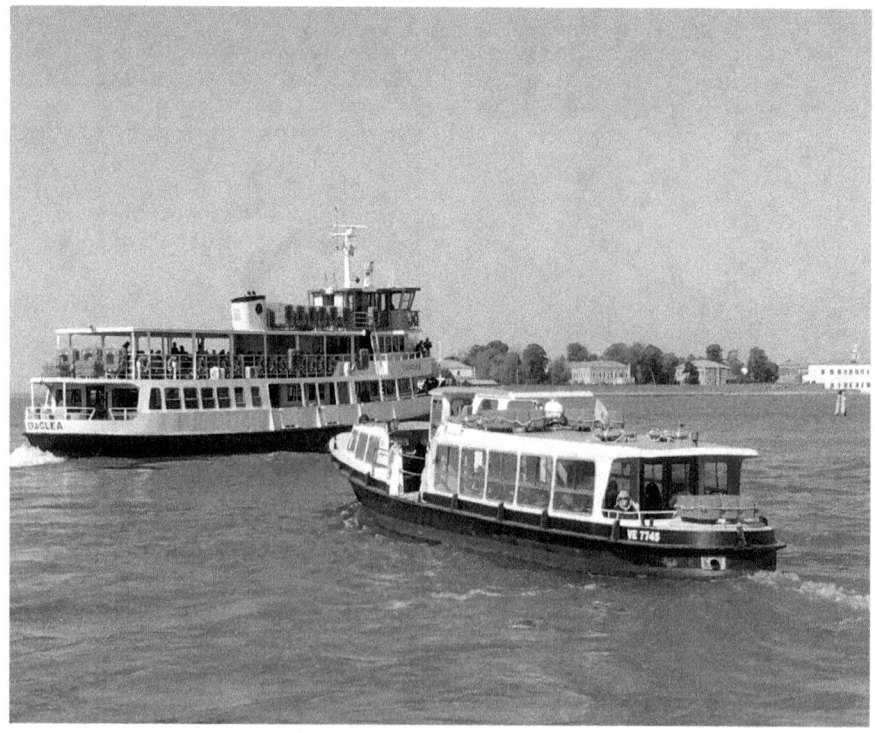

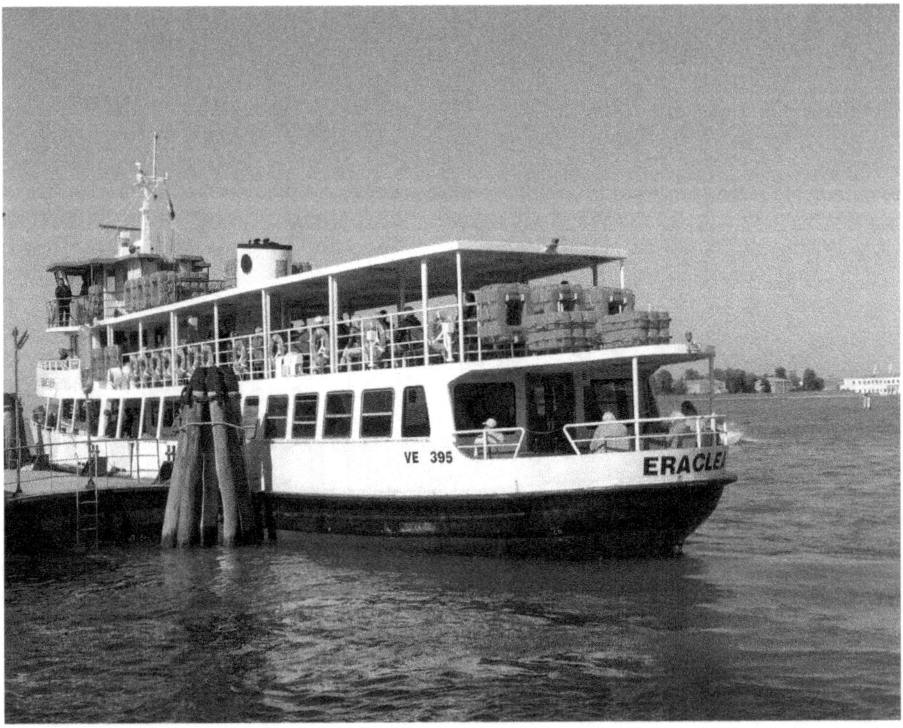

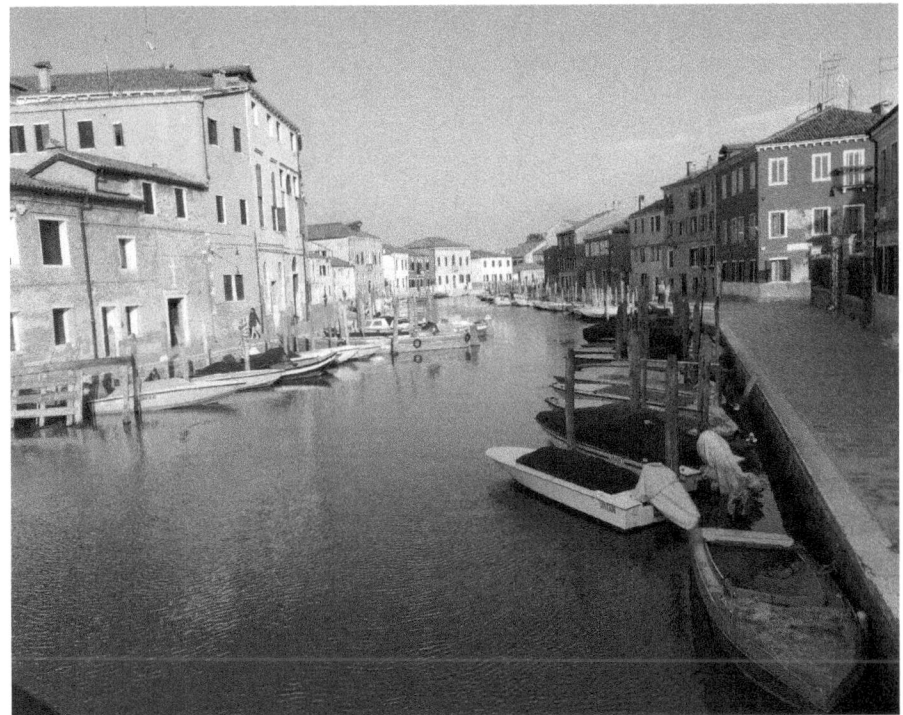

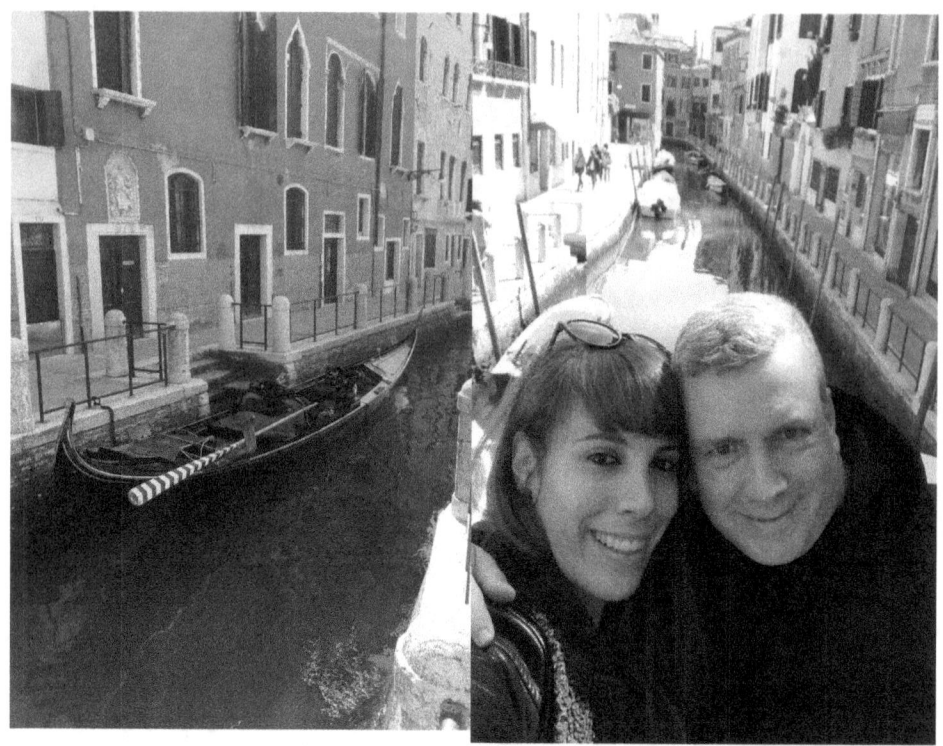

Venice or the Magic of water.

Venice, the beautiful city close to the Adriatic sea, was founded to protect the main land from the attacks of corsairs and pirates of the time: This piece of art made city is more than a gondolier in an old postcard. It is the grandiosity of God through the work of the human being.

Some people honor Antonio Vivaldi in his hometown as one of the most beloved sons with the seasoned traveler Marco Polo, the lover Casanova and many others.

Venice, formally came into existence on the 25th of March, 421 A.D. But, it wasn't until around 450 A.D. that large numbers of people decided to settle permanently in the lagoon of the same name of the city; like the old wine gets older with a grace and a magic that touch the soul of every visitor.

Someone said: "You can find real magic in getting lost through the small streets full of channels". That's probably one of the many reasons why in the year 2016, Venice was named the most beautiful city of the world and I would say it is one of the most romantic too.

If you are just visiting as a tourist or want to impress your couple with a romantic escapade you arrived to the right place. Venice is formed by 118 islands some of them linked by 400 bridges and some Islands get linked by the extraordinary public system of water taxis and Vaporettos (medium Ships) that are the most important way of transportation in this region.

You can ask in your hotel or in the International Airport Marco Polo when you arrive how to get a pass valid for several days for the Vaporettos. That will save you money on local transportation (The passes are not valid to get from and to the airport) you can use buses In Venice from the Marco Polo Airport to Piazzale Rome (Rome Square) where you can connect to all the islands through Vaporettos or you can use the buses once you arrive to Lido di Venezia to explore this island. Some of the Savvy tourist stay in this island because hotels are less expensive than in the same Venice and food as well as the beach are excellent. They have also good bars and disco-theques in Lido so you can dance after you immerse in the visit to the city.

If you are fond to the good restaurants, try a Rissotto al Nero di Se-pia(Black Rice (rice with Calamari) in any of the local restaurants and en-joy it with a good bottle of Italian wine as a dessert get a Nutella cup in the Pasticceria Da Bonifacio. close to the tourist area of San Marco and Palazzo Ducale. You can arrive to Venice by Train, plane or cruise ship, visit the city during the famous Carnival in February. In this celebration Venetians as well as visitors become one, enjoying one of the most fabulous parties in the planet. The carnival lasts approximately two weeks and it is just one of many of the events that the city holds; among others they celebrate the Biennial of Arts of Venice every two years, the movie festival, concerts exhibitions and a lot of things that make of Venice a unique attraction that hosts 60000 visitors a day.

Take a ride in Gondola, a traditional ship that was for many years the main way of transport in the city and it is considered one of the most beautiful ships in the world; try the local restaurants where you can appreciate the wine of the region, seafood and the pastries.

Don't go away without visiting Piazza San Marcos (Square Saint Marcos) and have a coffee there, enjoy the solitude and uniqueness of the Gallerie dell'Accademia (Gallery of the Academy) where you can appreciate some of the greatest Venetian painters of all times.

When you explore the city you will be amazed by the studios of some painters or in Murano by the art of blowing the glass and the unique pieces of art that artisans are able to create with older techniques.

If by any chance you go with the love of your life, take a ride in a gondola and kiss your couple under the bridge of sights, the legend says that if you do so your love will last forever.

If you visit during the summer, The Festa del Redentore is held in mid July. It began as a feast to give thanks for the end of the plague of 1576. A bridge of barges is built connecting Giudecca to the rest of Venice, and fireworks play an important role. The Venice Film Festival (Italian Mostra Internazionale d'Arte Cinematografica di Venezia) is the oldest film festival in the world it was founded in 1932 as the Esposizione Internazionale d'Arte Cinematografica, the festival has since taken place every year in late August or early September on the island of the Lido. Screenings take place in the historic Palazzo del Cinema.
Whether you are inclined to the arts or in love with life (or both) Venice is one of those places that will make you happy of being alive in this time.

You will be amazed of what men can make using the force of his action and creativity. Enjoy your trip, because every trip stars with a dream.

Currency: Euro

How to get there:All the Greatest Airports of Europe have connection flights to Marco Polo International airport.

Main attractions in Venice:

Saint Mark's Basilica (Basilica di San Marco)

Grand Canal (considered the main "Street" of Venice)

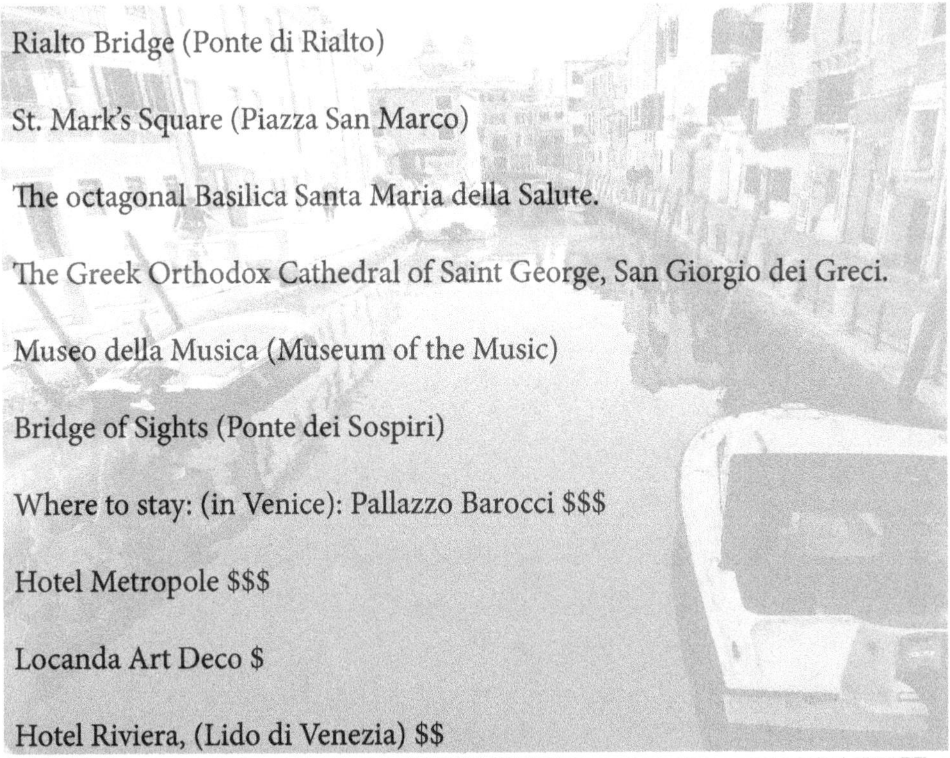

Rialto Bridge (Ponte di Rialto)

St. Mark's Square (Piazza San Marco)

The octagonal Basilica Santa Maria della Salute.

The Greek Orthodox Cathedral of Saint George, San Giorgio dei Greci.

Museo della Musica (Museum of the Music)

Bridge of Sights (Ponte dei Sospiri)

Where to stay: (in Venice): Pallazzo Barocci $$$

Hotel Metropole $$$

Locanda Art Deco $

Hotel Riviera, (Lido di Venezia) $$

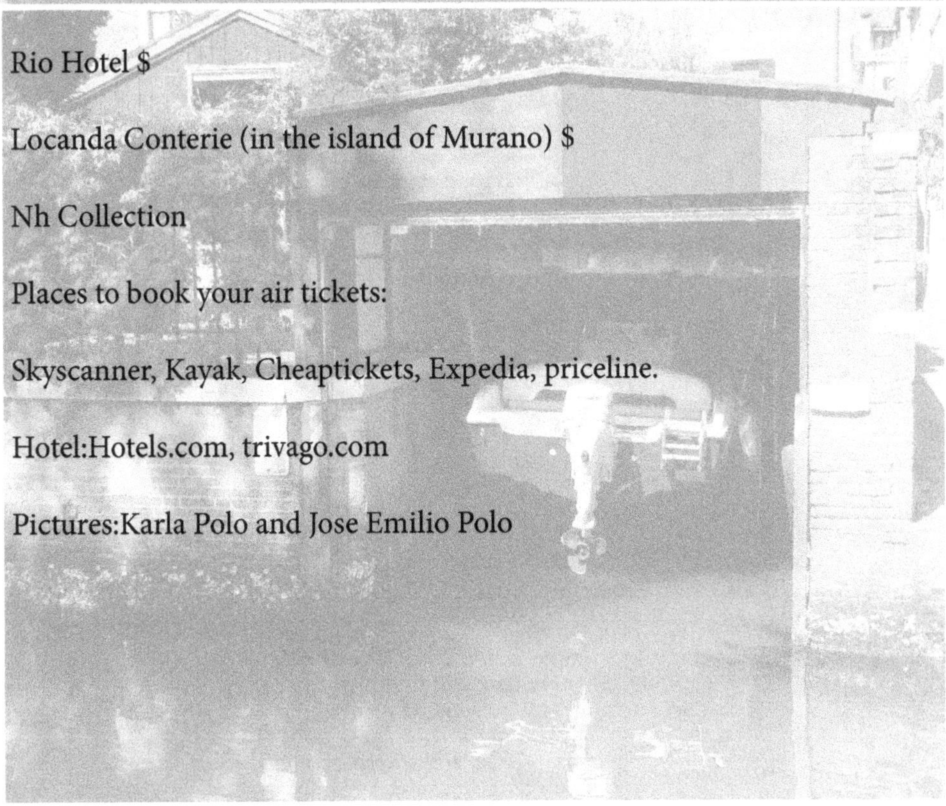

Rio Hotel $

Locanda Conterie (in the island of Murano) $

Nh Collection

Places to book your air tickets:

Skyscanner, Kayak, Cheaptickets, Expedia, priceline.

Hotel:Hotels.com, trivago.com

Pictures:Karla Polo and Jose Emilio Polo

Razon probable por la que el Estado de la florida prohibe las fotos con velo en las licencias de conducir

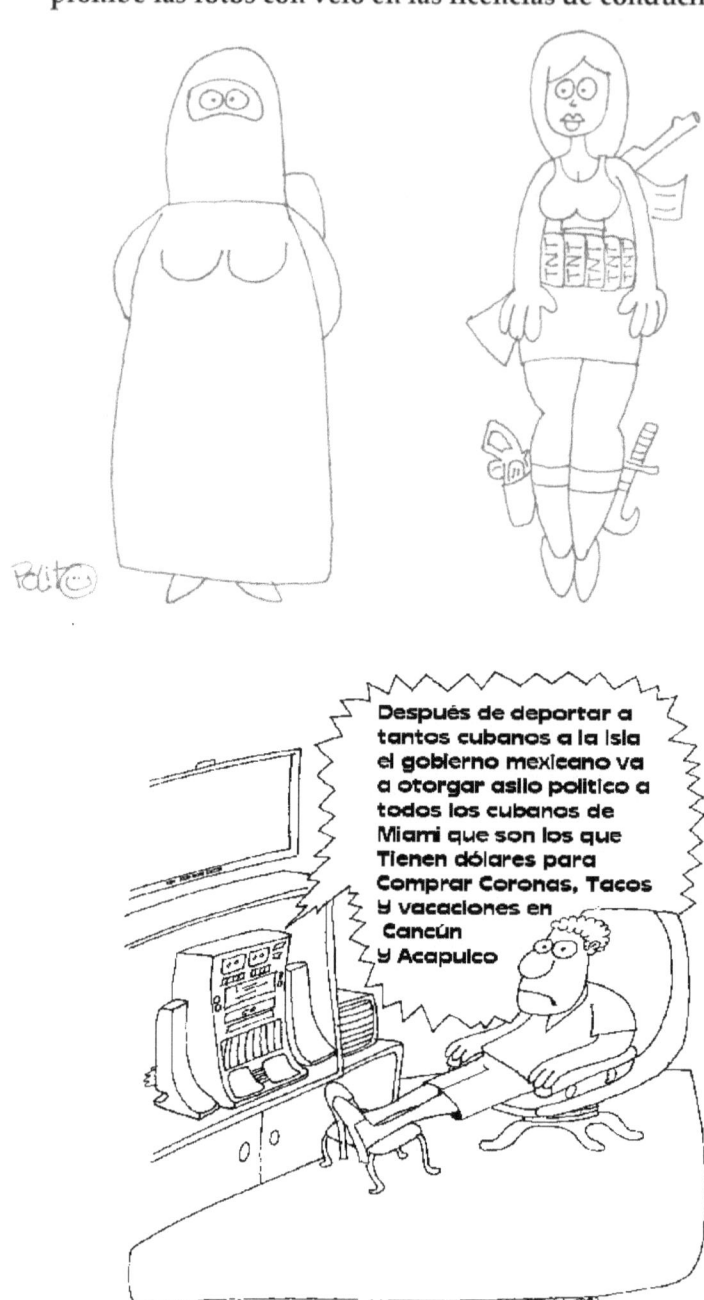

After Deporting so many cubans back to the Island,
the Mexican Government will grant political
asylum to all the cubans of Miami,
because those are the ones that have dollars
to buy Coronas, Tacos and Vacations
in Cancun and Acapulco

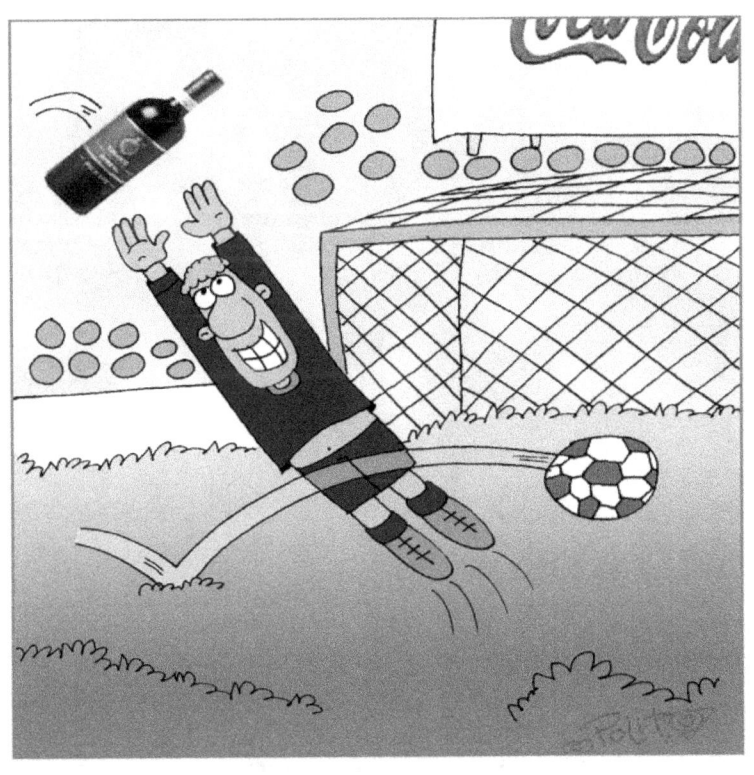

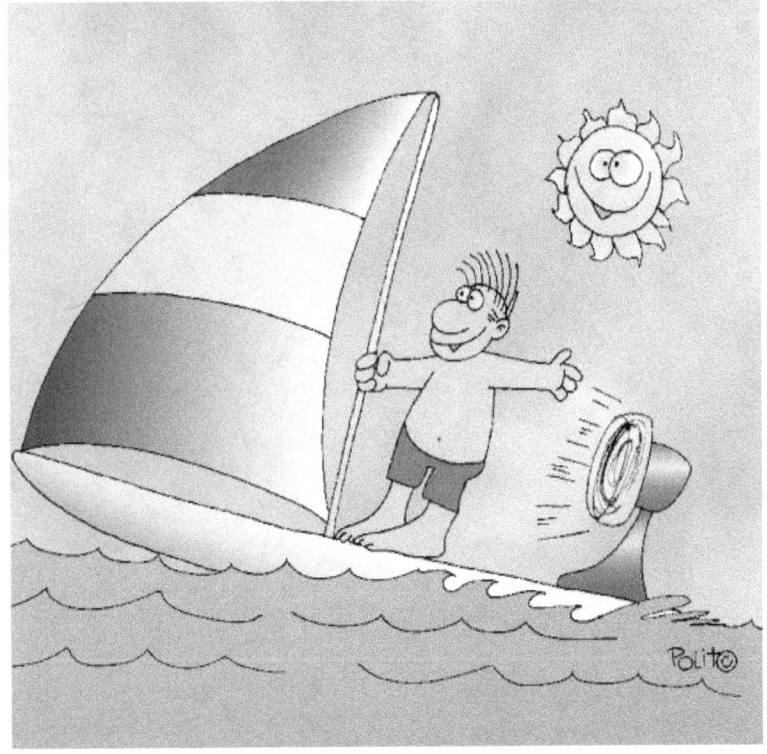

We call this new program:"Use your Wings."We give you a pair of wings, you do the flying and we charge you for the round trip.

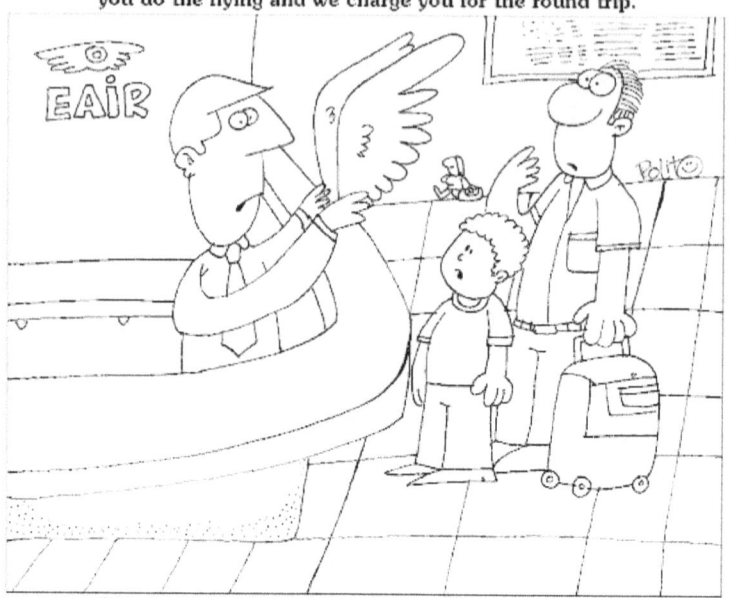

Llamamos a este nuevo programa: "Usa tus alas."
Te regalamos un par de alas, tu vuelas y nosotros cobramos el pasaje completo

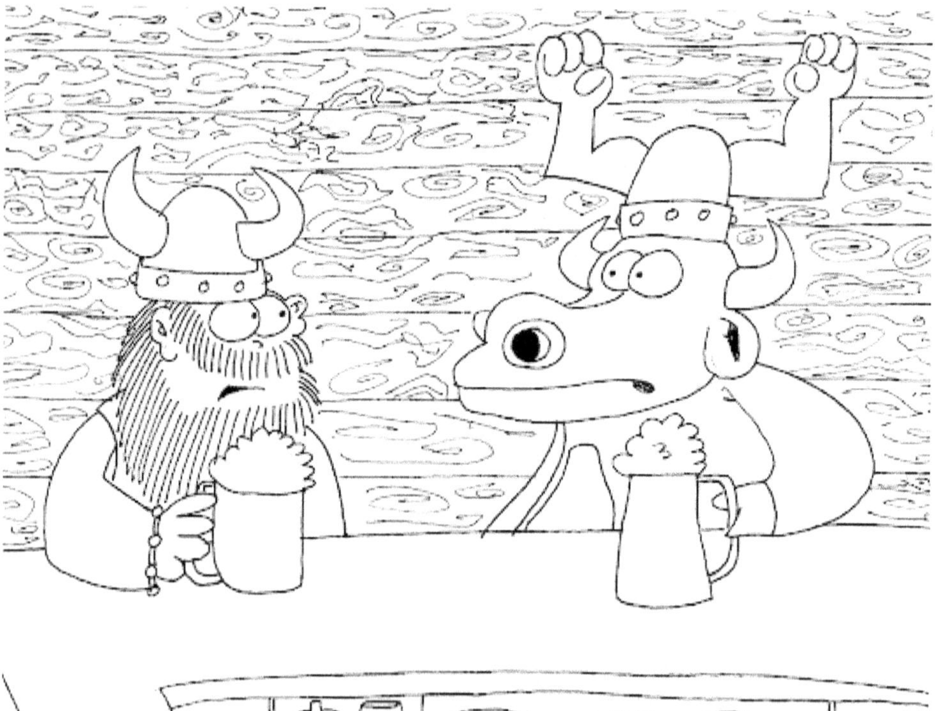

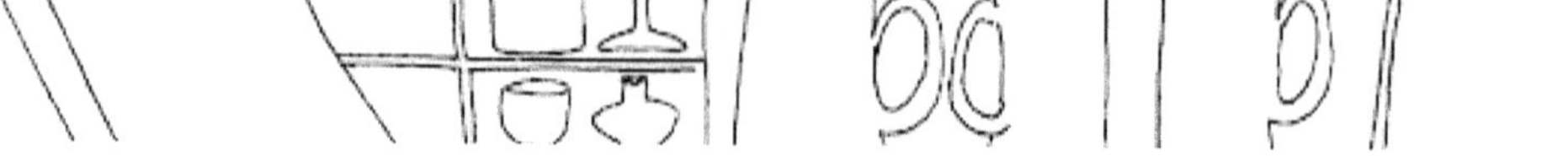

Rule number one for Vampires:
" Never, ever try to byte a Dentist."

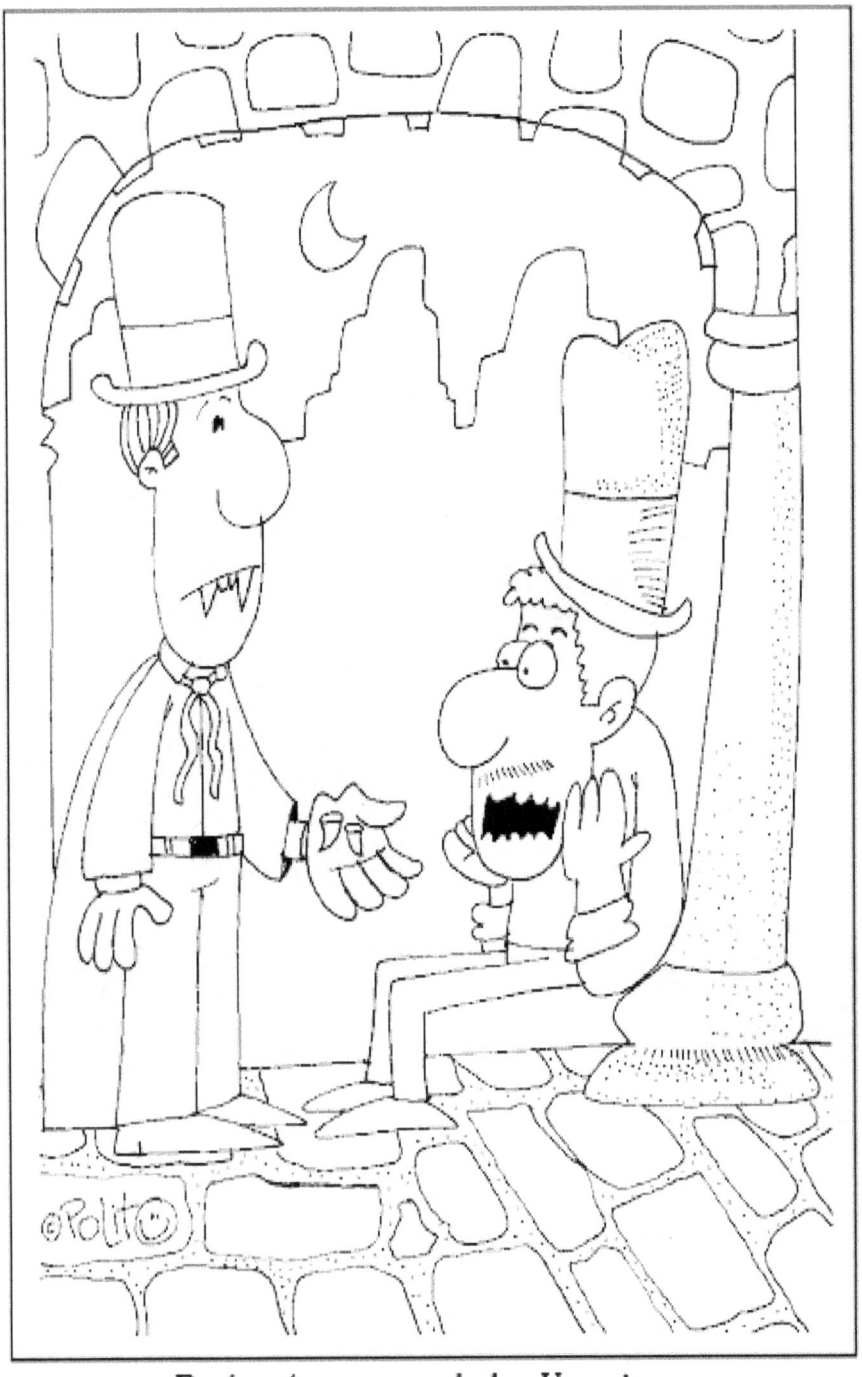

Regla número uno de los Vampiros:
"Nunca, nunca trates de morder a un Dentista."

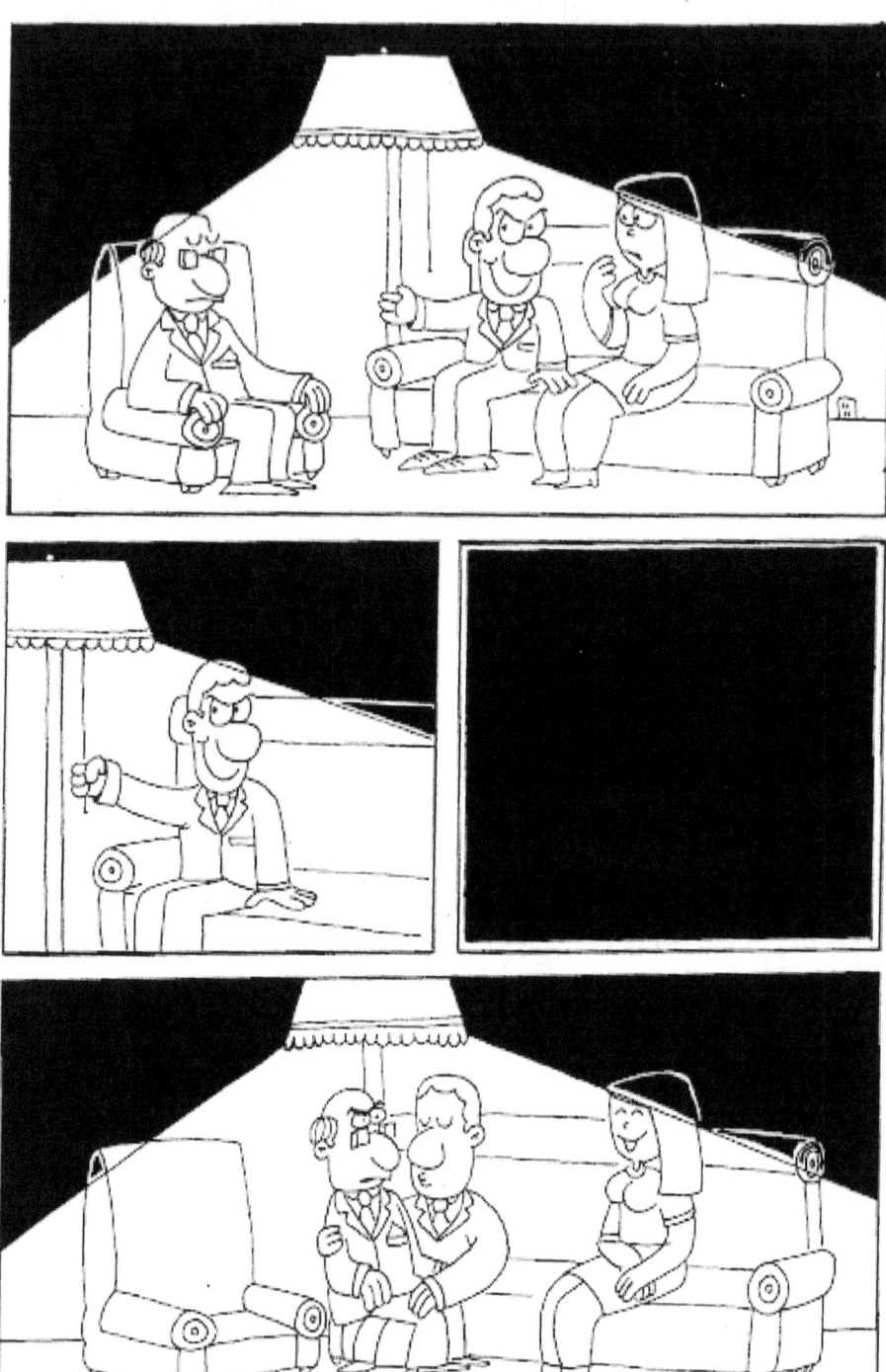

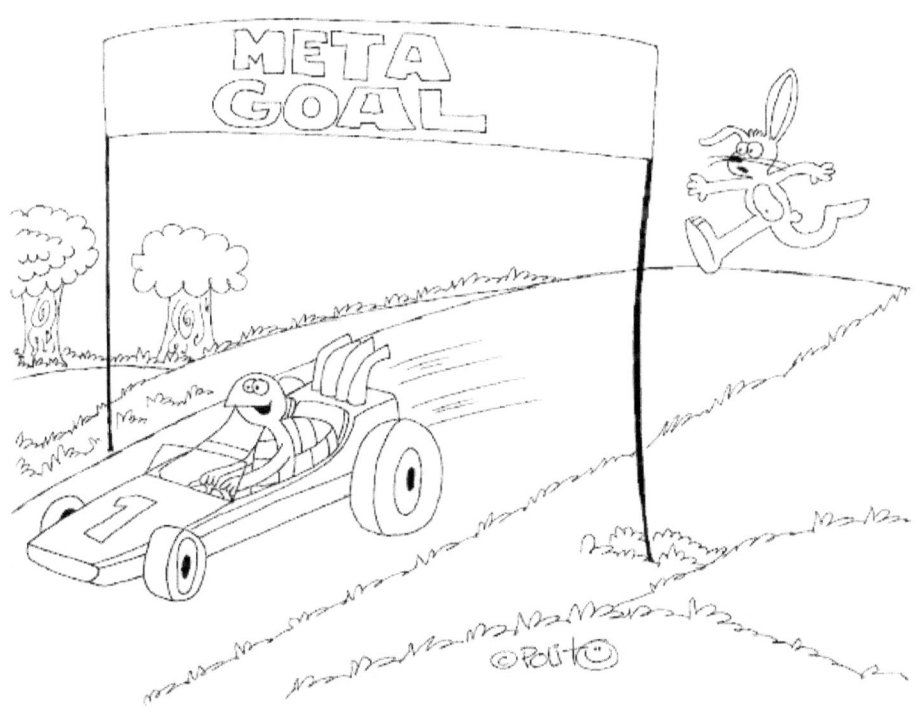

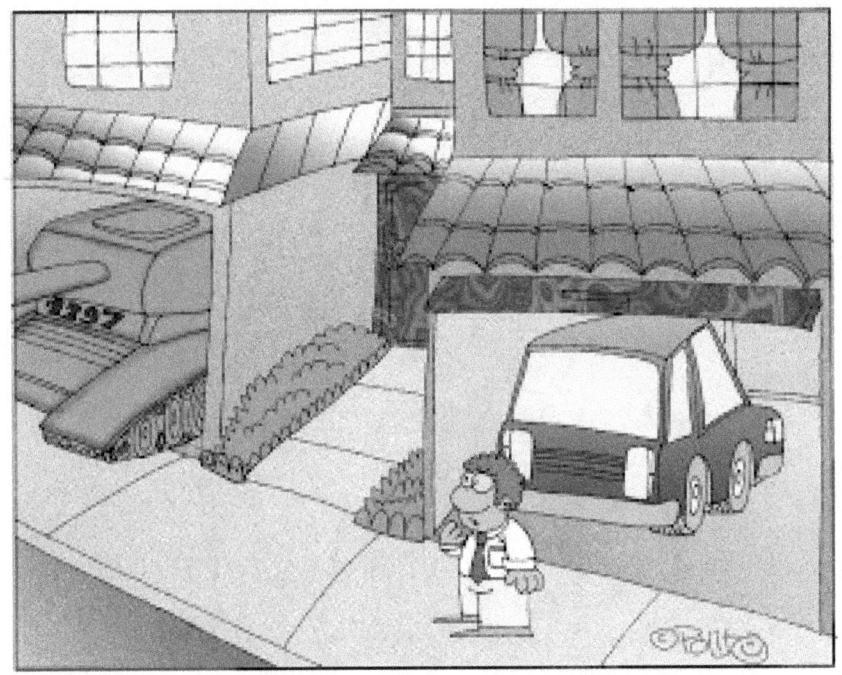

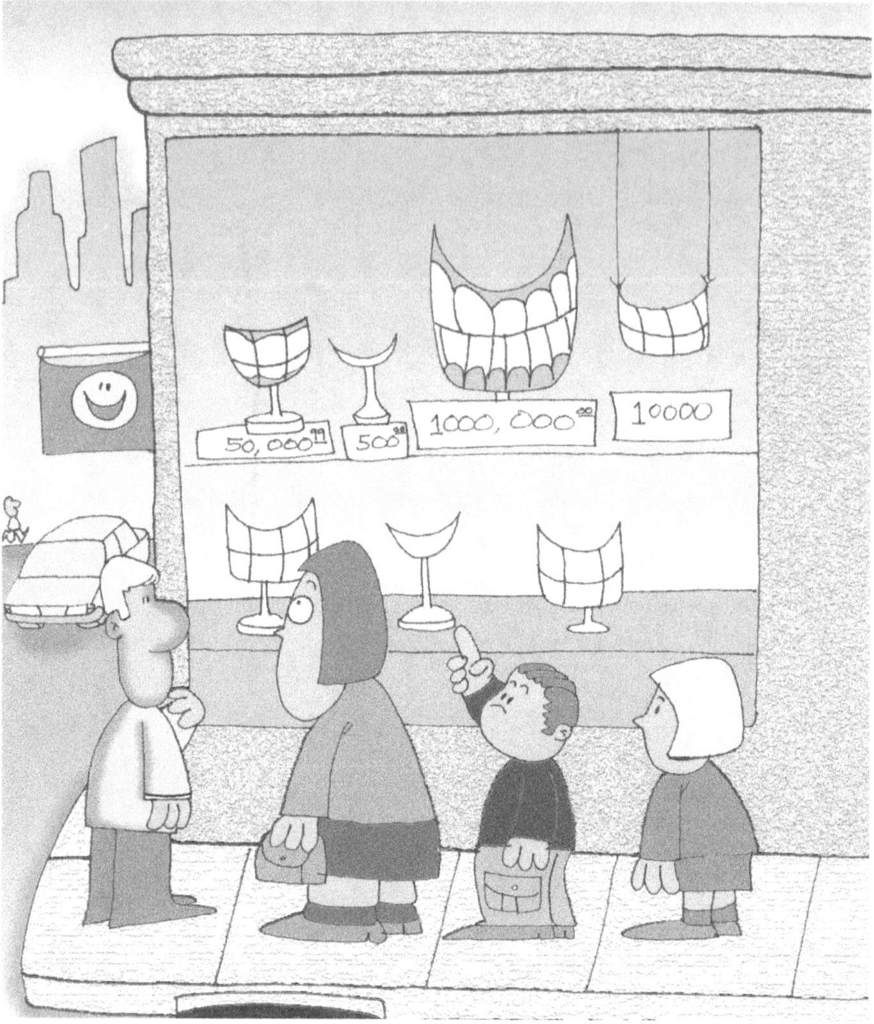

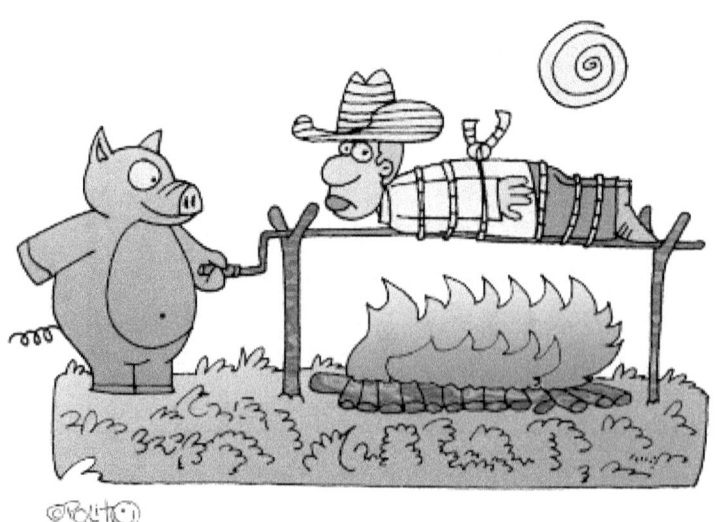

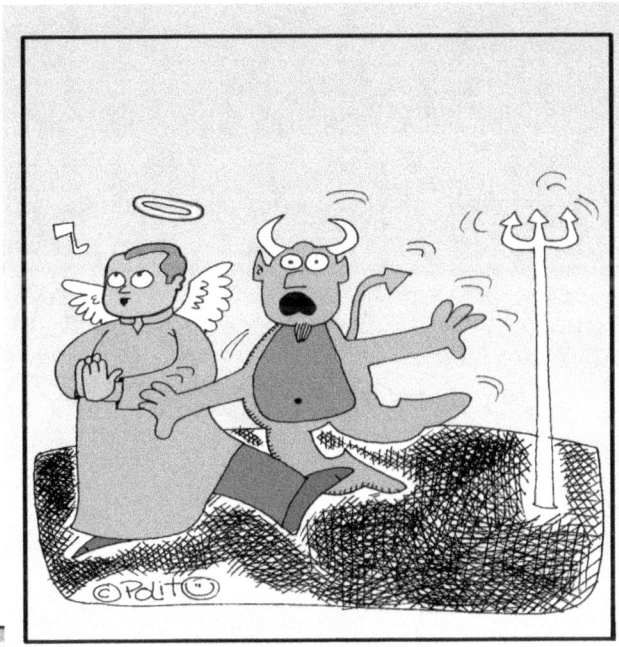

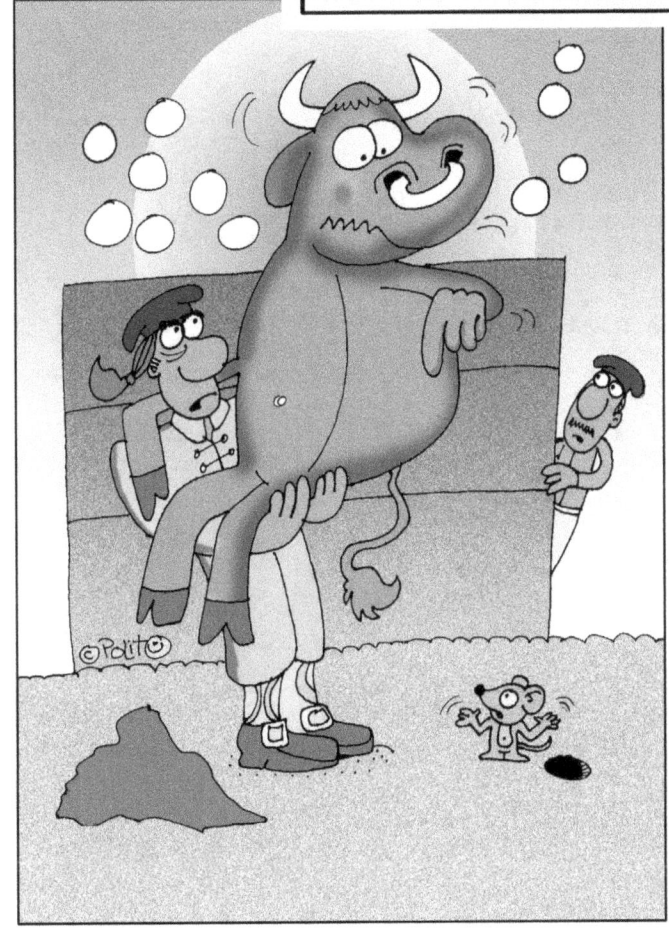

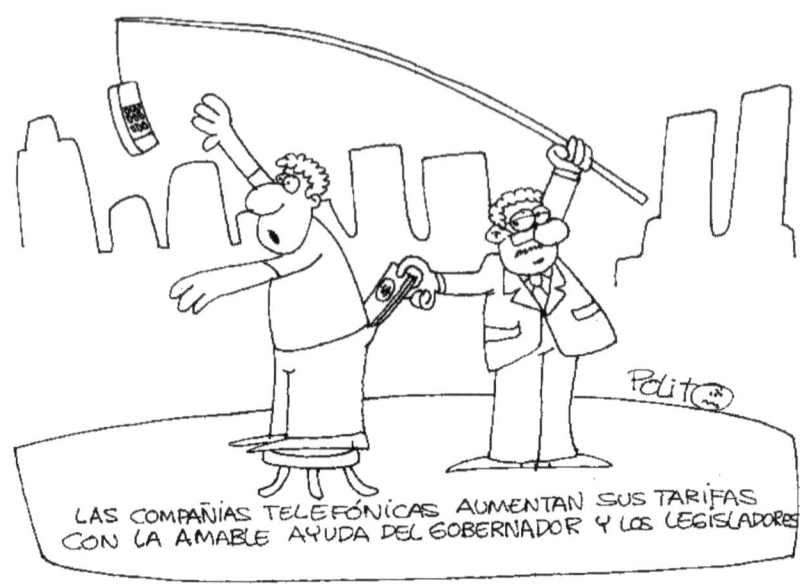

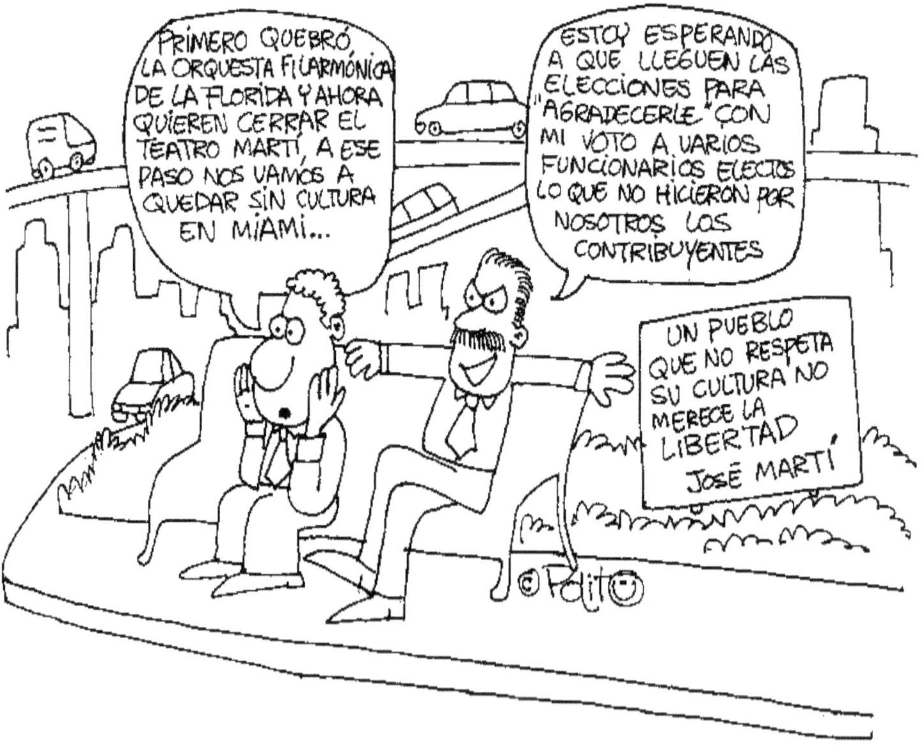

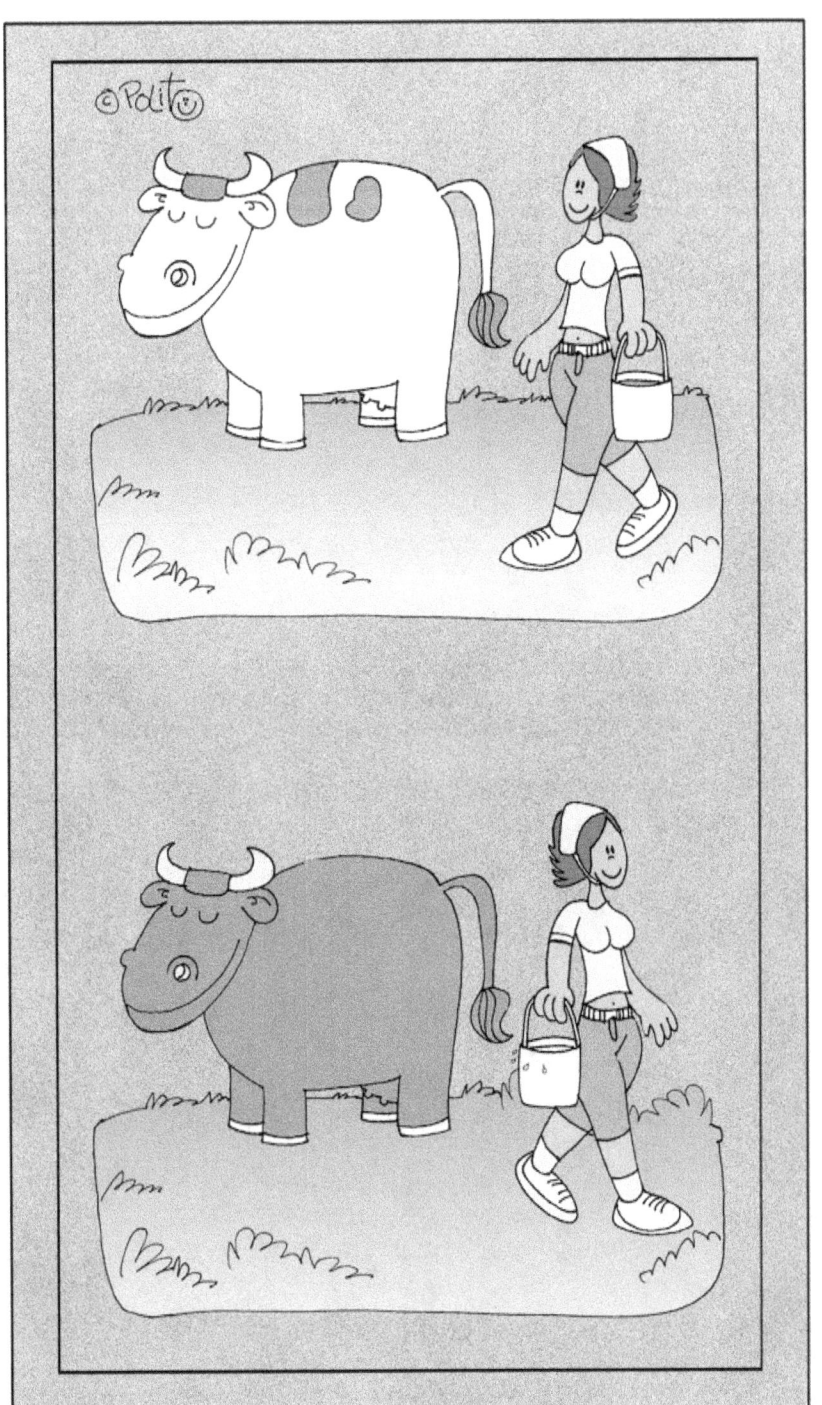

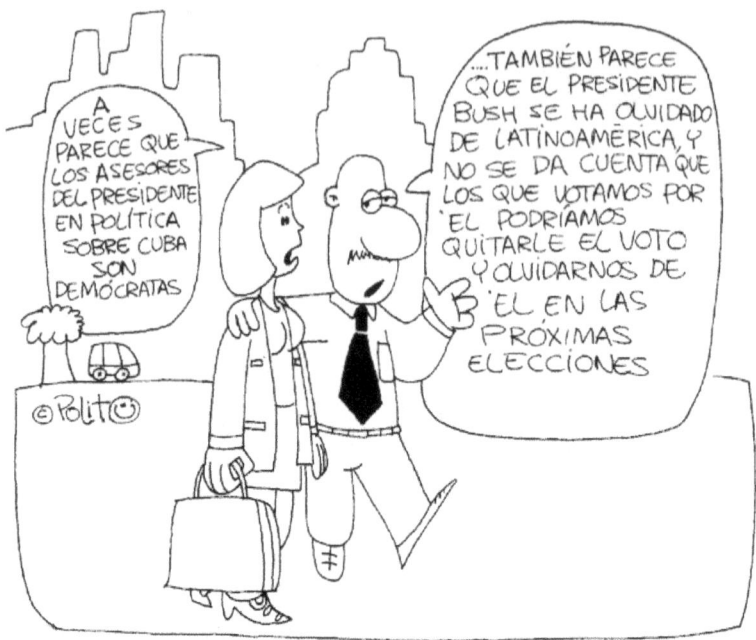

_ Sometimes seems that presidential advisors in the Cuba situation are Democrats
 _ It seems that president Bush has forgotten Latin America and he doesn't
realize that we could take away the vote we gave him almost four years ago.

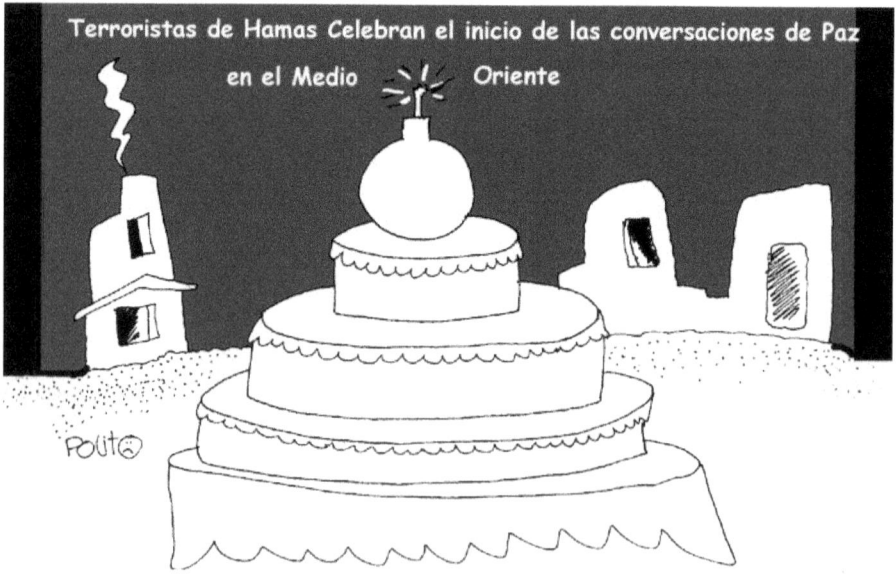

Hamas Terrorist Cellebrate the beginning of peace conversations in the
Middle East

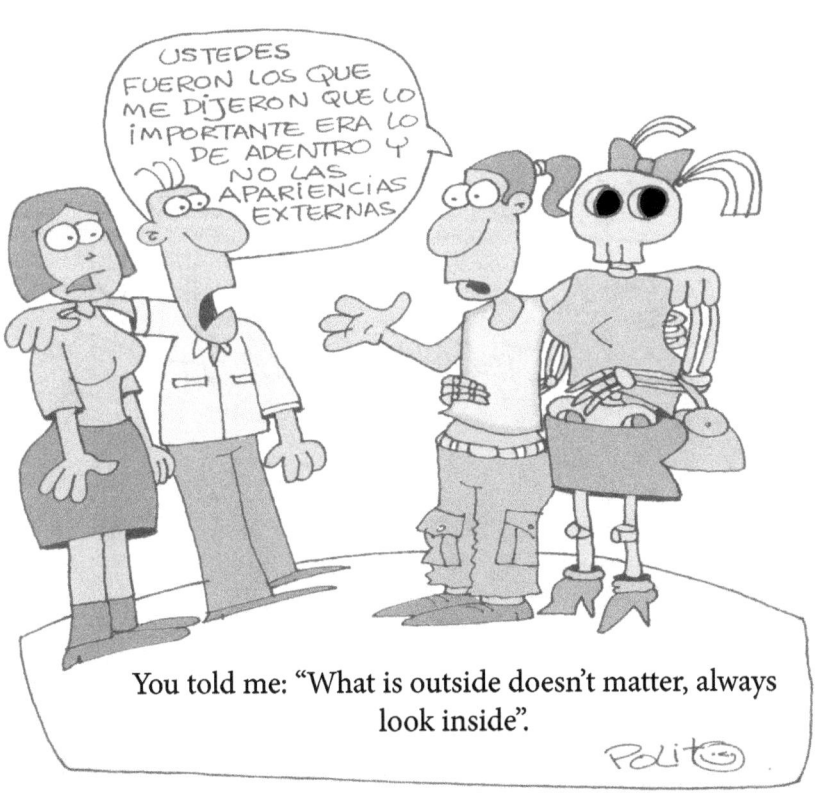

You told me: "What is outside doesn't matter, always look inside".

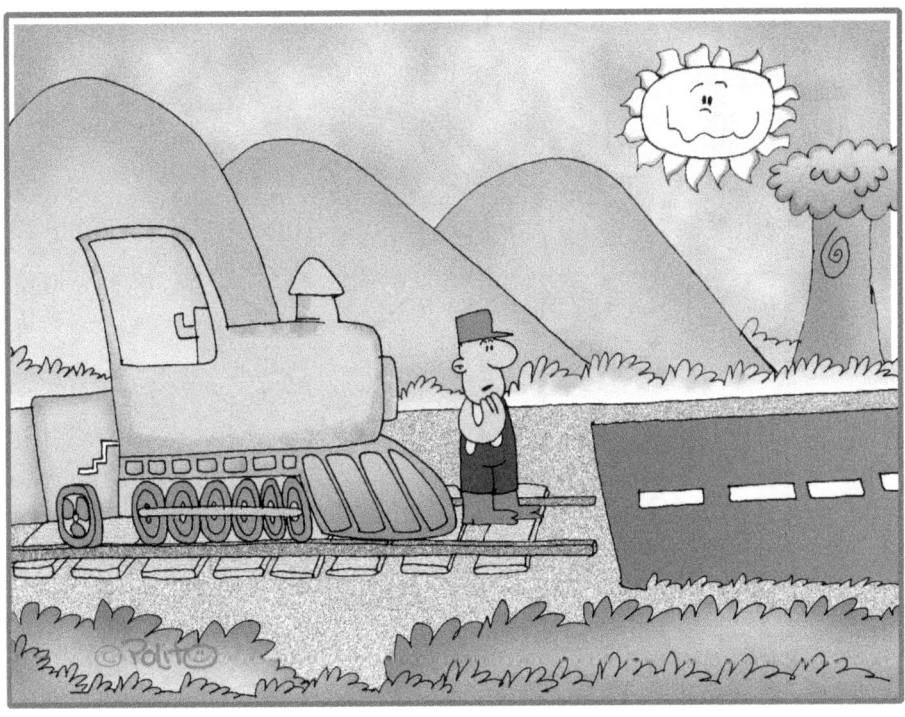

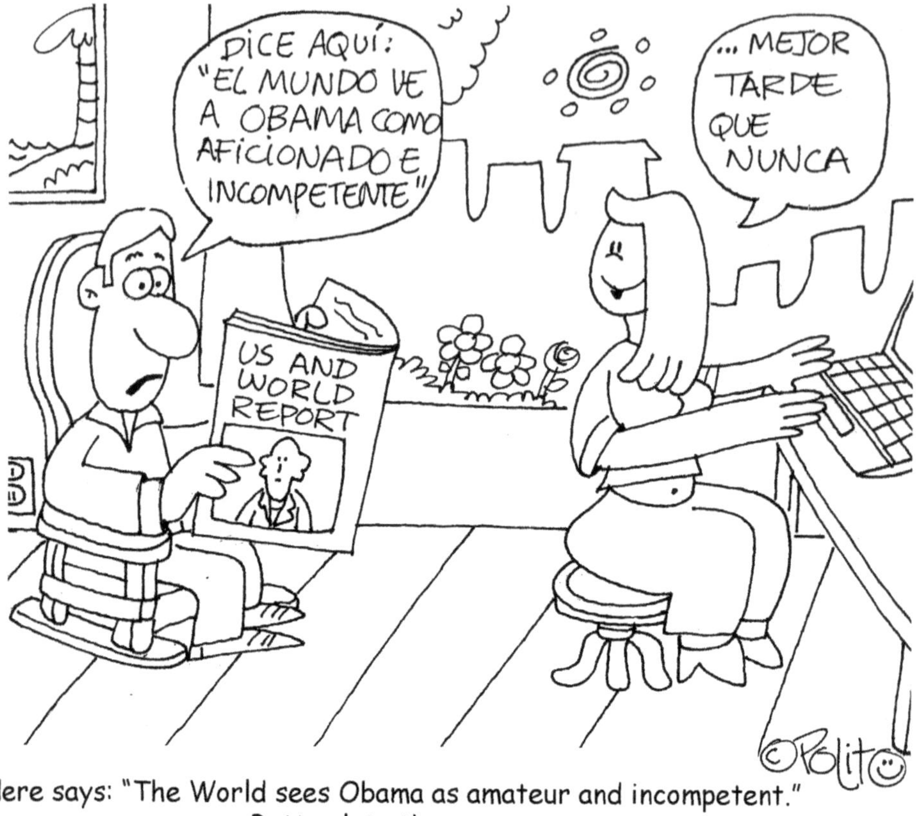

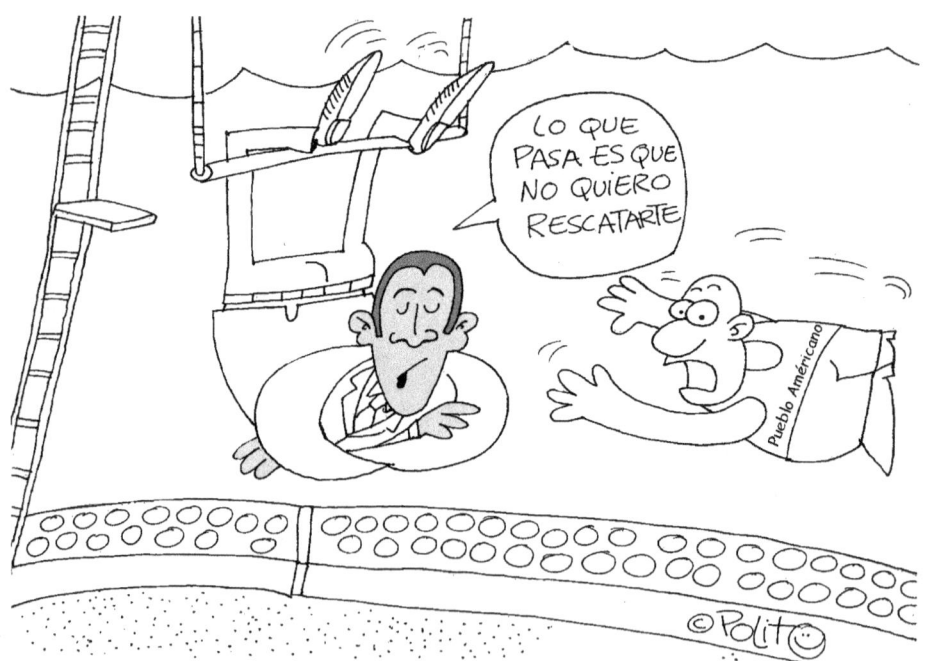

_Here says: "The World sees Obama as amateur and incompetent."
_ Better late than never.

Obama to the American People: " What Happen is that I don't want to rescue you."

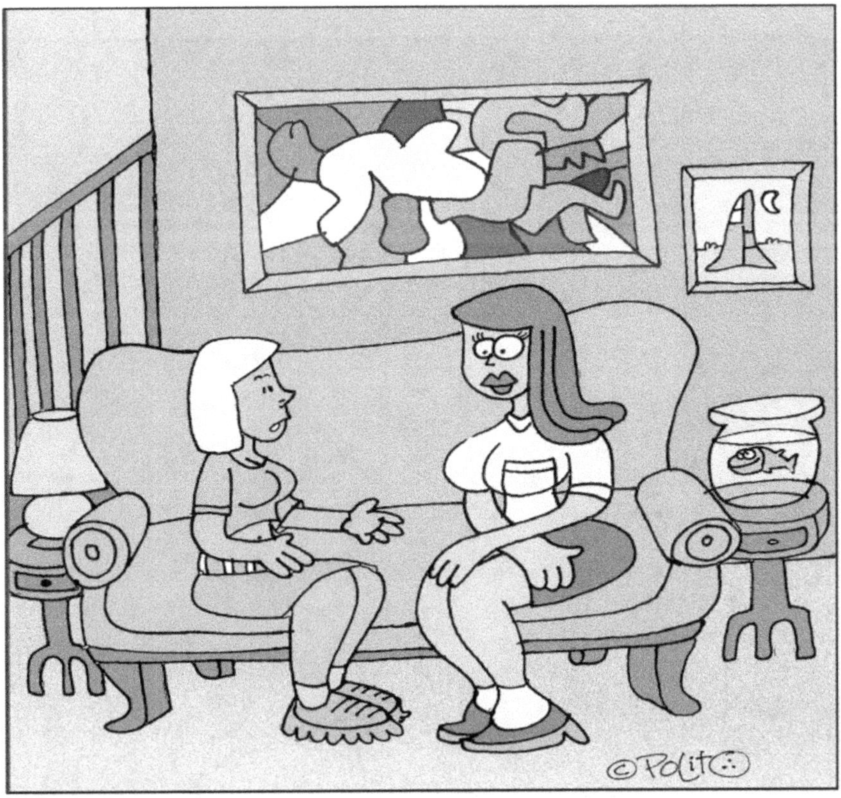

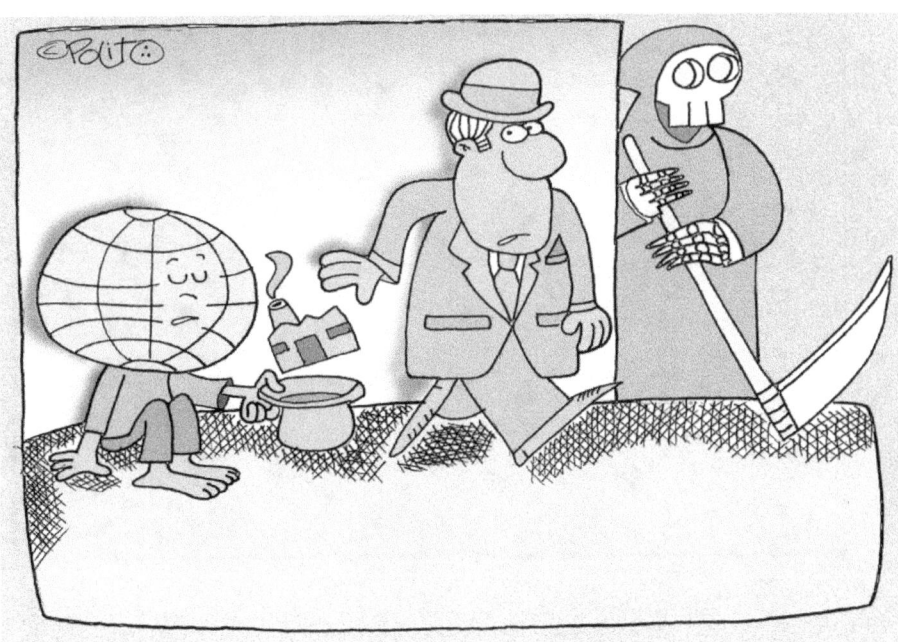

_So you are a girl who used to be a guy and now you want to date me.
It is not a little strange?

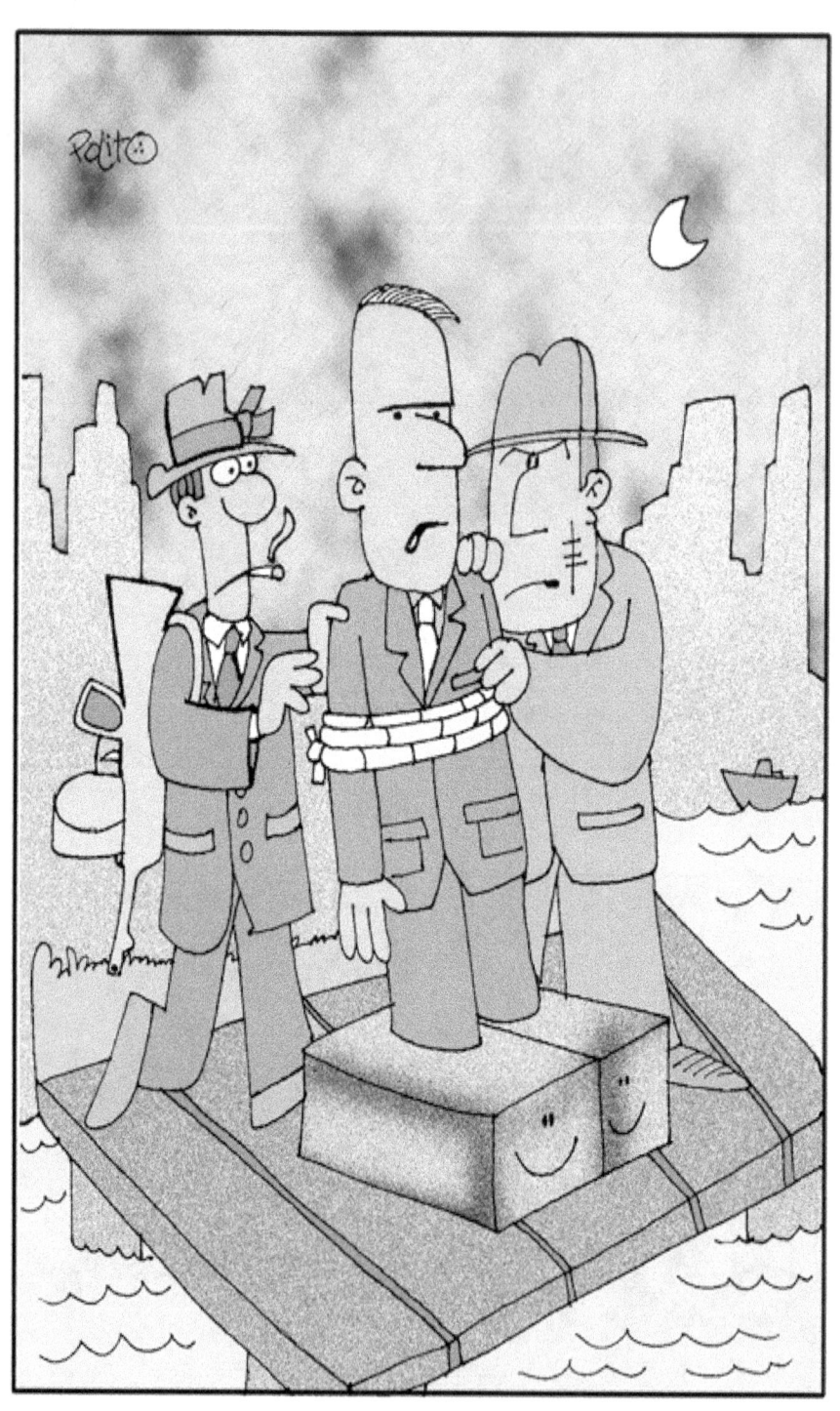

_Can I still hear the proposition that I was not suposed to refuse?

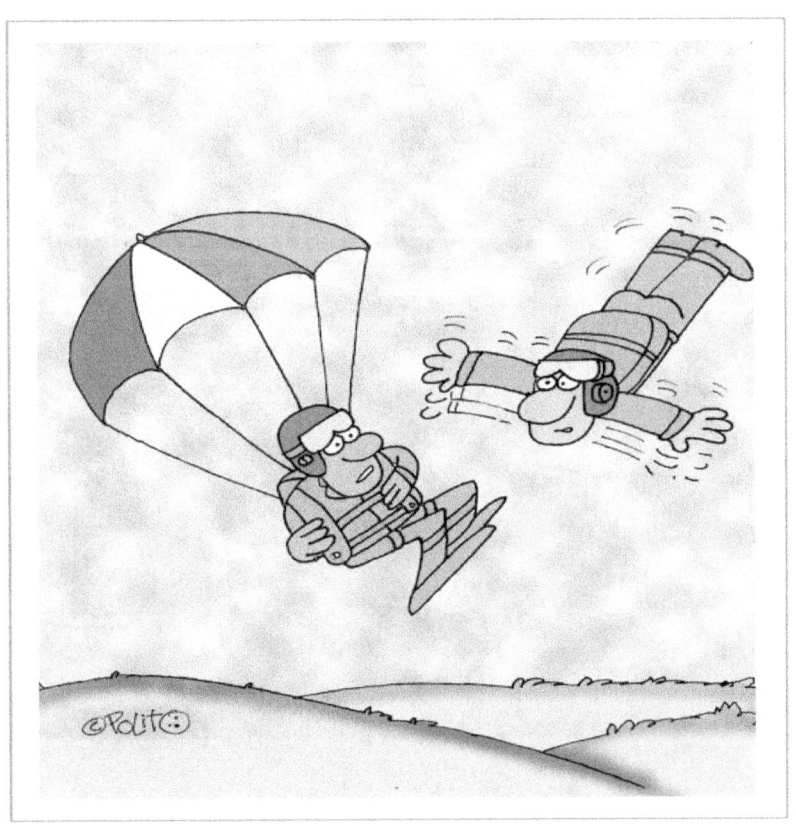

When your parachute doesn't open, you'd better know how to fly.

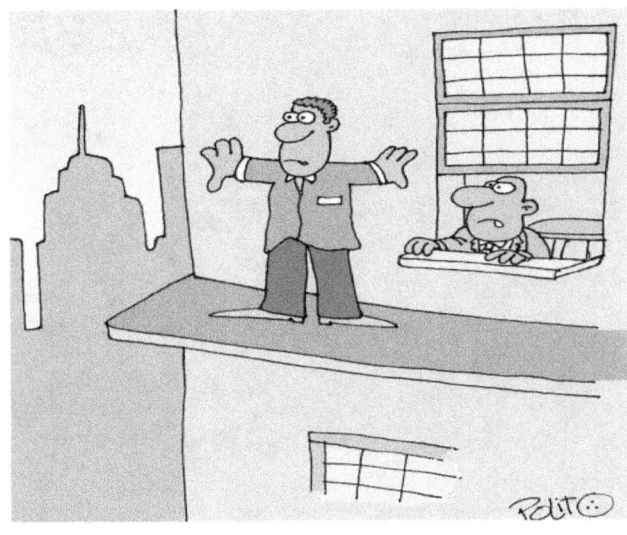

Ok, your wife went out with 365 guys
ı year, but... don't they give some money
for a record guiness ?

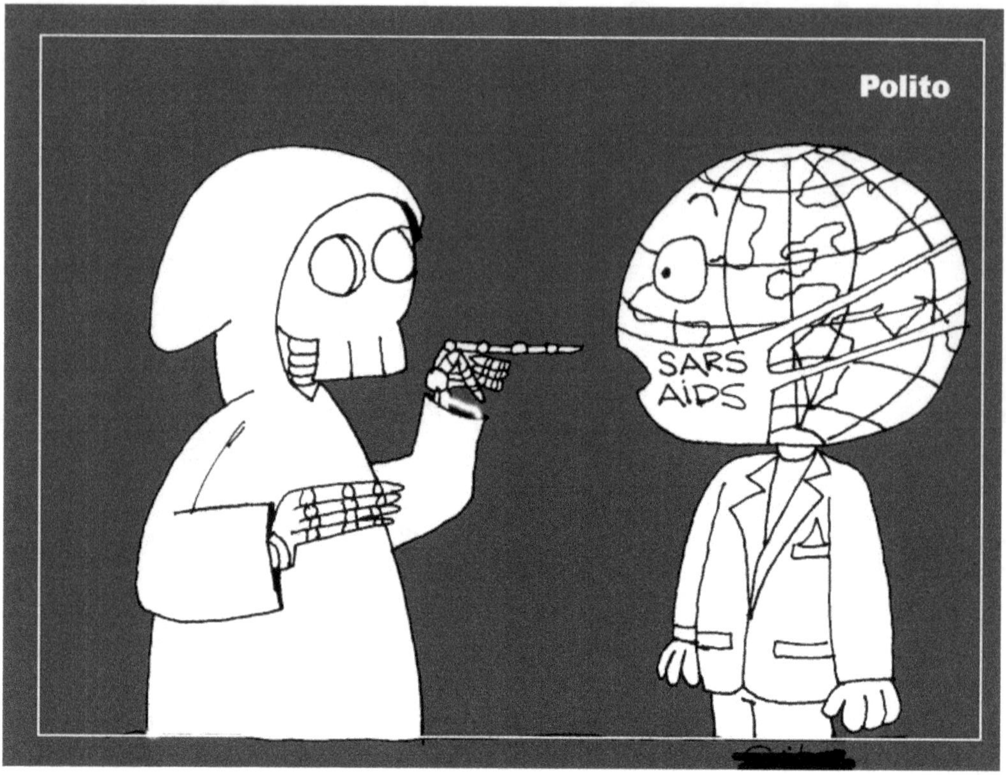
Polito
SARS
AIDS

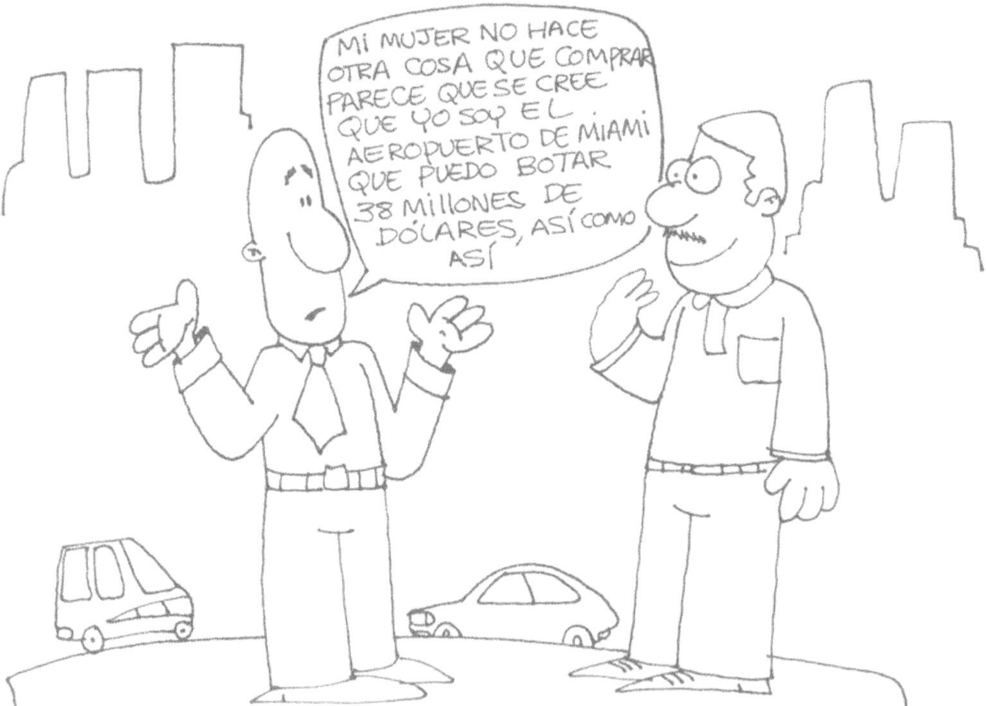
MI MUJER NO HACE OTRA COSA QUE COMPRAR PARECE QUE SE CREE QUE YO SOY EL AEROPUERTO DE MIAMI QUE PUEDO BOTAR 38 MILLONES DE DÓLARES, ASÍ COMO ASÍ
©Polito

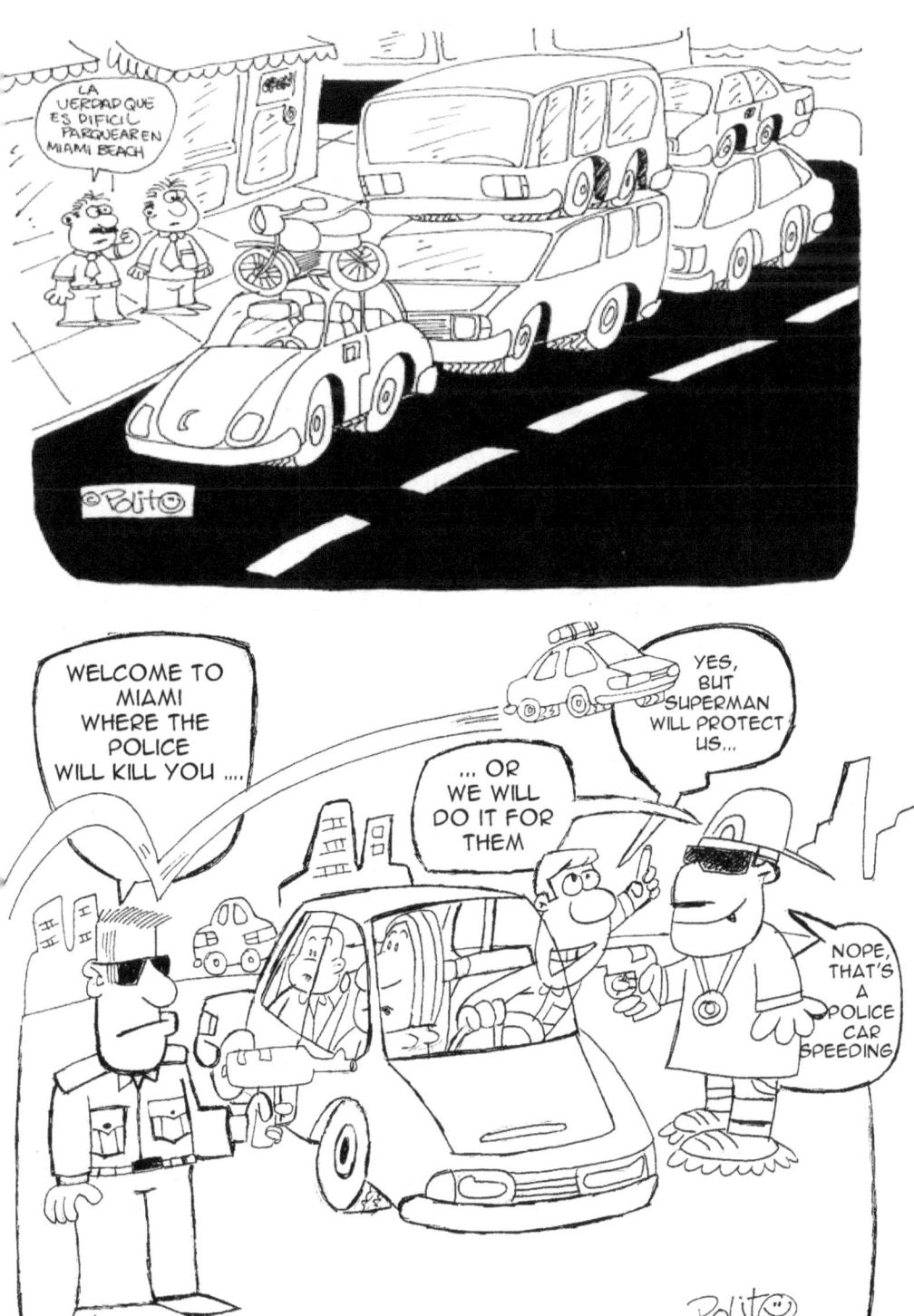

_ BIENVENIDOS A MIAMI, DONDE O TE MATA LA POLICIA O...
_ TE MATAMOS NOSOTROS...
_ SI, PERO SUPERMAN NOS PROTEGE
_NAH, ESE ES UN CARRO DE POLICIA A 300 MILLAS POR HORA

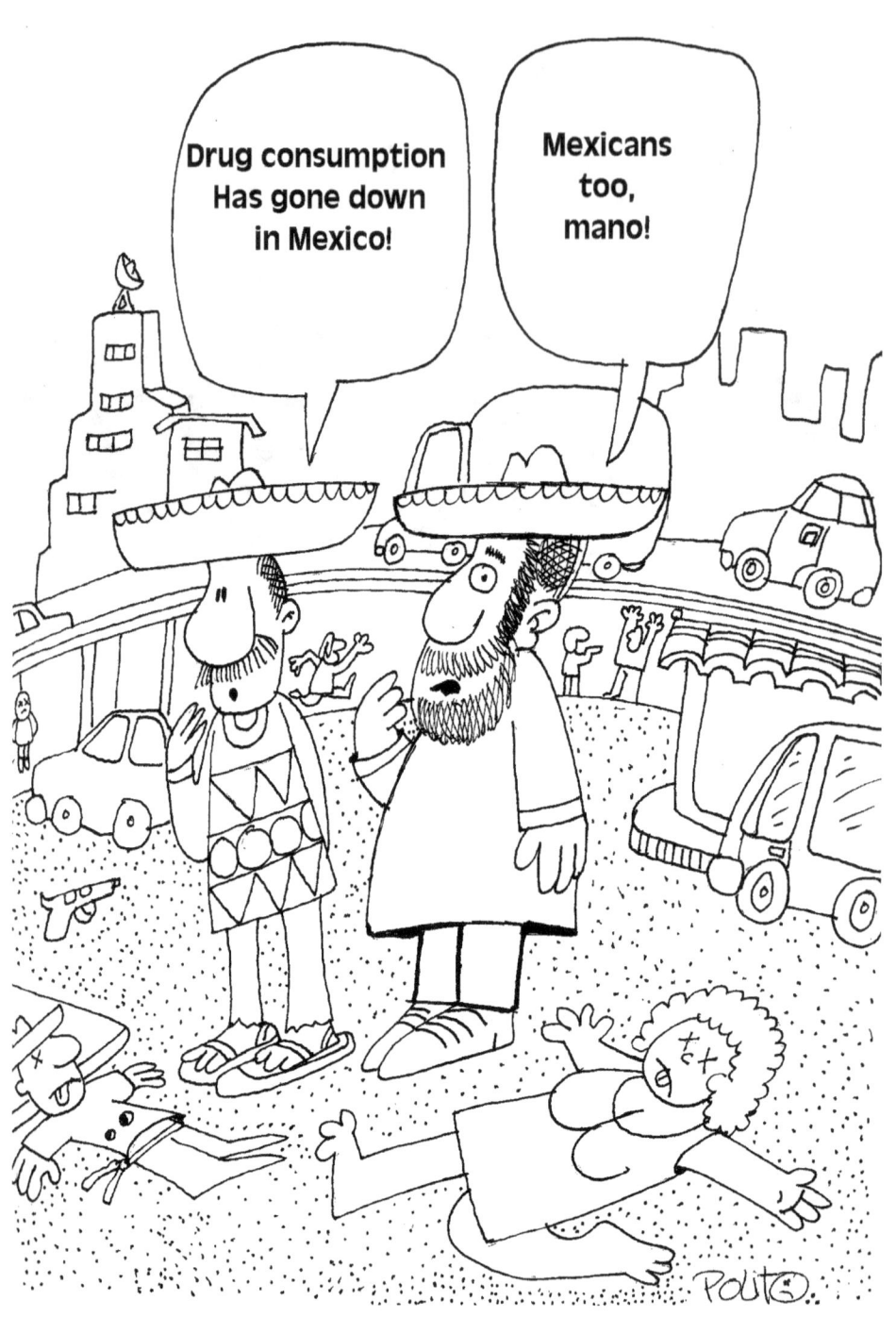

_ El consumo de drogas en Mexico sigue cayendo.
_...¡ Y los Mexicanos también manito!

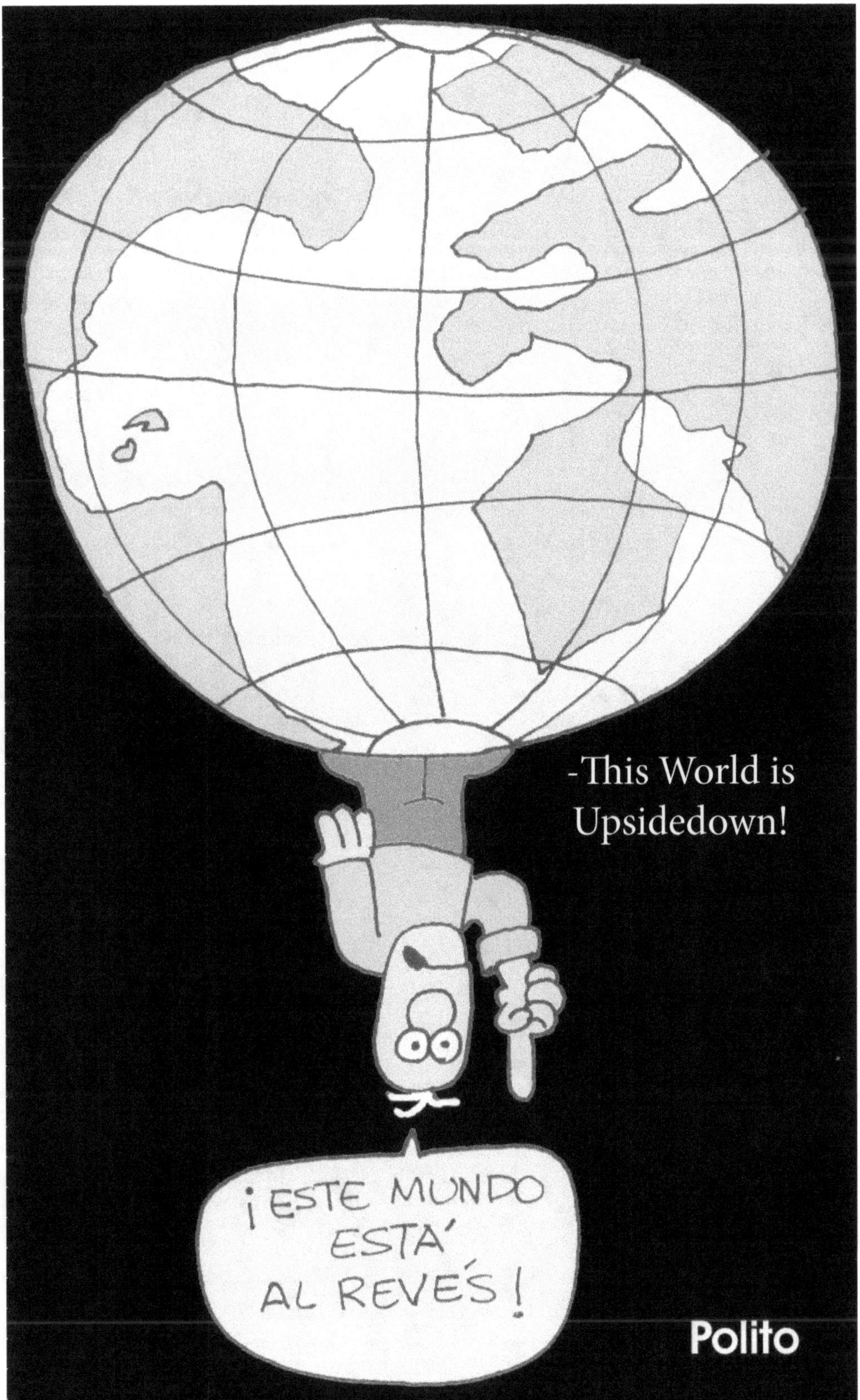
-This World is Upsidedown!
¡ESTE MUNDO ESTÁ AL REVÉS!
Polito

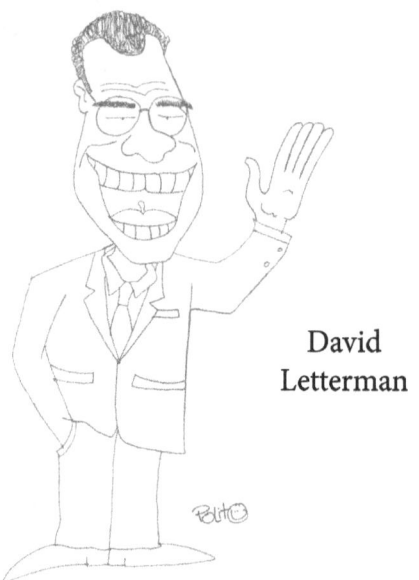

David
Letterman

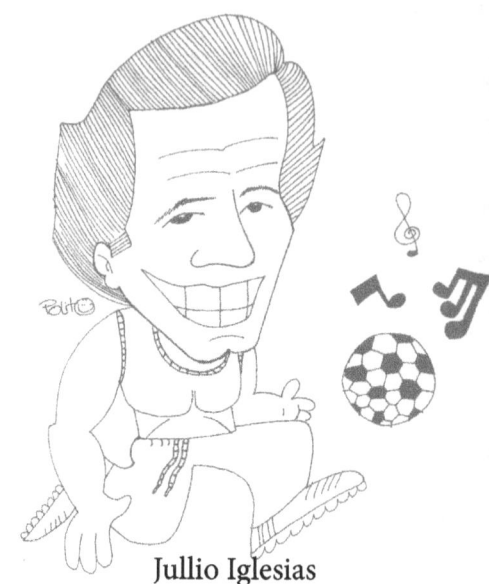

Jullio Iglesias

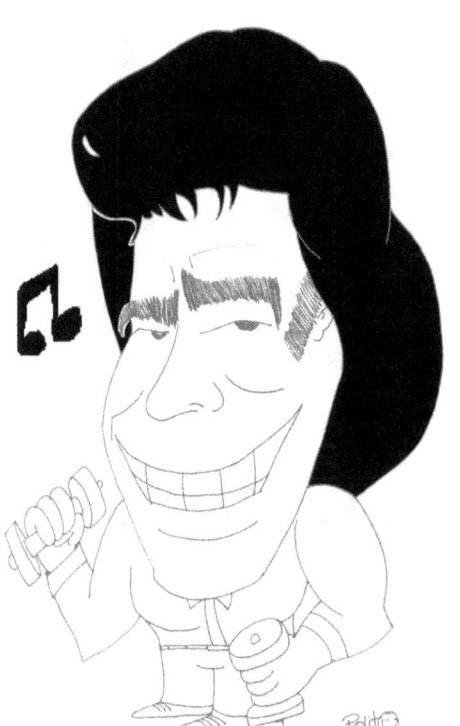

José Luis Rodríguez
"El Puma"

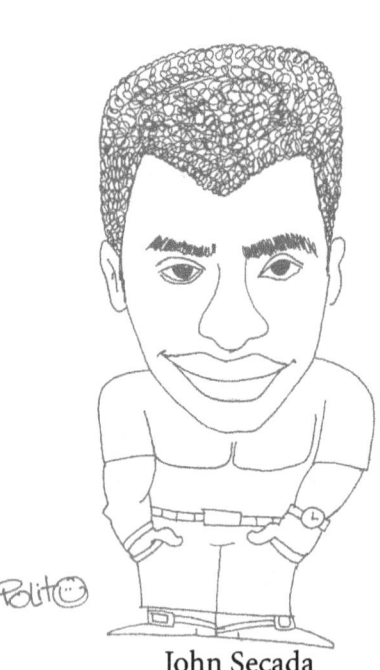

John Secada

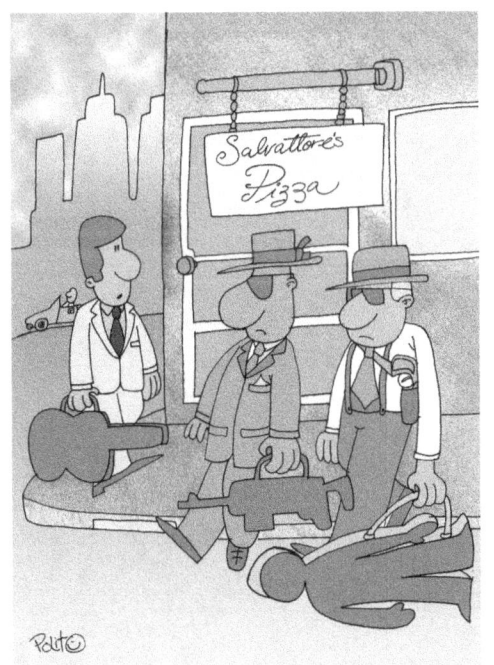

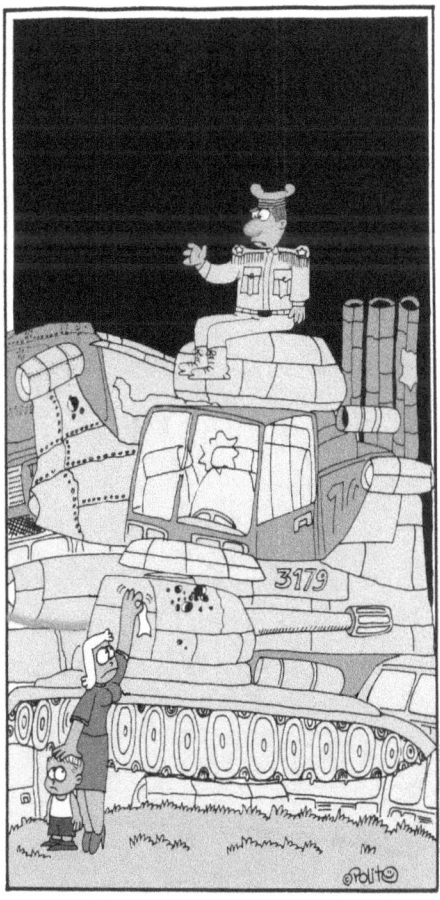

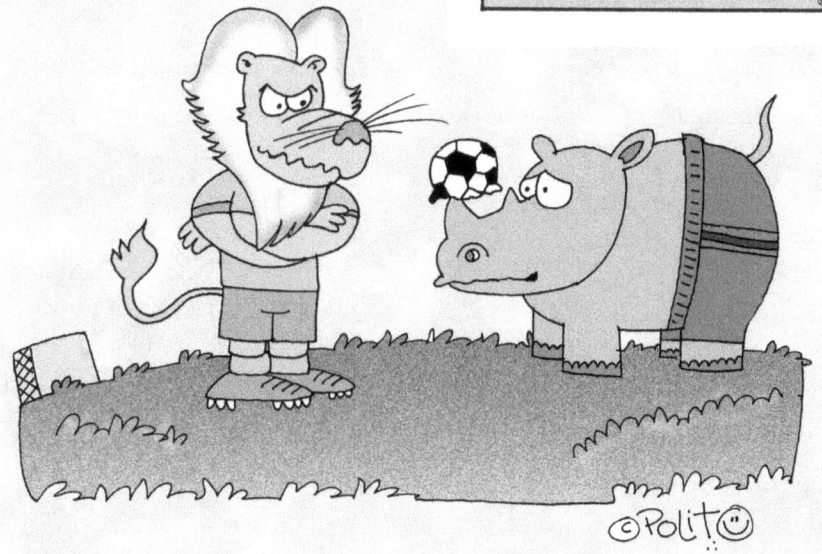

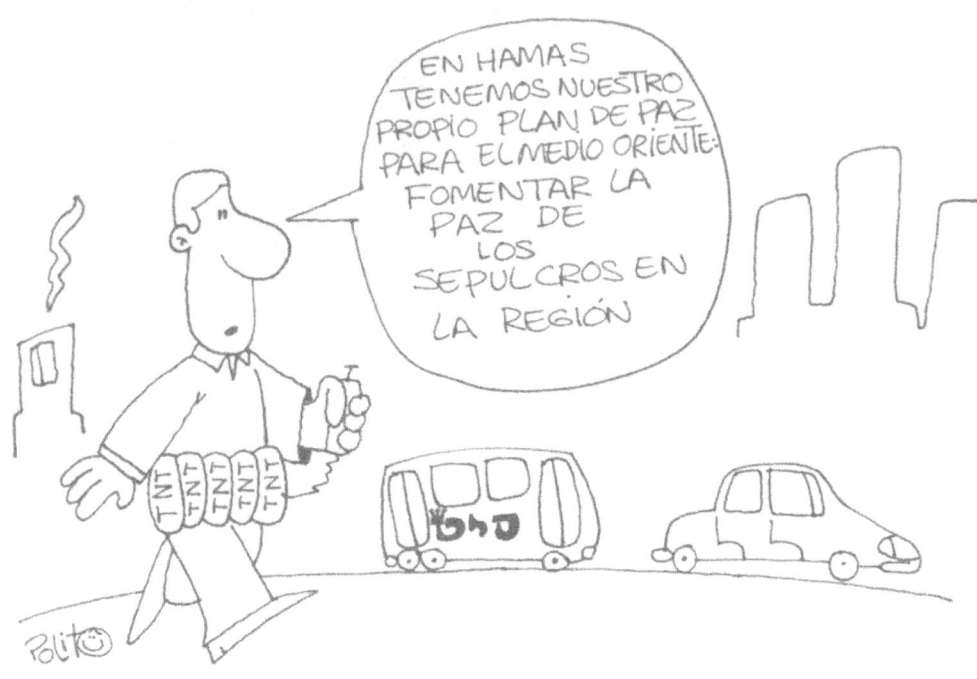

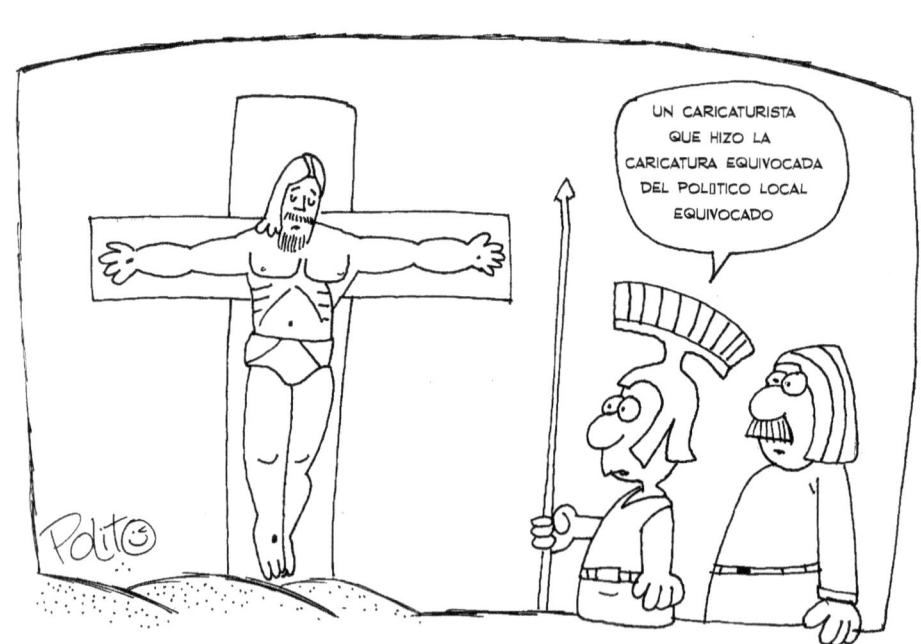

ANOTHER CARTOONIST THAT MADE THE WRONG CARICATURE OF THE WRONG LOCAL POLITICIAN

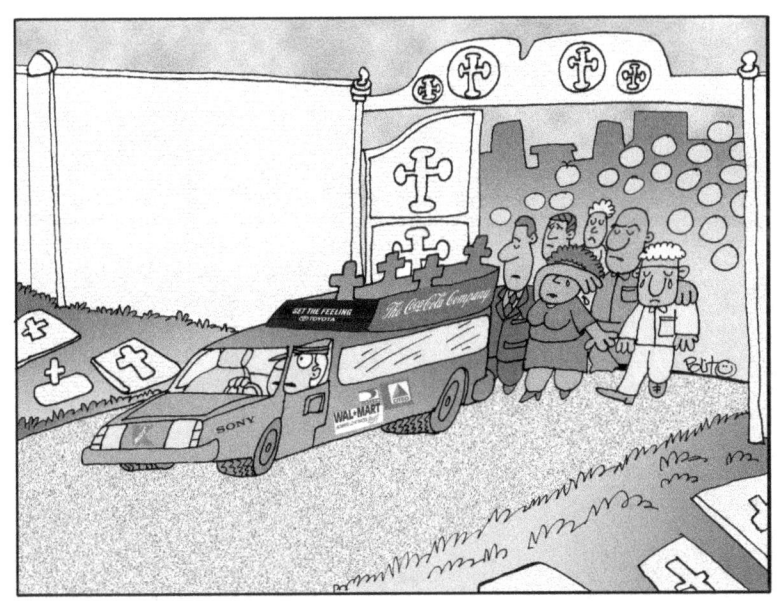

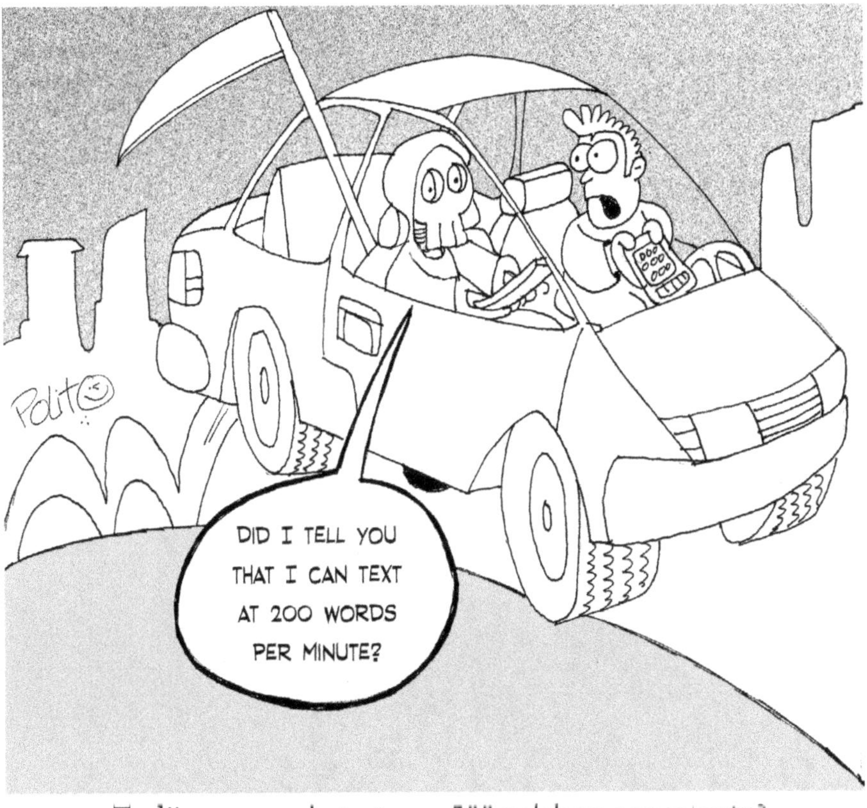

¿Te dije que puedo textear a 200 palabras por minuto?

Gas prices are still High

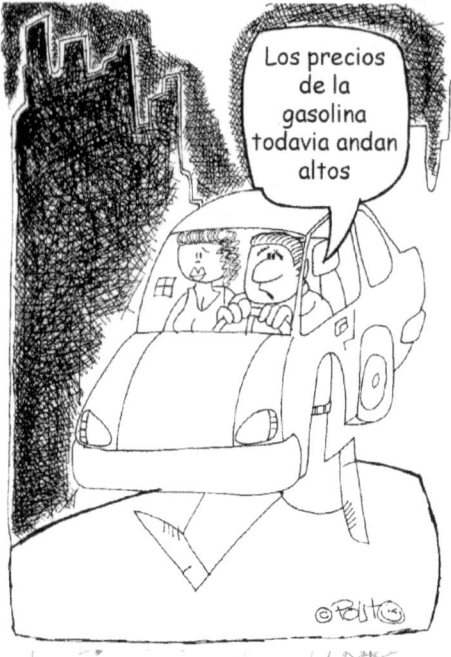

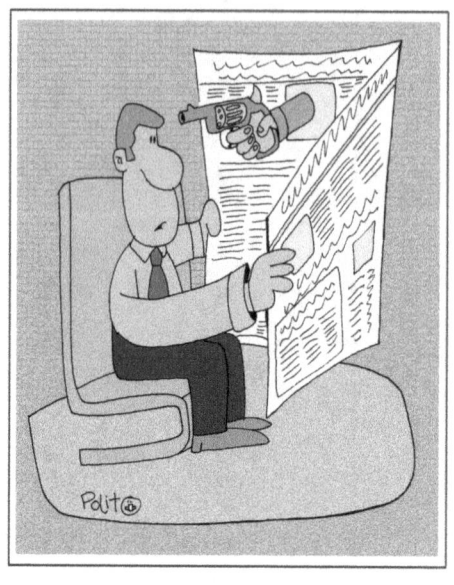

Gobierno Profundo:
_Hemos cubierto los mejores intereses del pueblo nor-teamericano

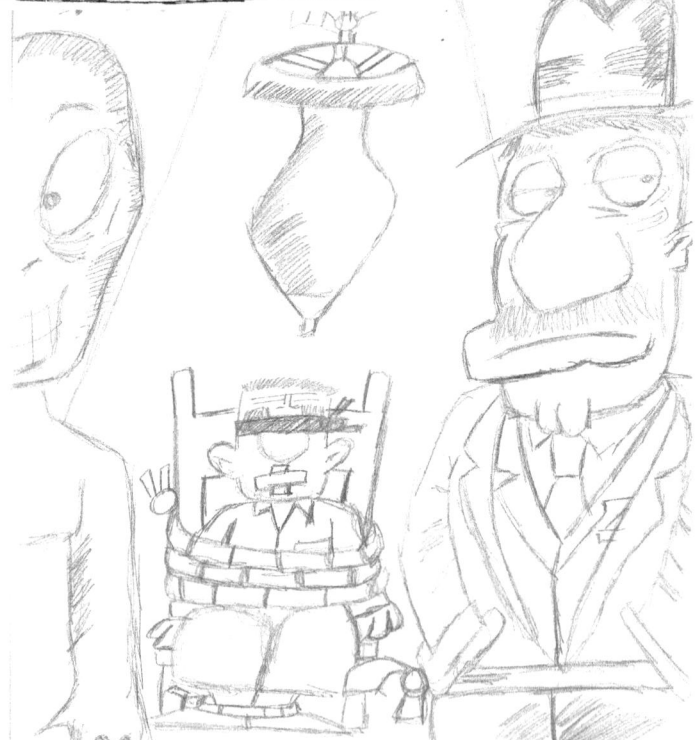

Deep Government:
We've got covered the best interests of the American People

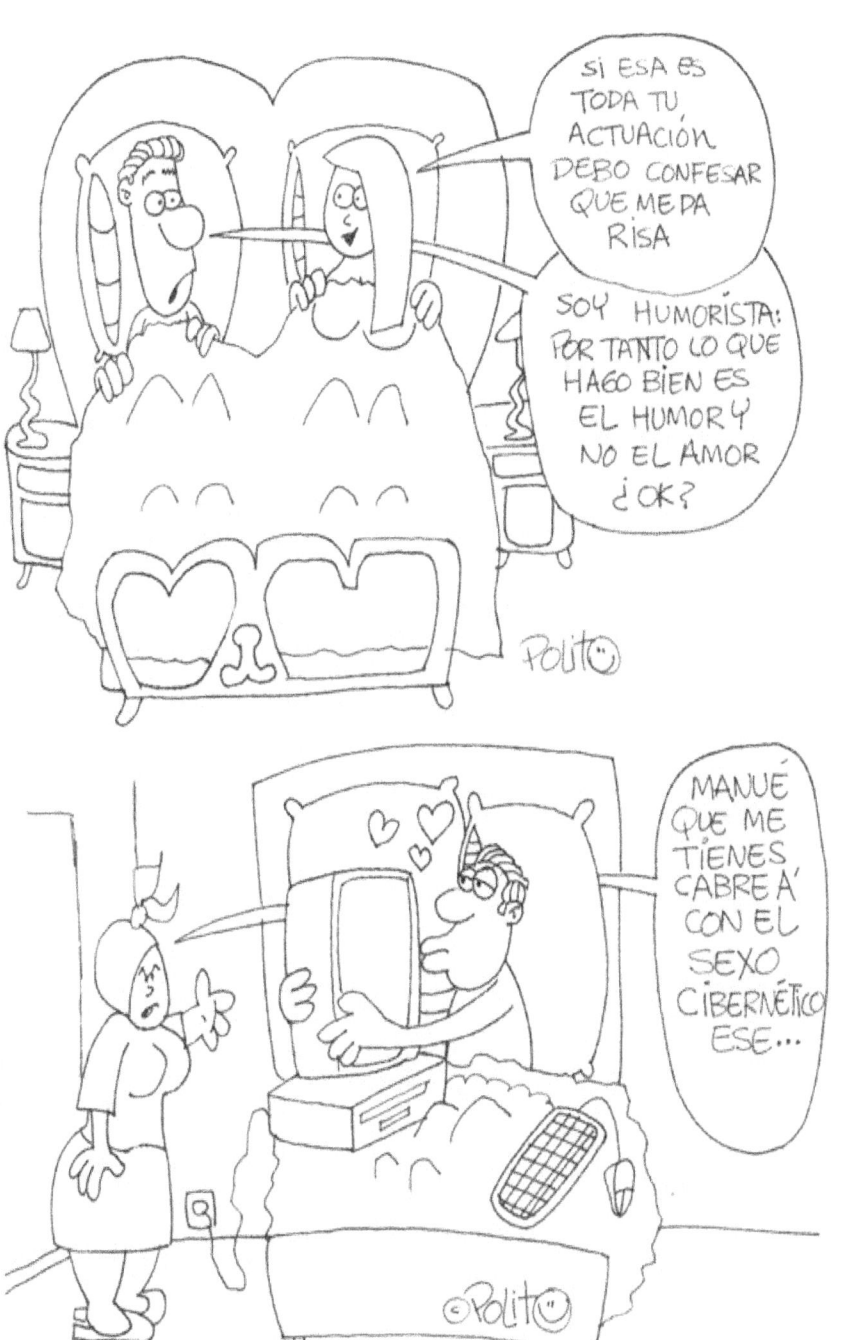

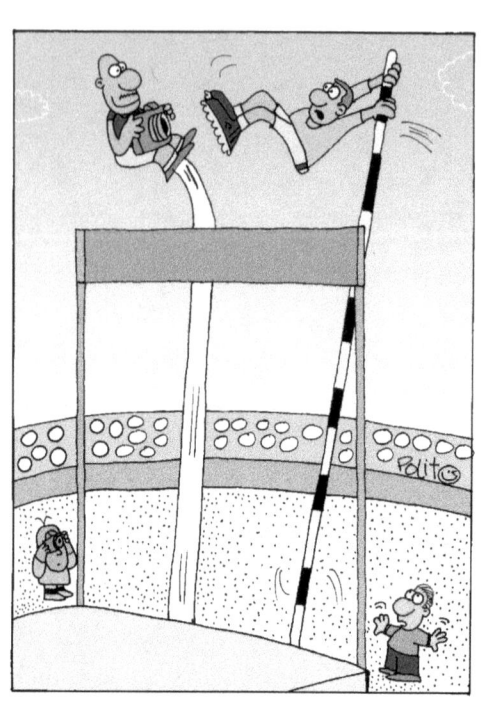

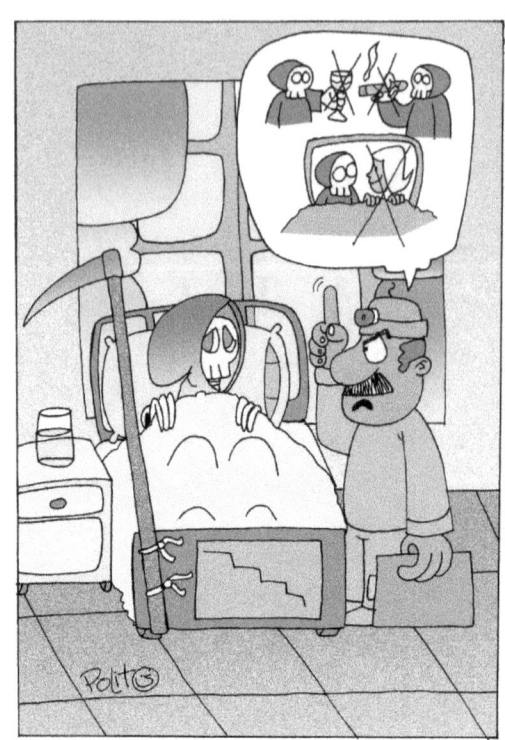

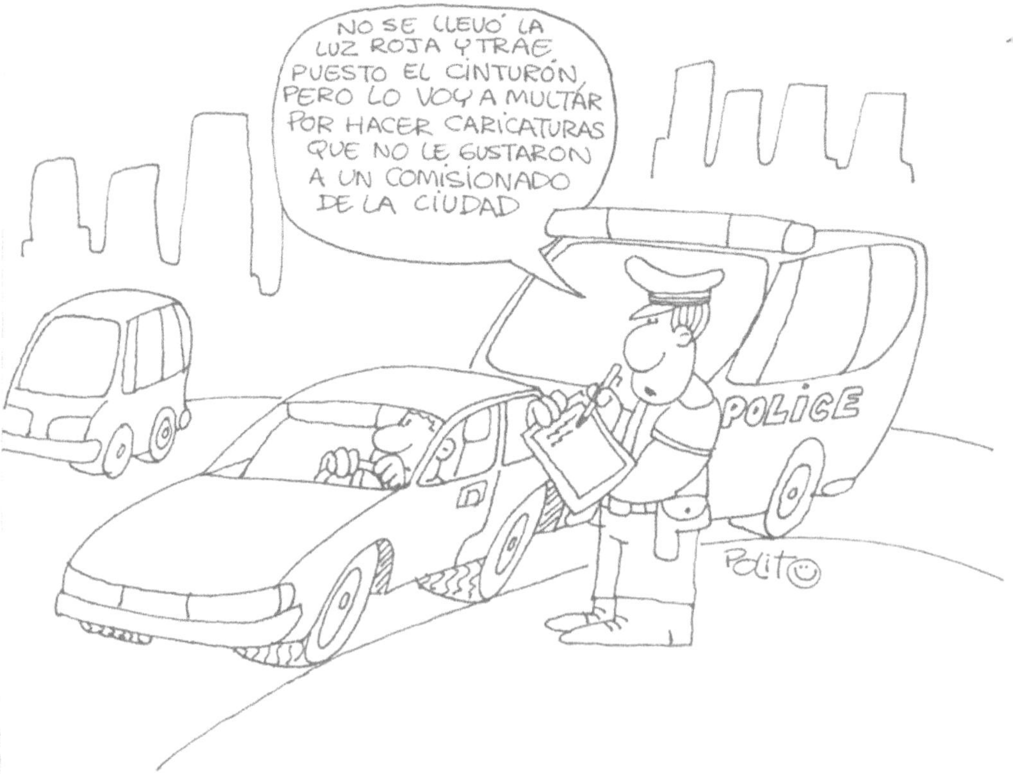

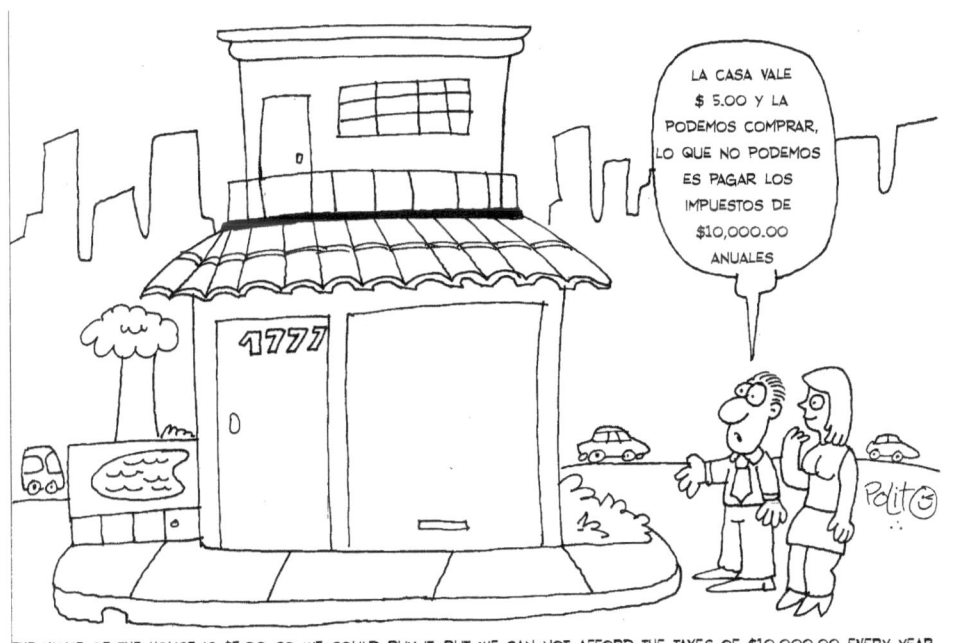

THE VALUE OF THE HOUSE IS $5.00 SO WE COULD BUY IT, BUT WE CAN NOT AFFORD THE TAXES OF $10,000.00 EVERY YEAR.

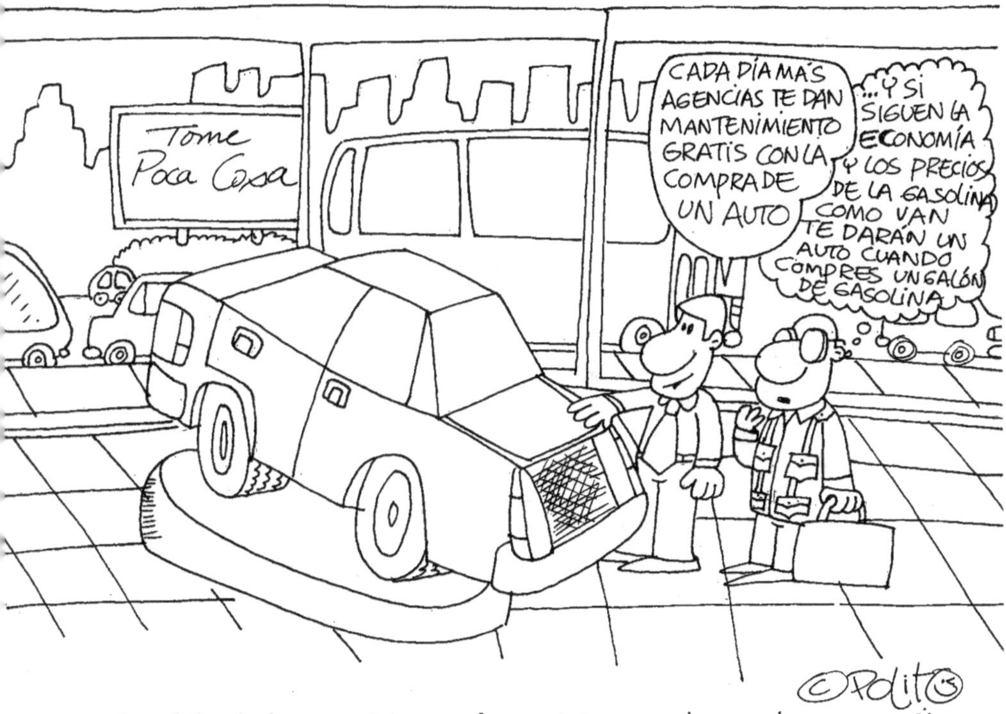

_A lot of Car dealers are giving you free maintenance when you buy a car
_"...And if the Economy and the gas prices keep going in this way, soon they will give you a car for free when you buy a galon of gas."

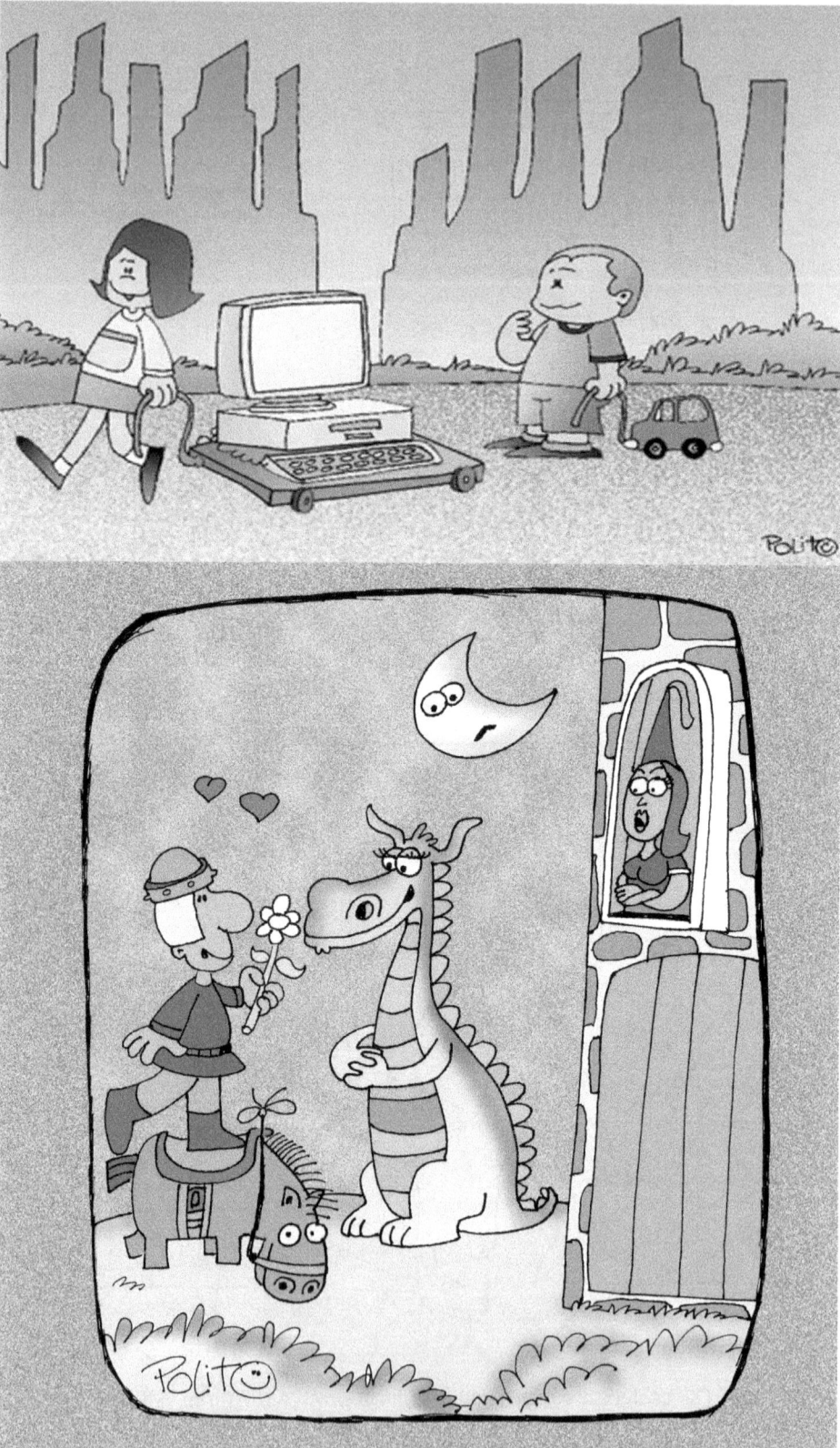

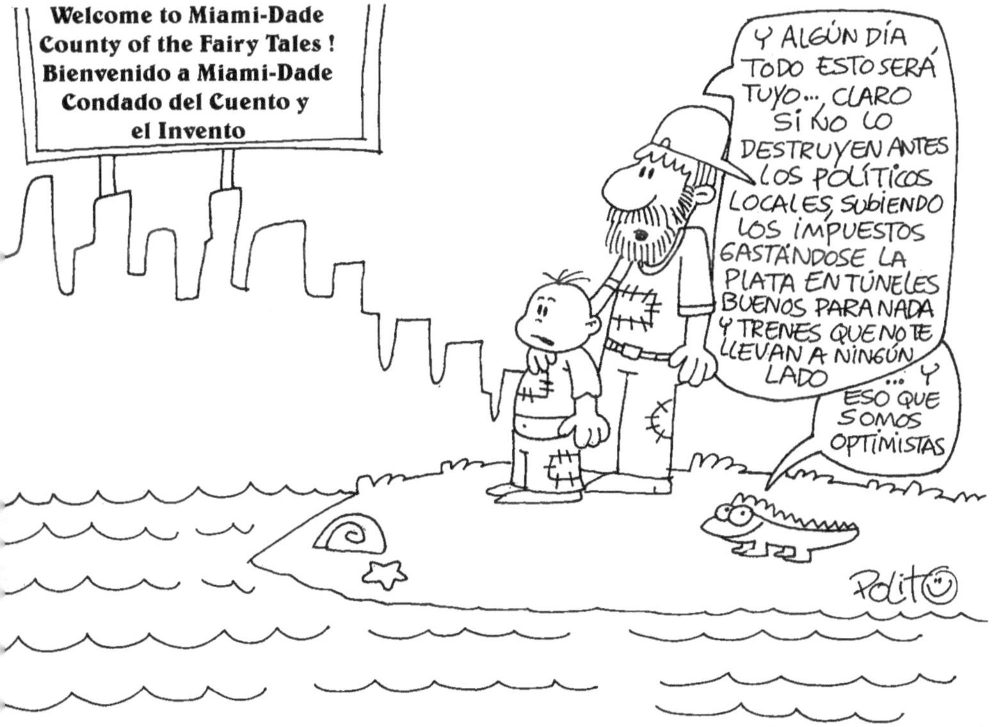

_...And one day all these things will be yours, unless local politicians detroy it first...raising taxes and spending your money in a tunnel good for nothing and trains that go nowhere.
_...And we are optimist

I think you discriminate me because of my religious beliefs

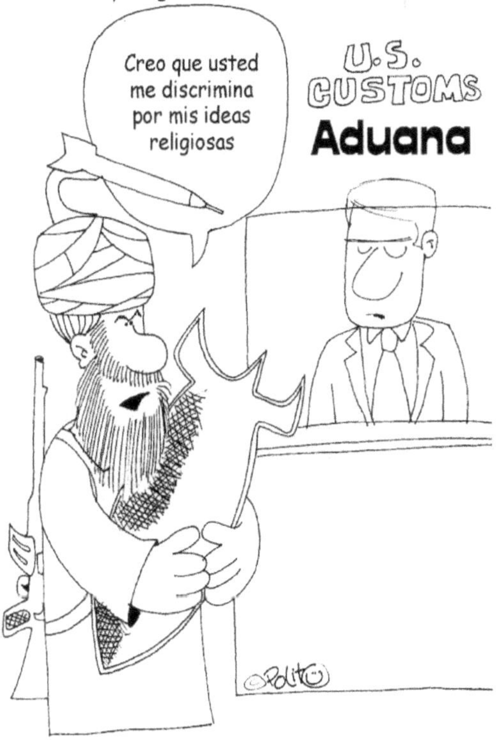

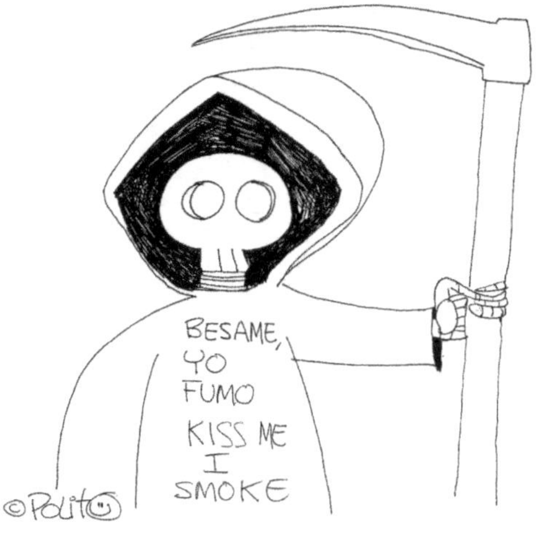

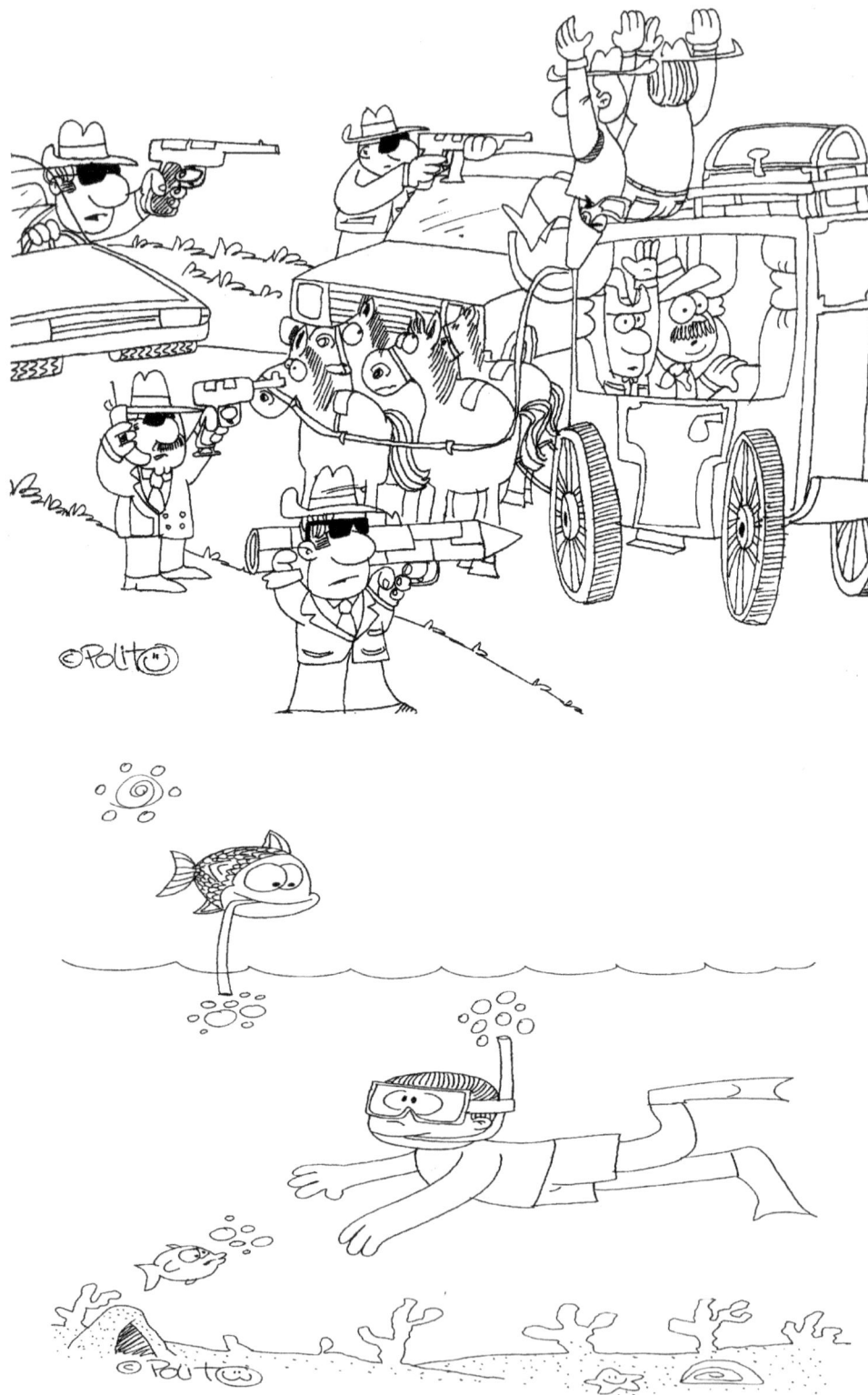

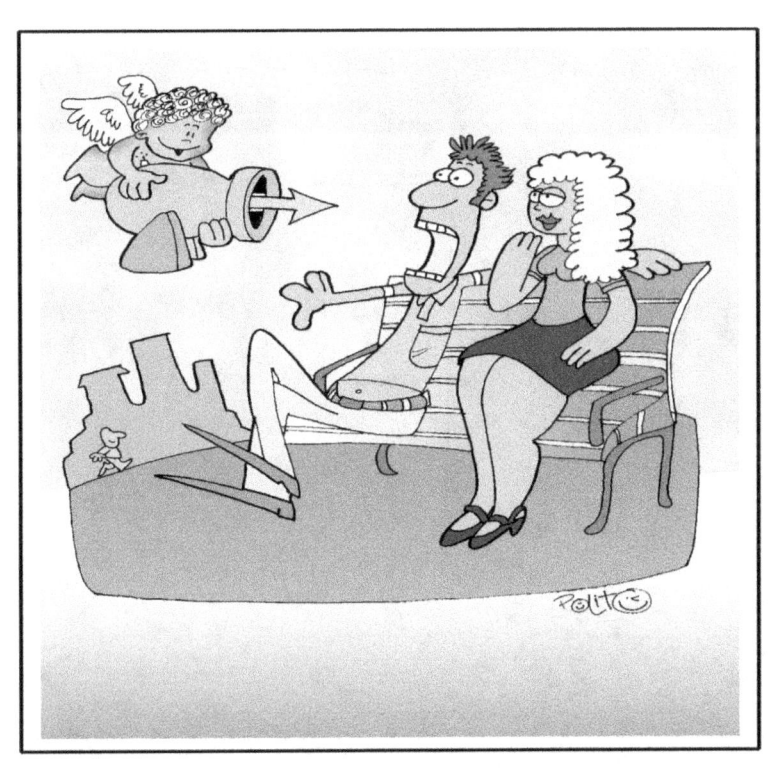

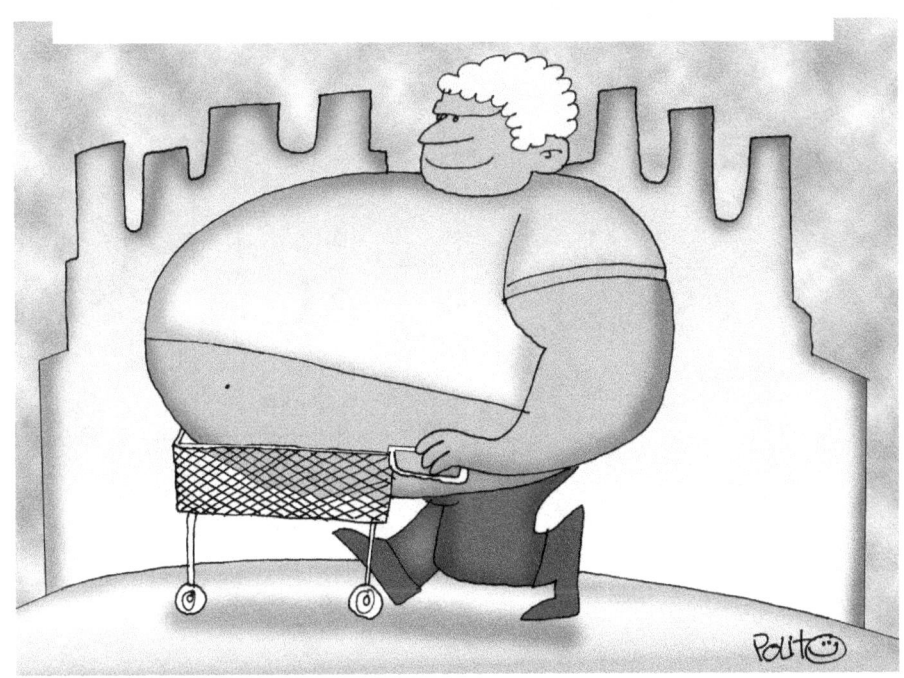

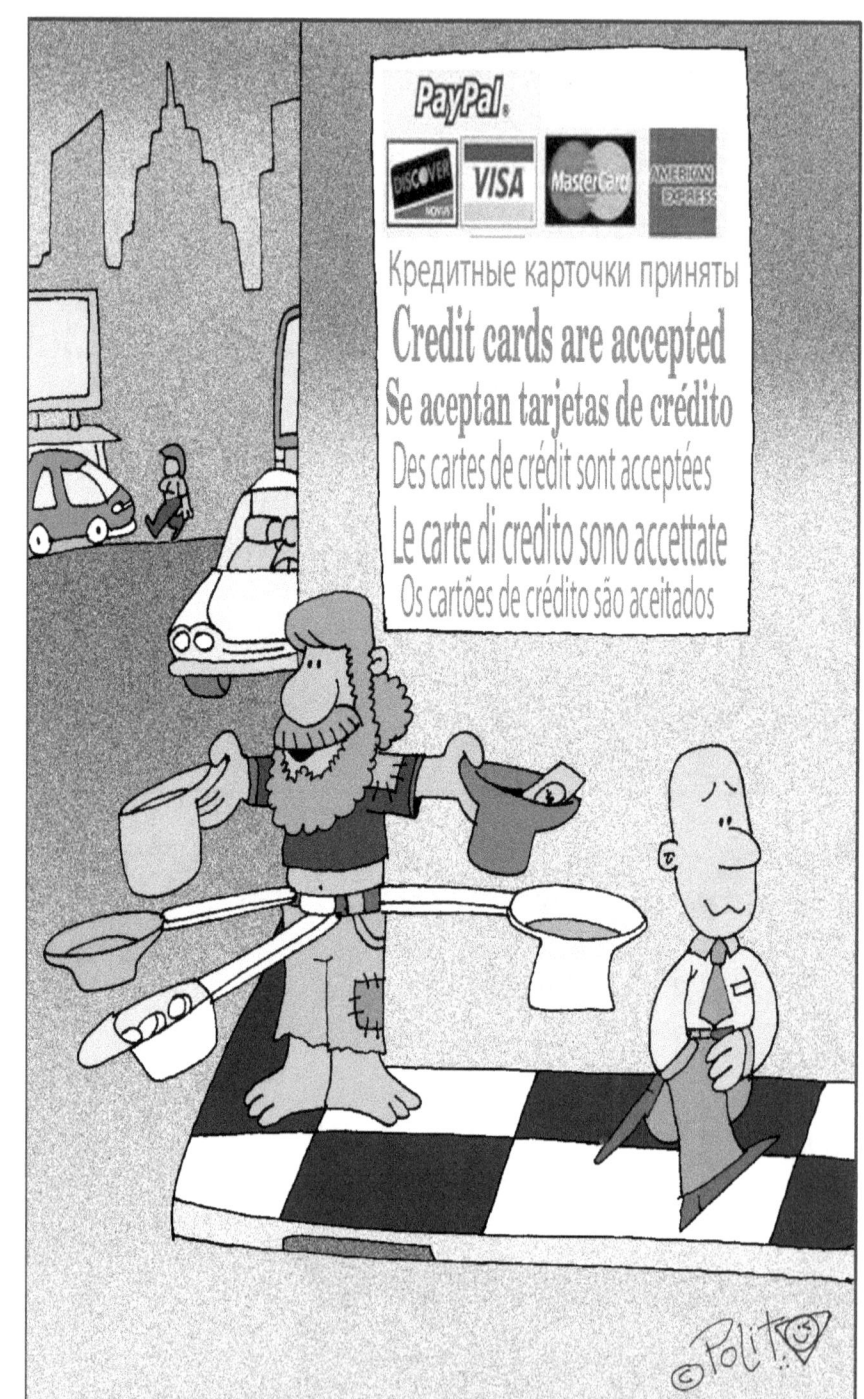

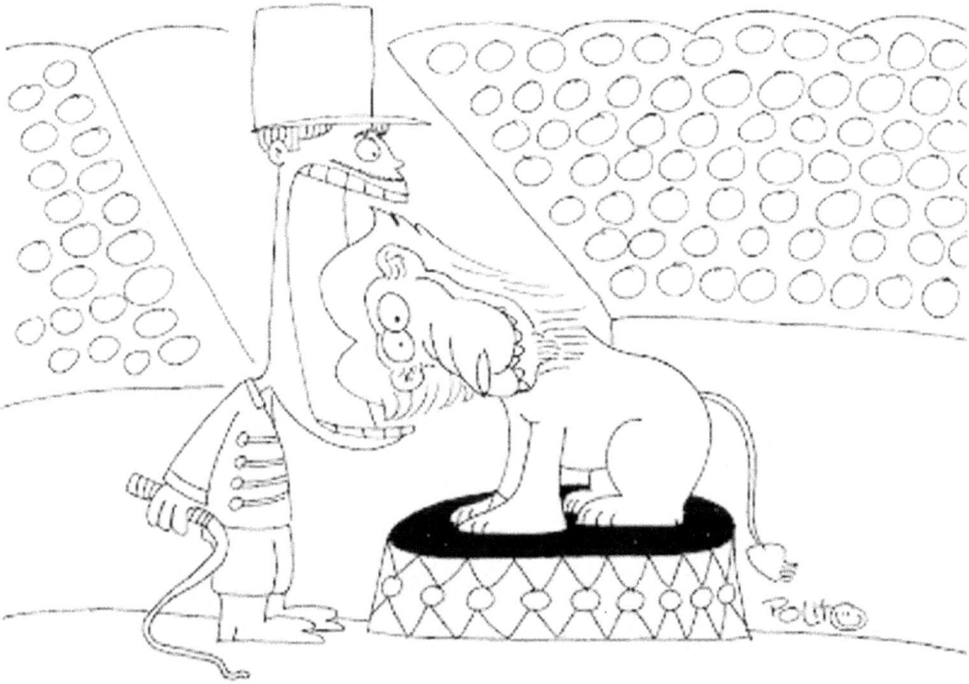

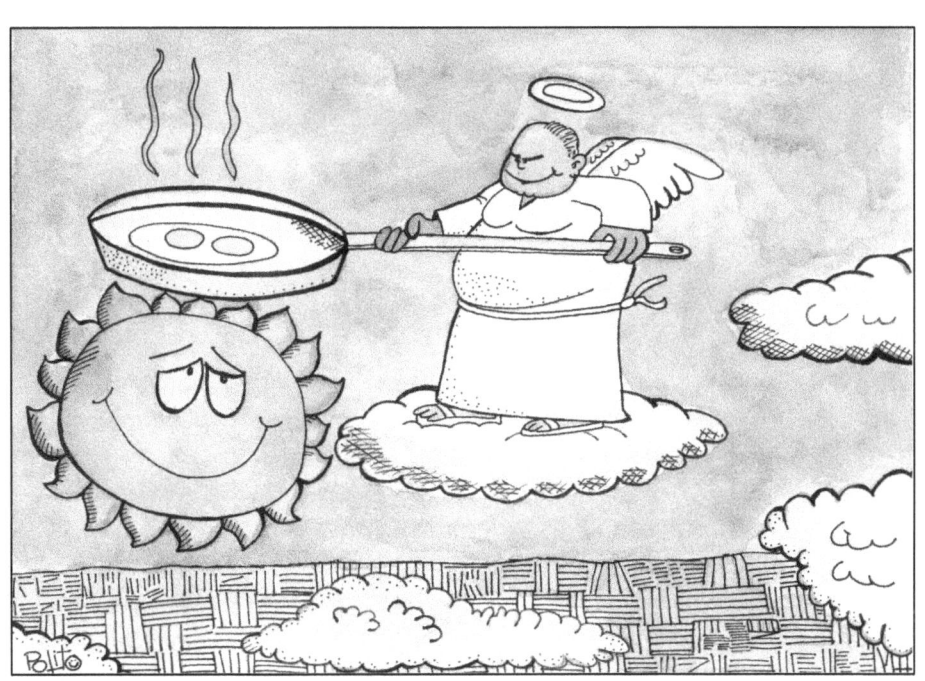

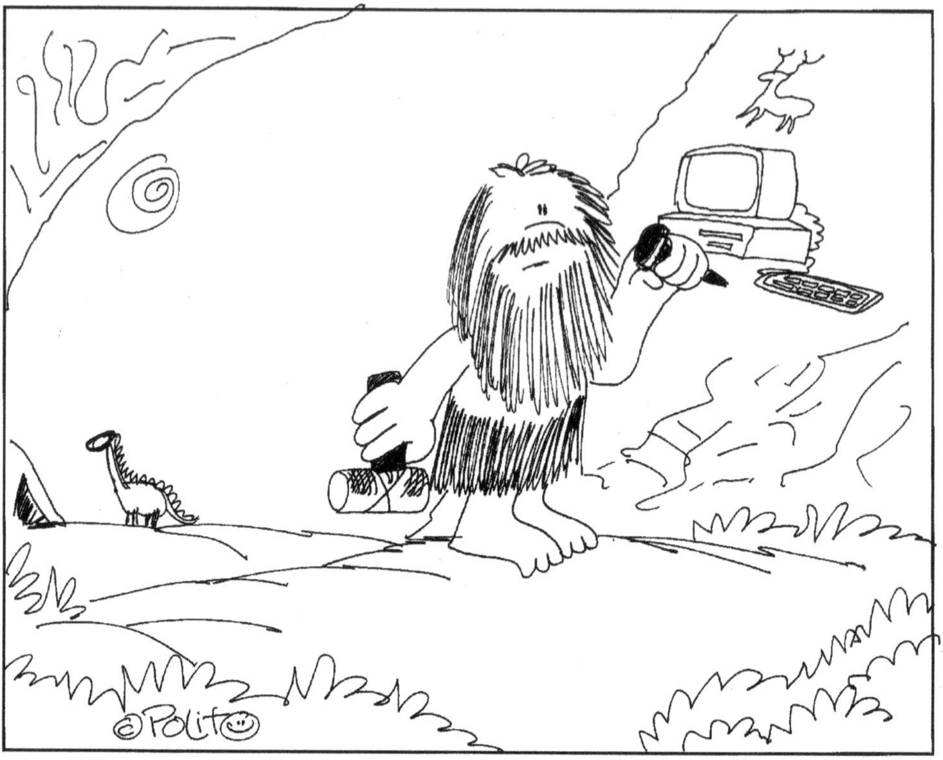

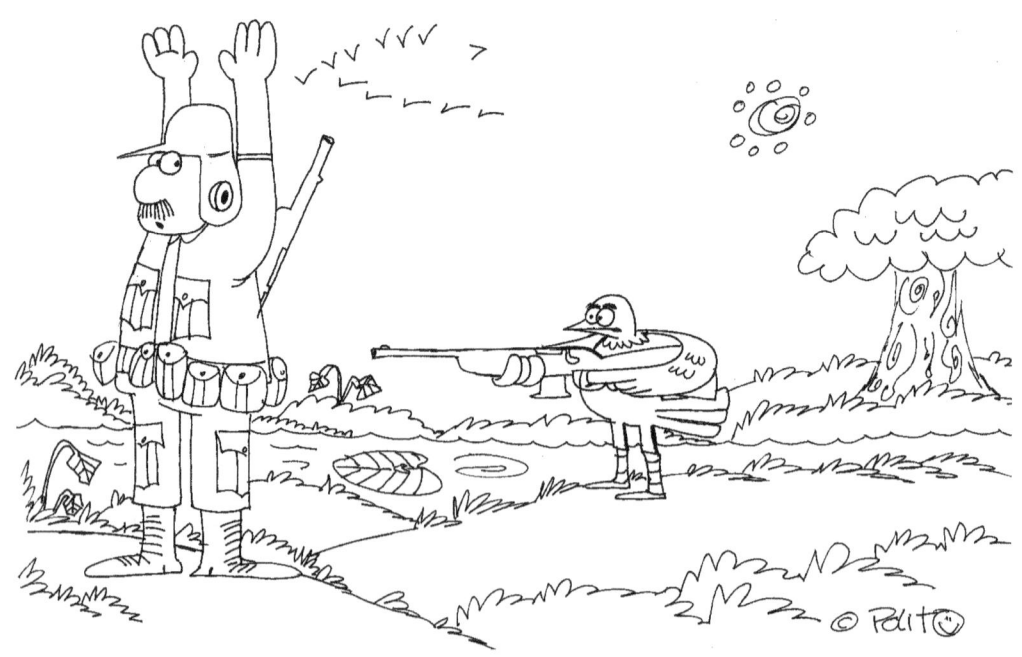

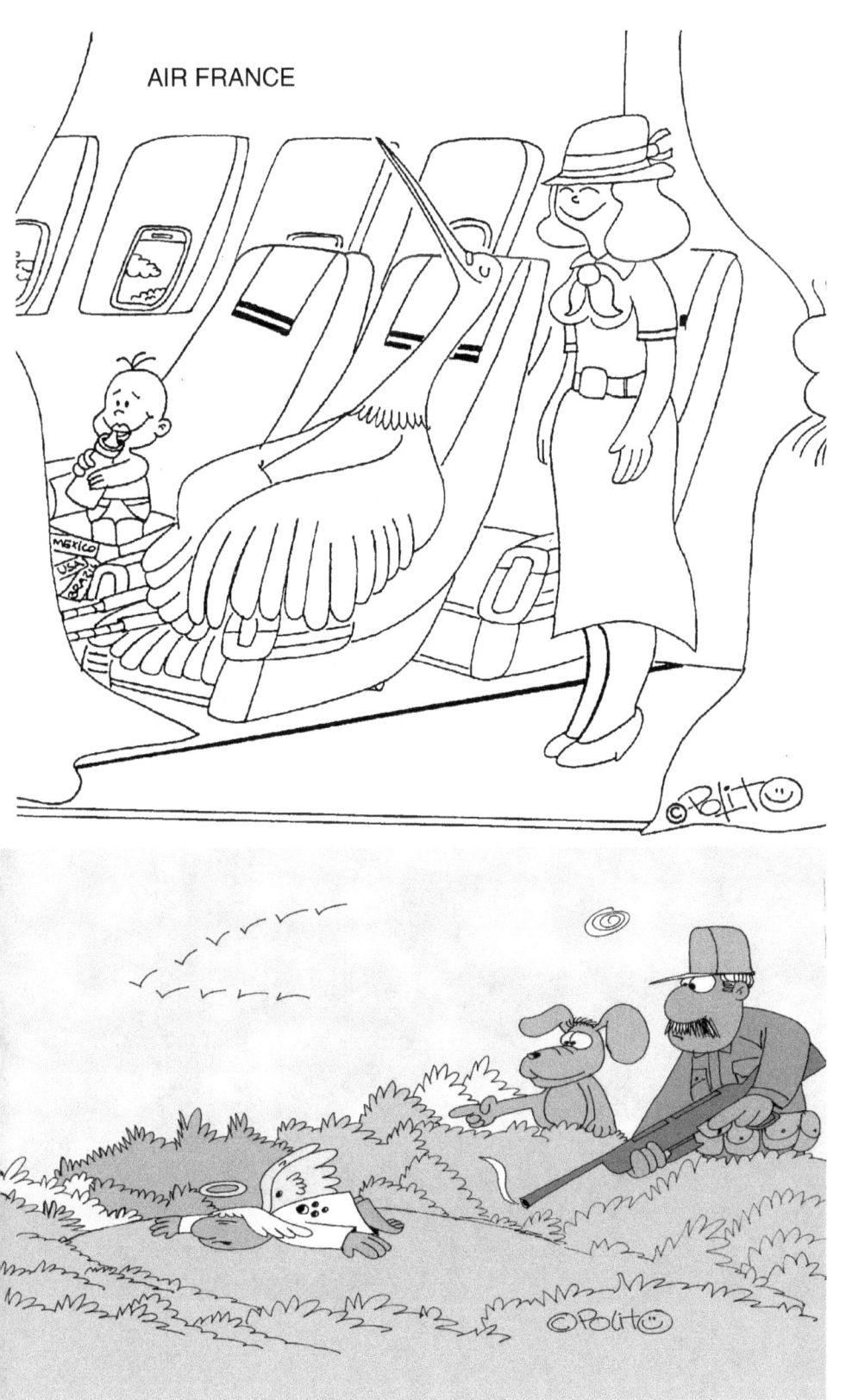

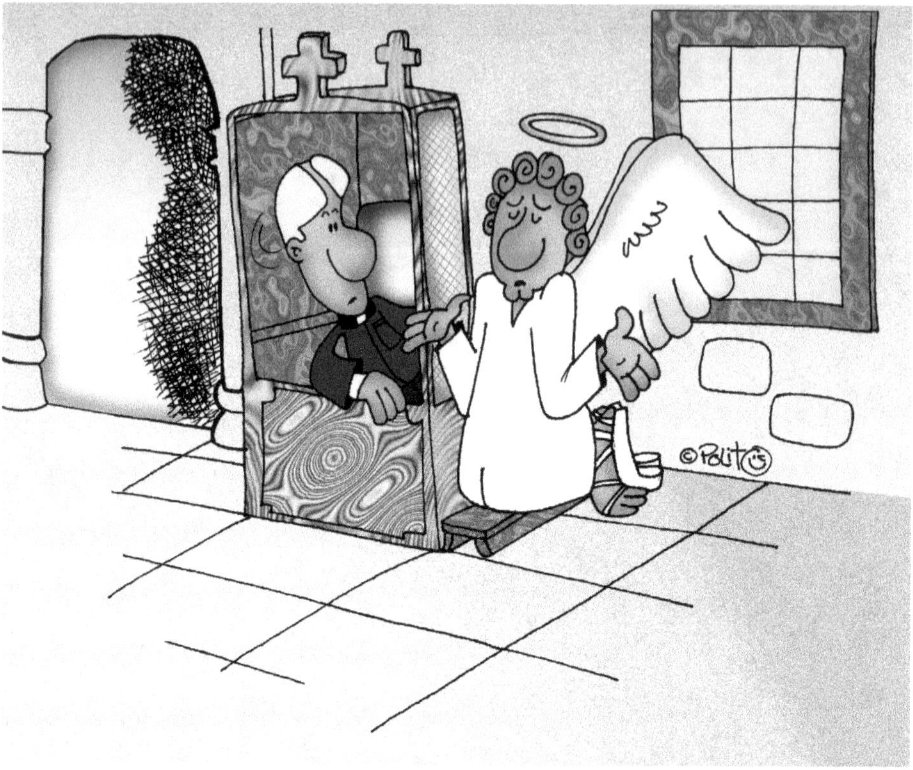
©Polit

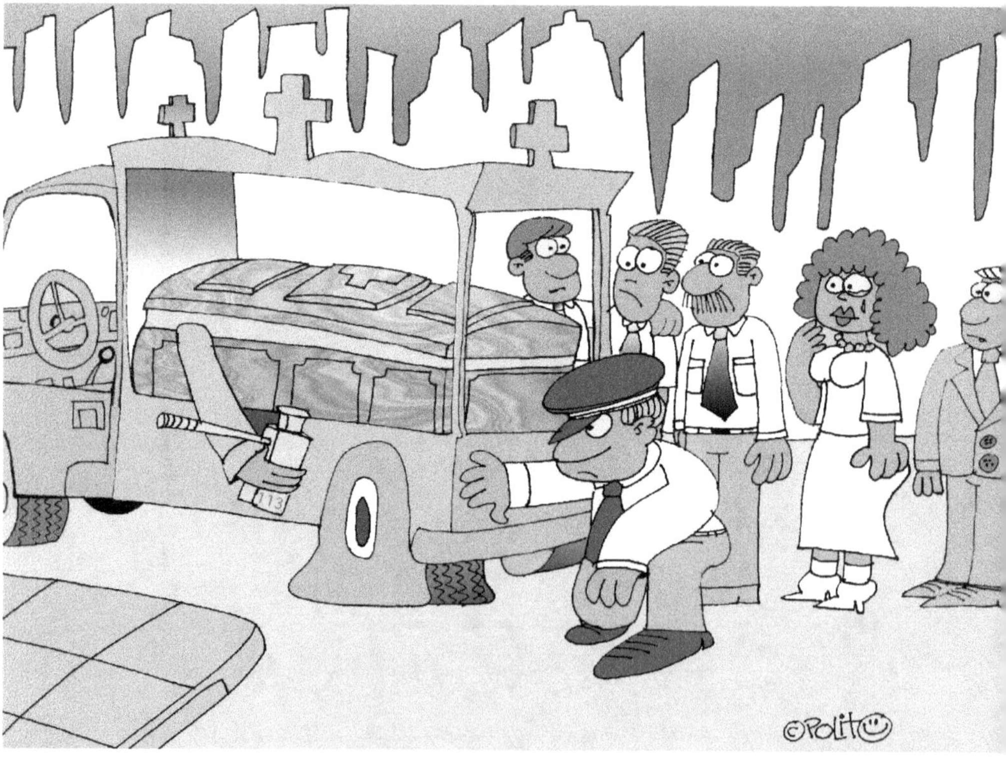
113
©Polit

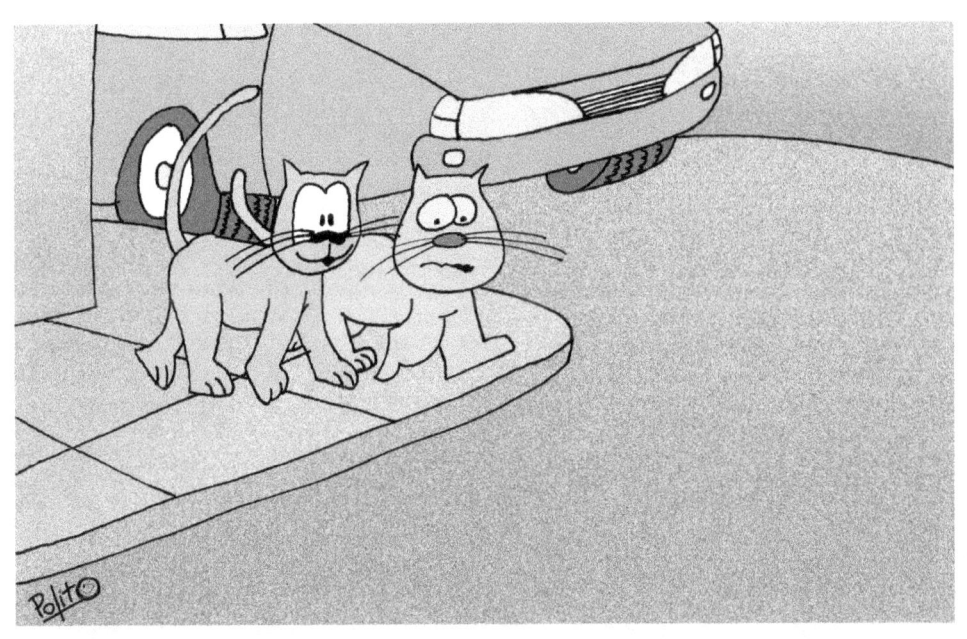

_HE TOLD ME: "YOU ARE UNGRATEFUL AS A CAT"
WOULDN'T SOUND BETTER:
"UNGRATEFUL AS A HUMAN BEING?"

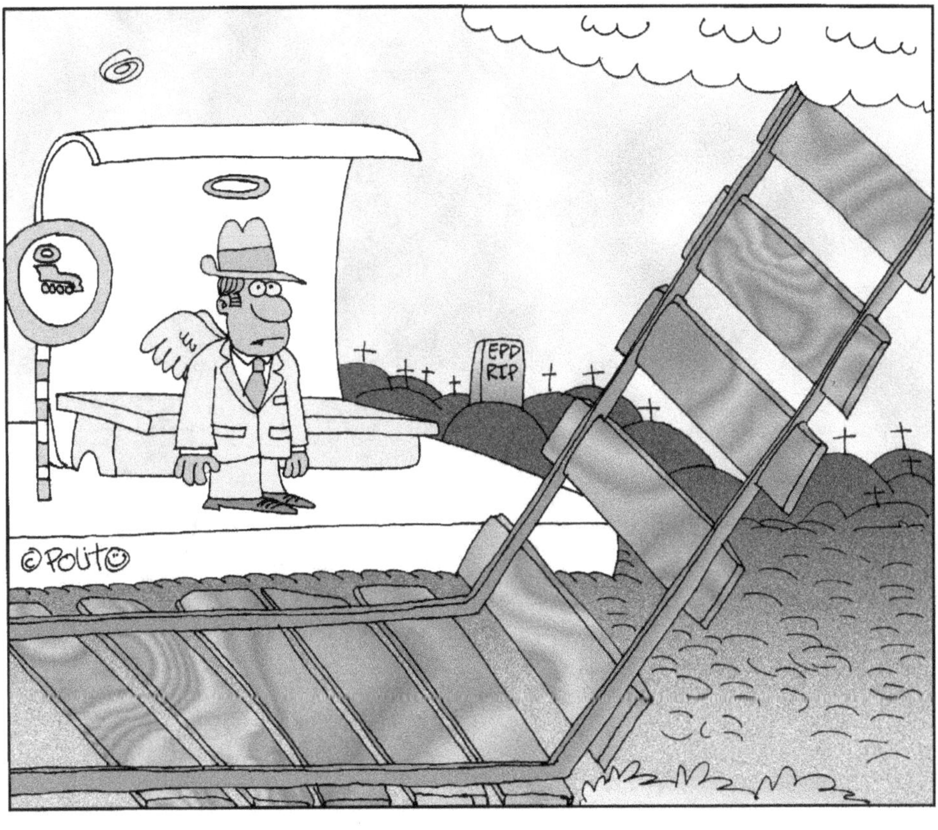

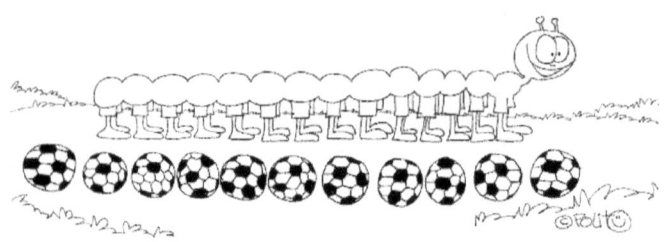

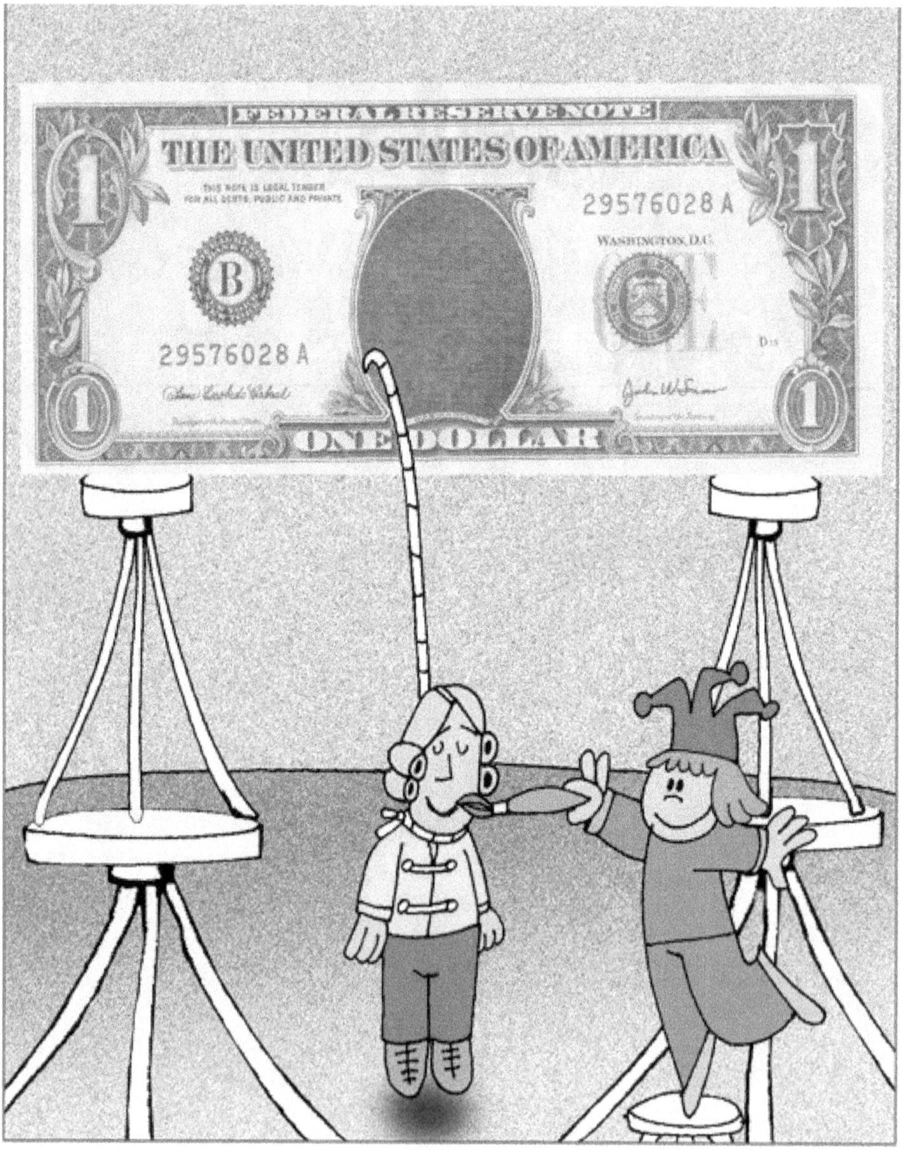

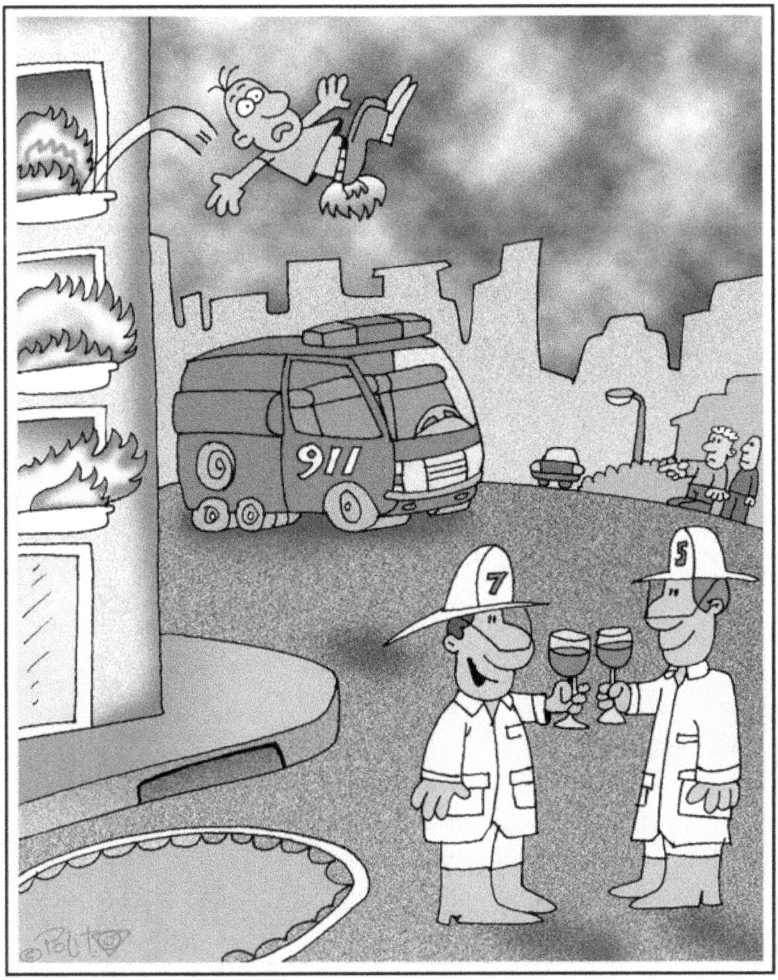

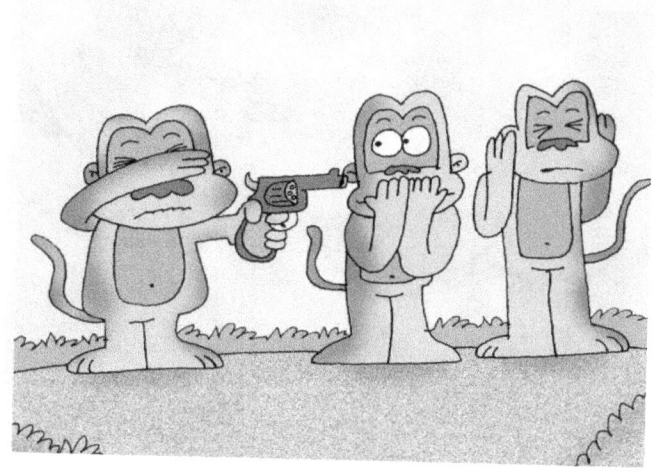

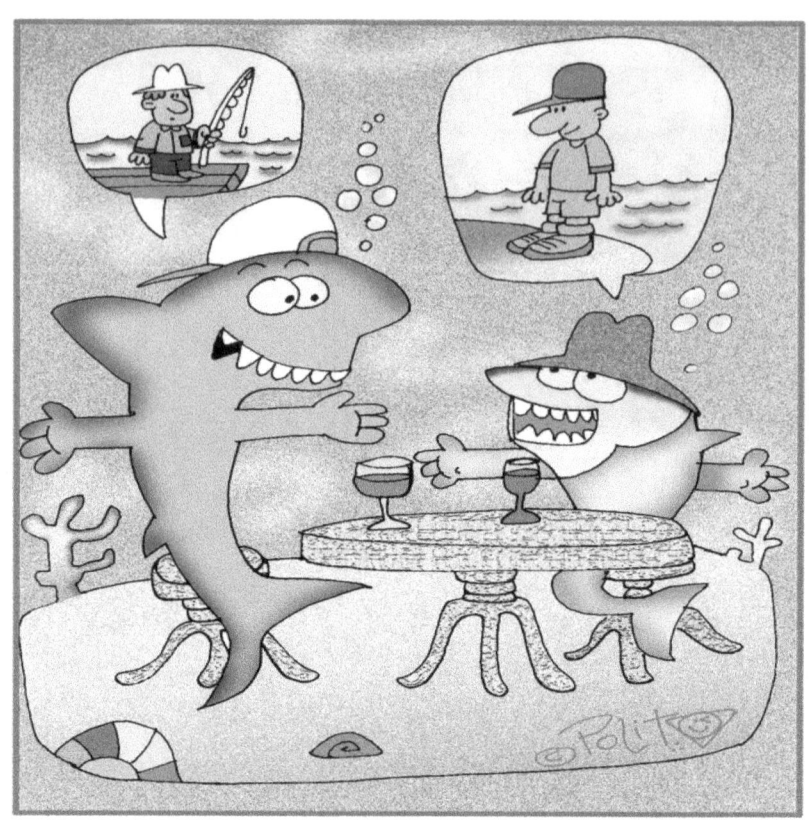

"Mr Jones, I can guarantee you this is a serious company."

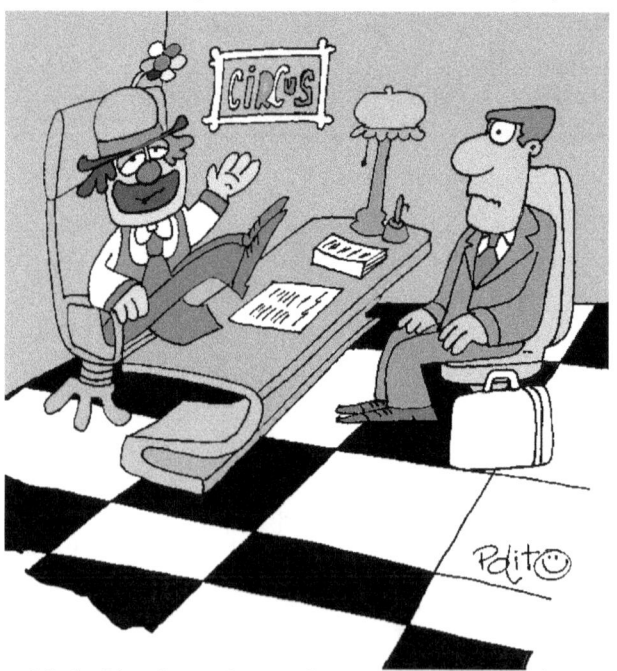

"_Señor Pérez, le puedo garantizar que nuestra compañía es una empresa seria."

100 % Natural sin preservantes añadidos.

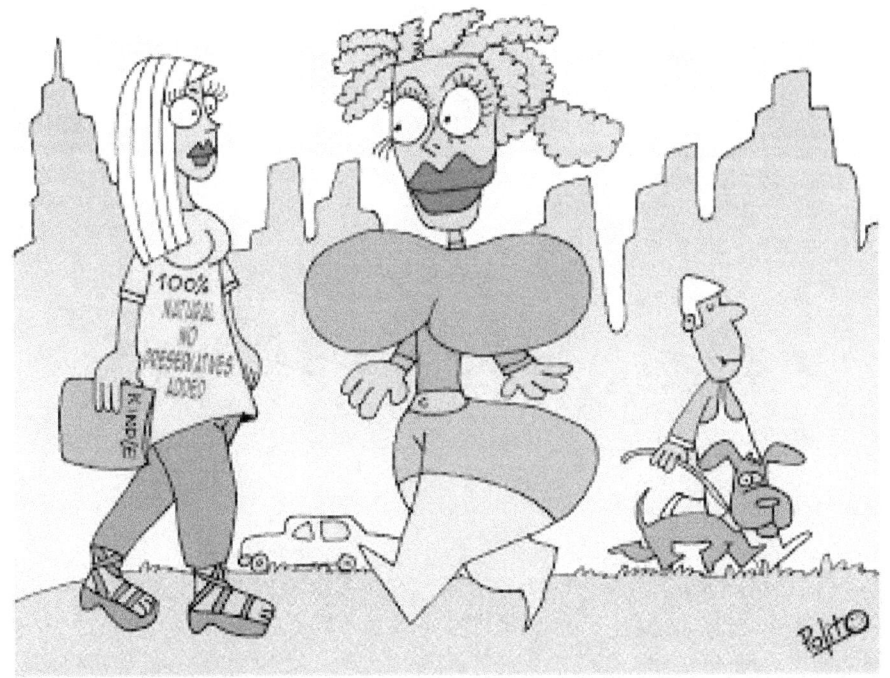

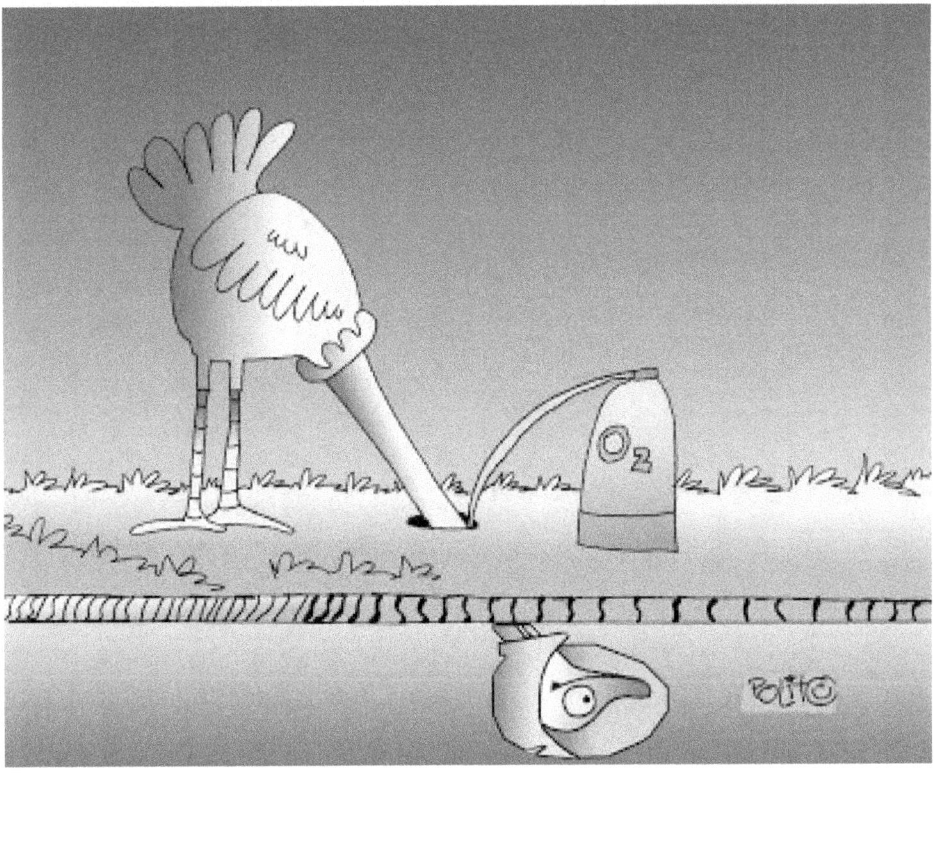

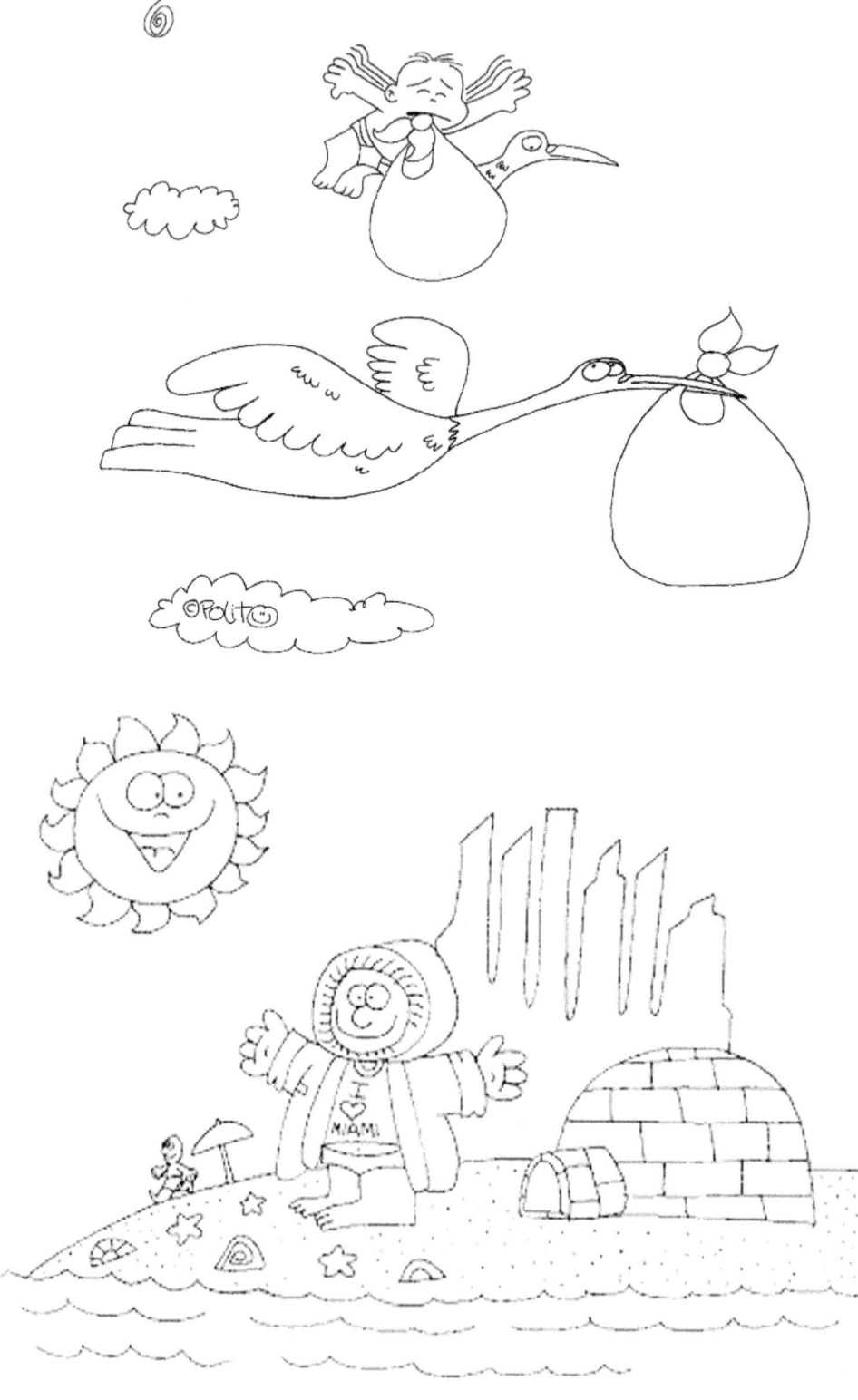

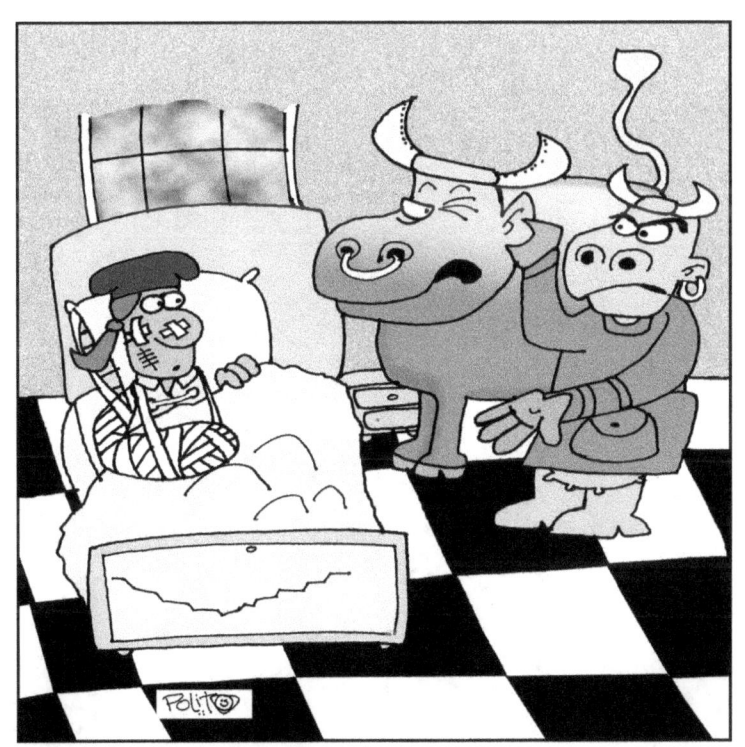

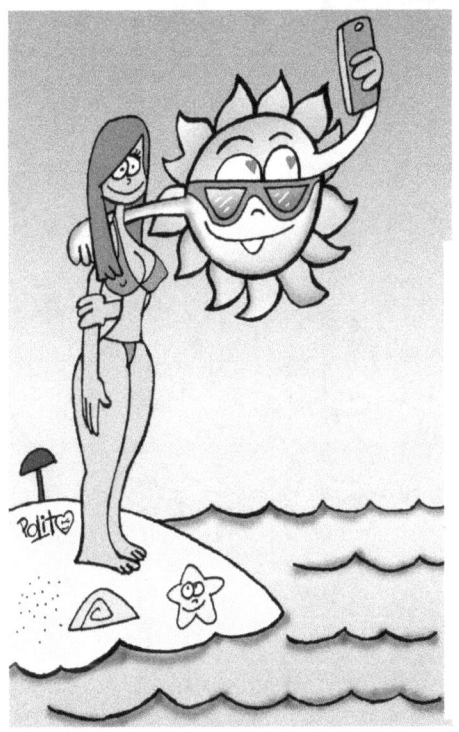

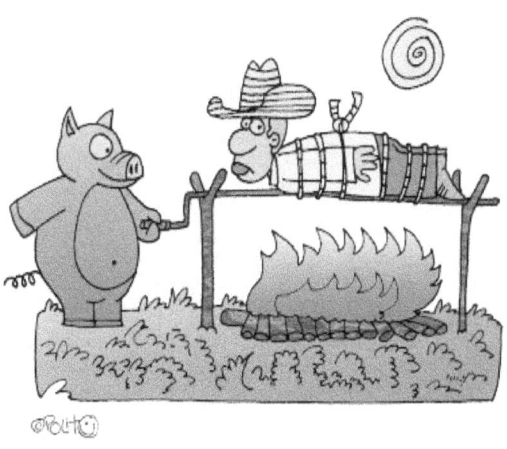

Ok Conseguiste tu ticket por $ 20.00. Ahora no te quejes

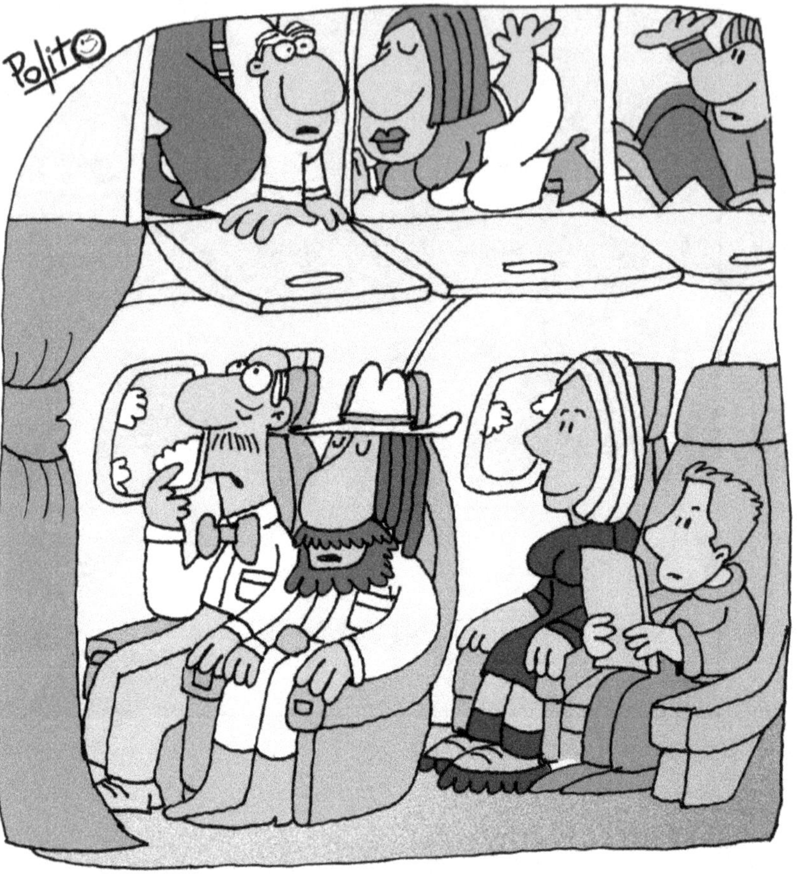

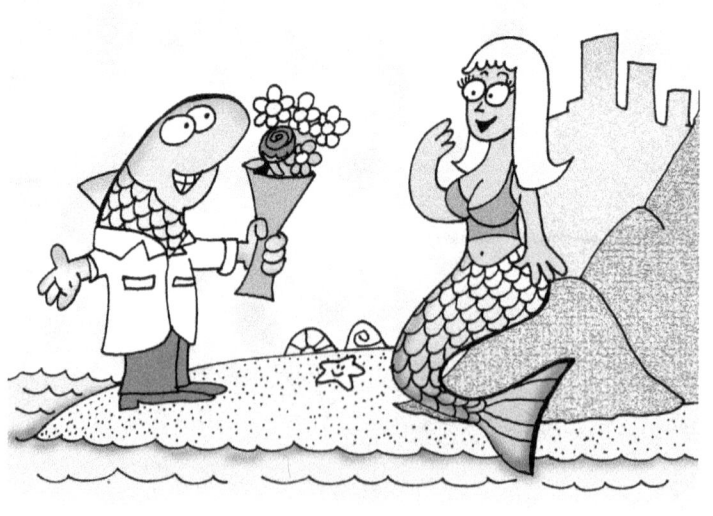

OK, YOU GOT YOUR TWENTY DOLLAR TICKETS,
NOW DON'T COMPLAINT !

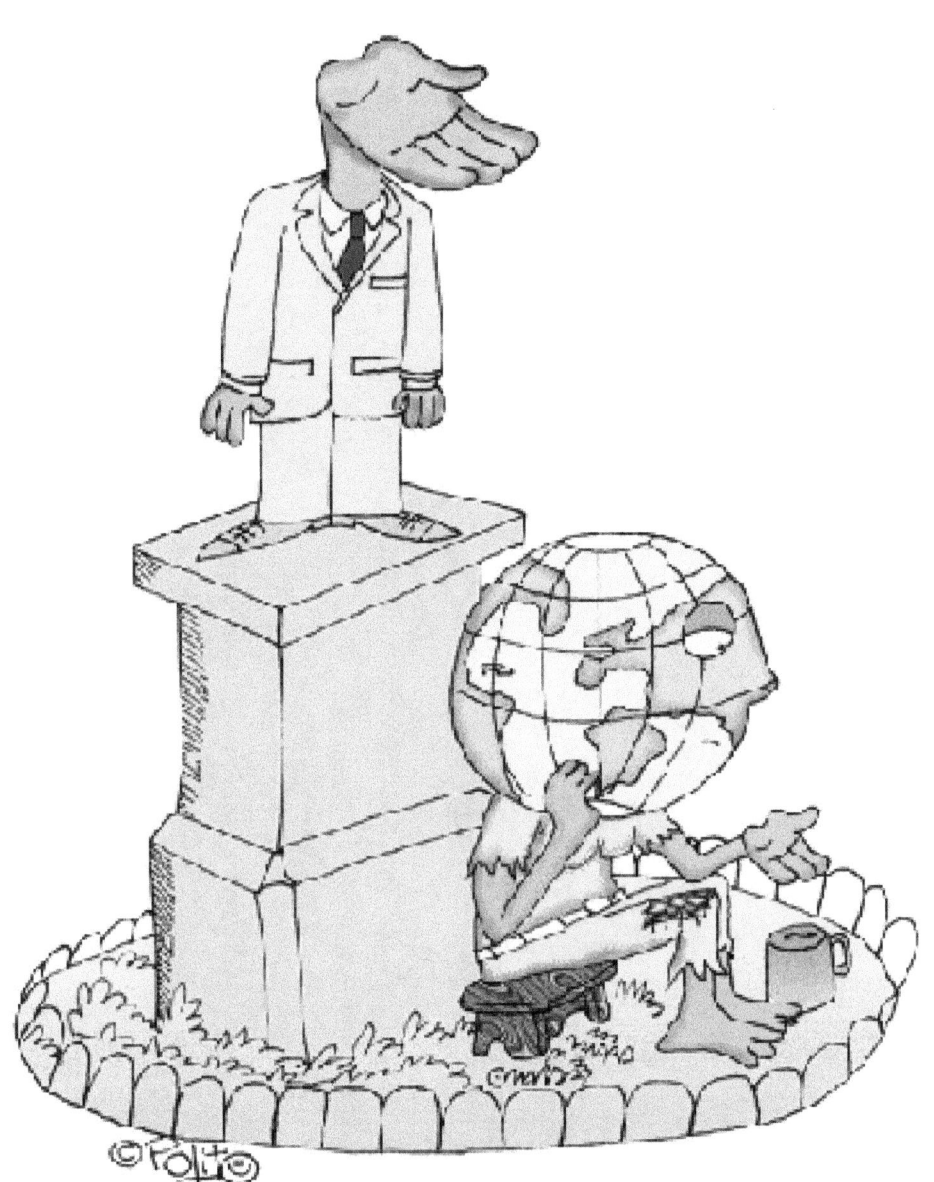

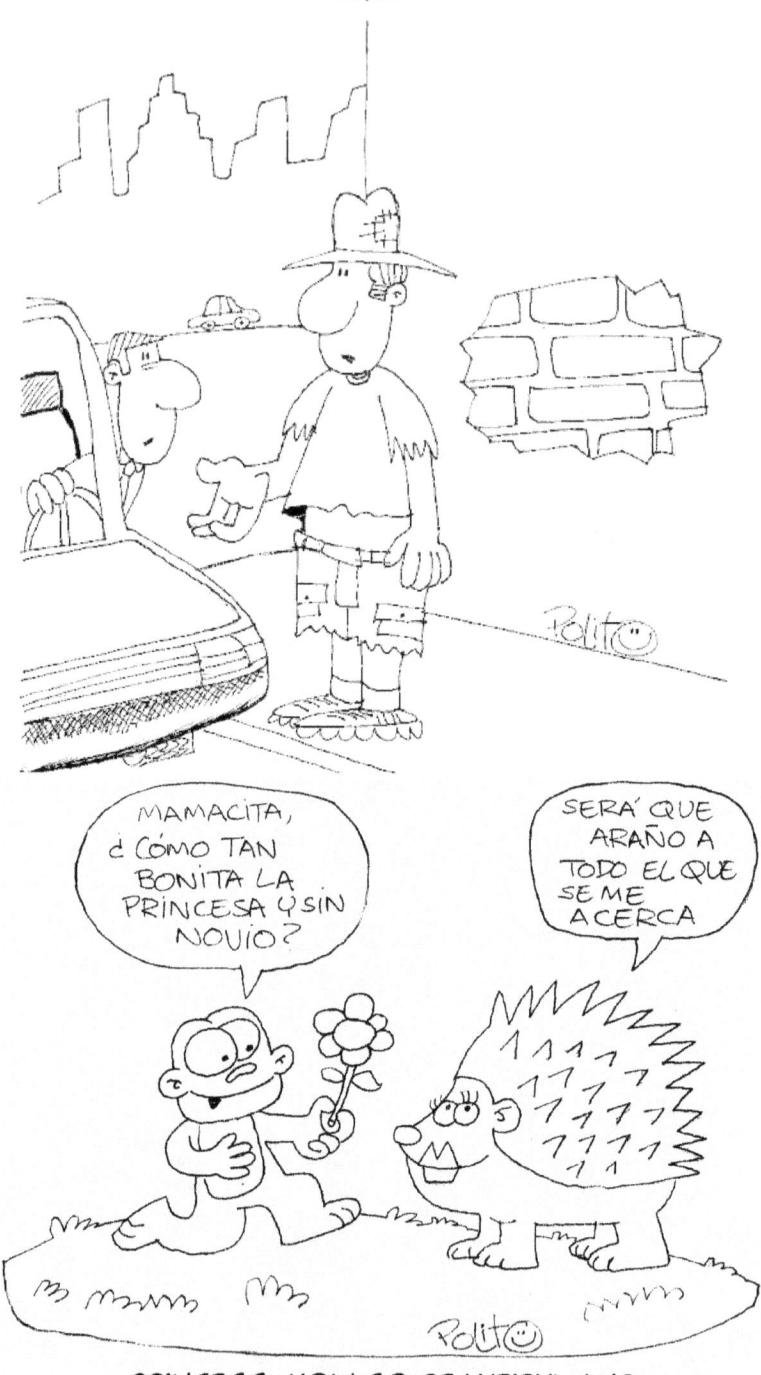

_PRINCESS, HOW SO BEAUTIFUL AND
WITHOUT A BOYFRIEND?
_MAYBE BECAUSE I SCRATCH
EVERYONE THAT COMES CLOSER.

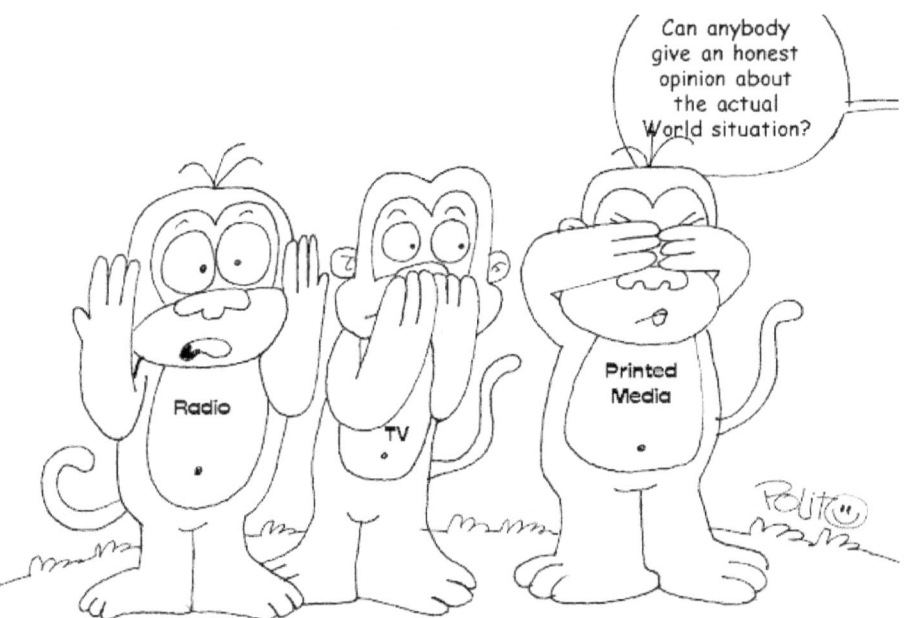

¿Puede alguien dar una opinión honesta sobre
la situación mundial actual?
Radio, TV, Medios Impresos

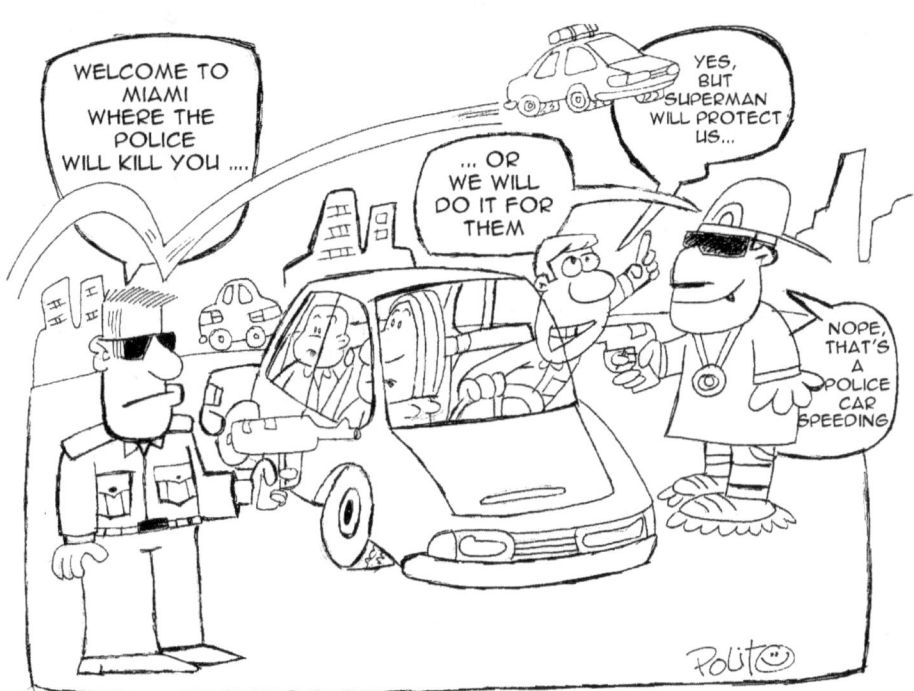

_ BIENVENIDOS A MIAMI, DONDE O TE MATA LA POLICIA O...
_ TE MATAMOS NOSOTROS...
_ SI, PERO SUPERMAN NOS PROTEGE
_NAH, ESE ES UN CARRO DE POLICIA A 300 MILLAS POR HORA

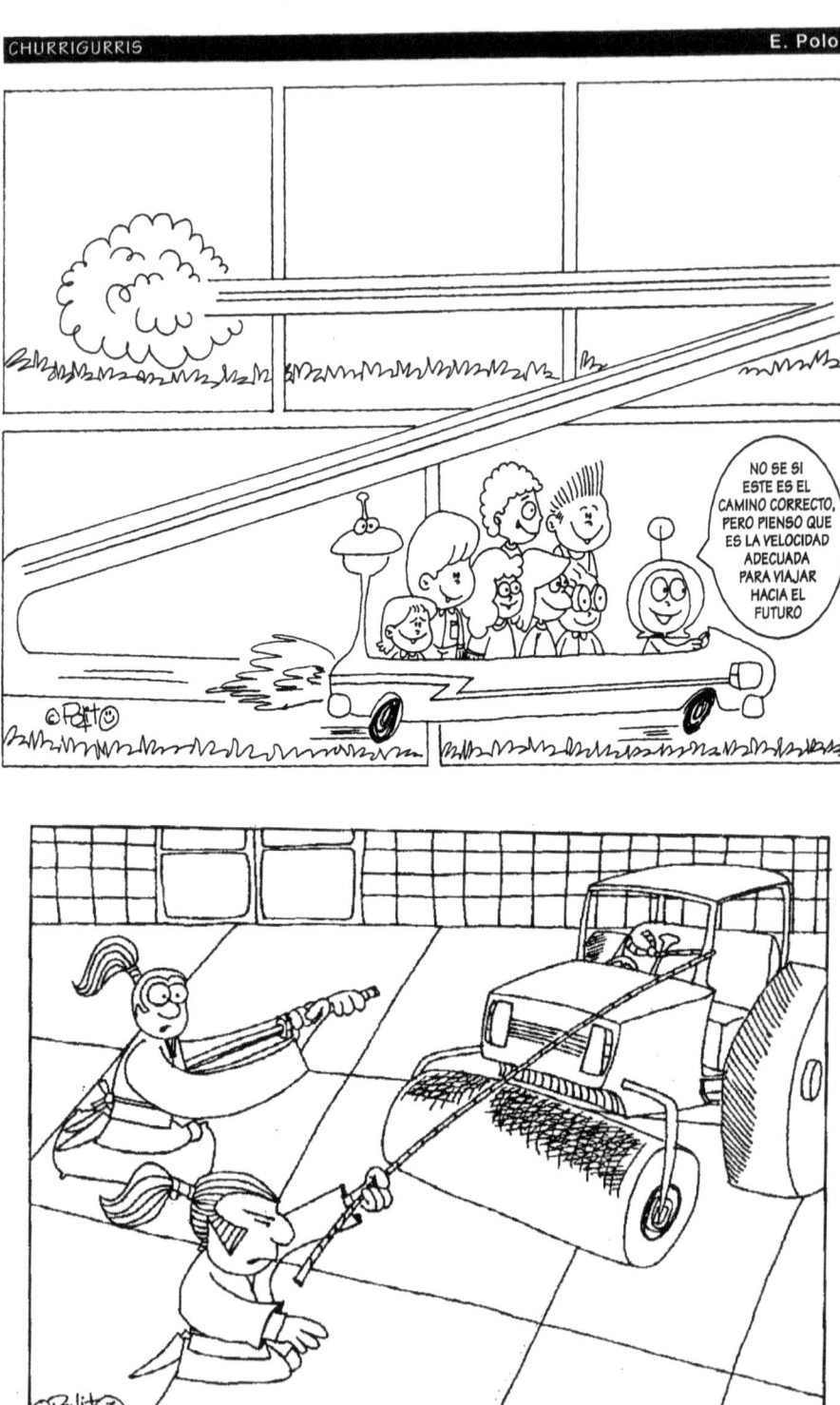

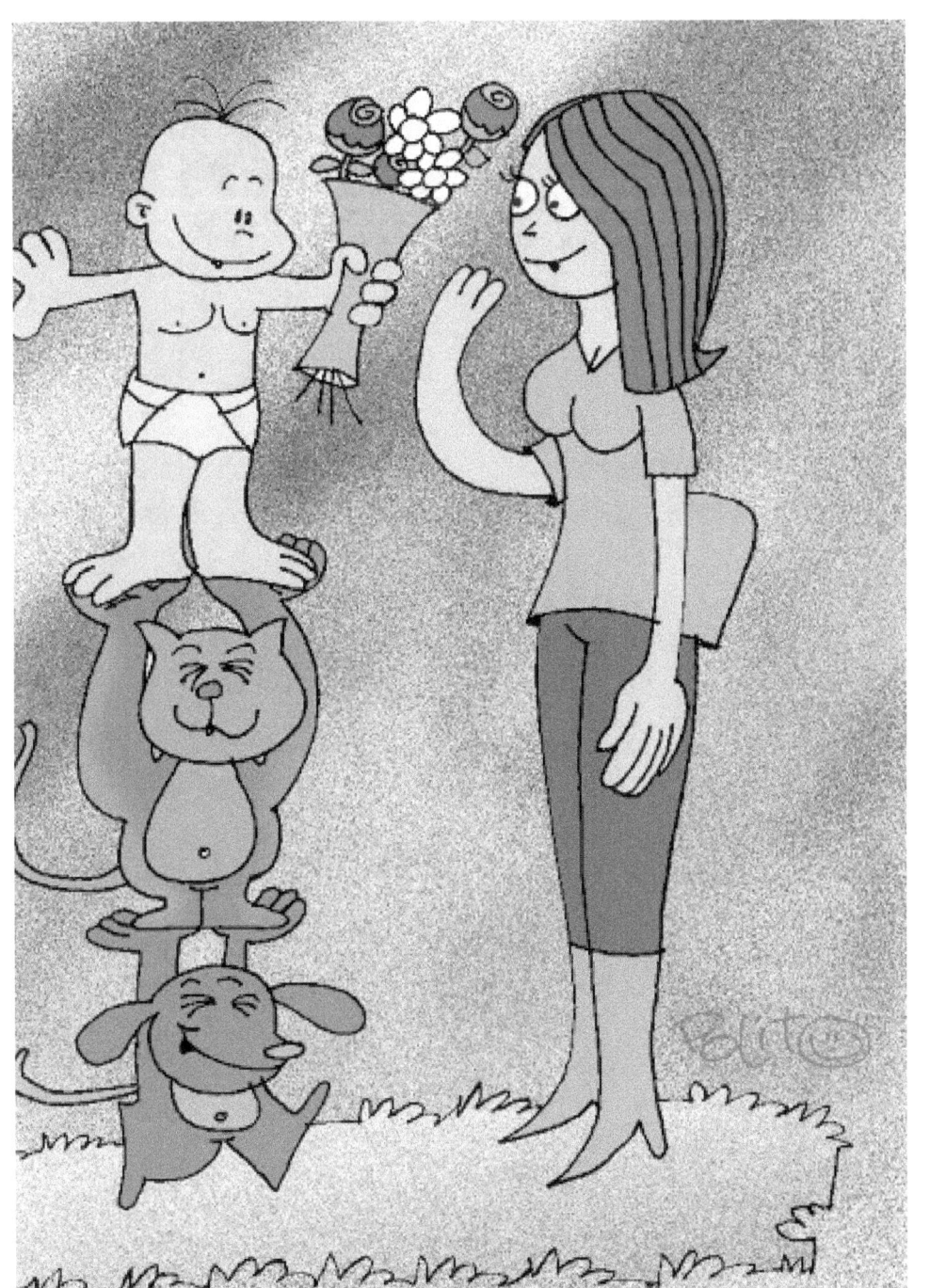

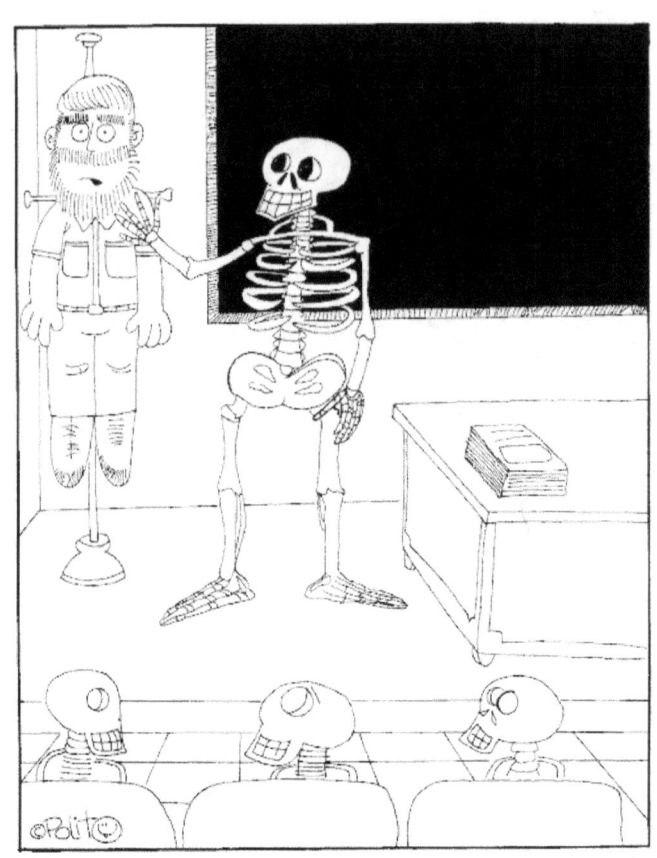

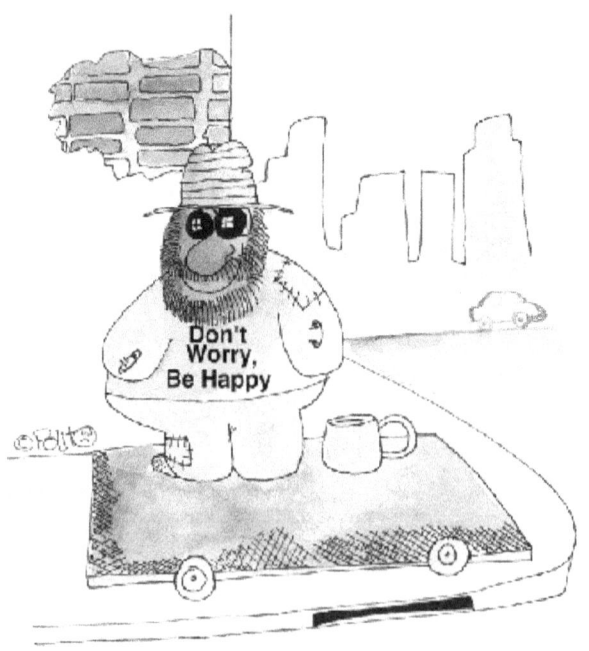

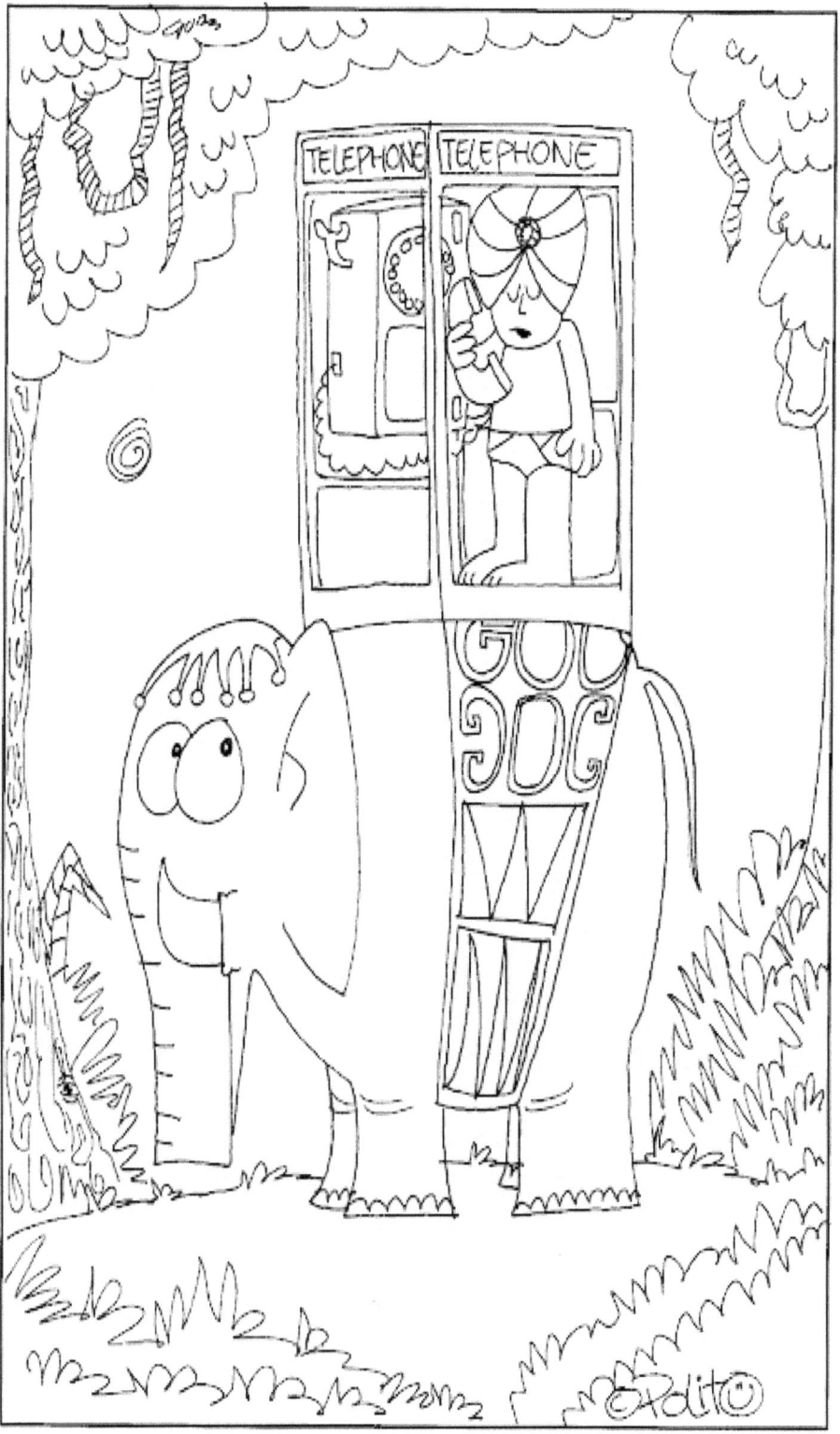

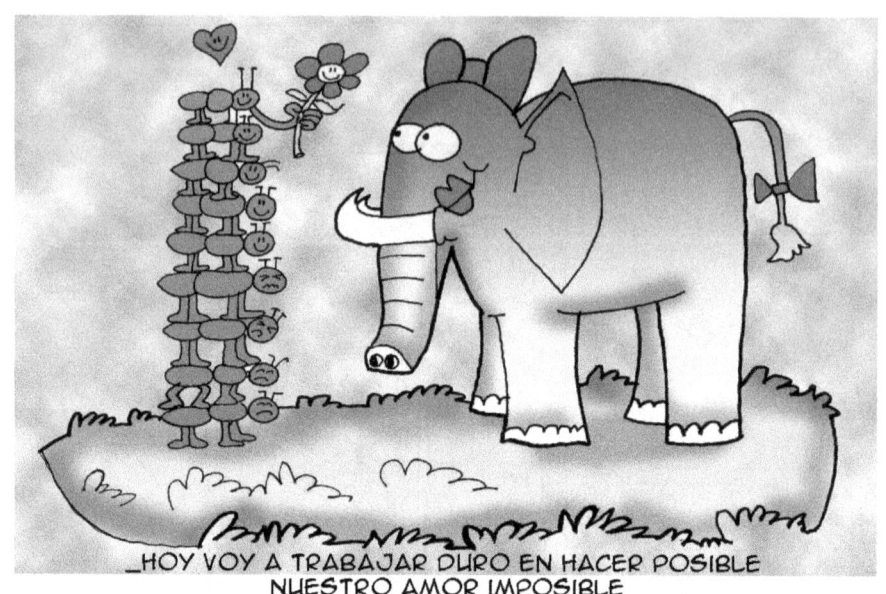

_HOY VOY A TRABAJAR DURO EN HACER POSIBLE
NUESTRO AMOR IMPOSIBLE
TODAY I'M GOING TO WORK HARD IN MAKING POSSIBLE
OUR IMPOSSIBLE LOVE
©POLITO. LA LEY DE LA JUNGLA. THE LAW OF THE JUNGLE

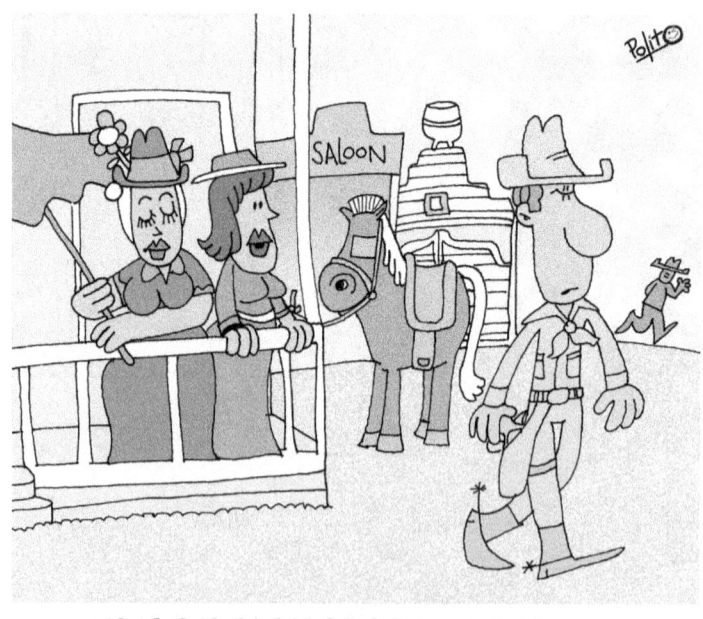

_HE IS THE FASTEST OF THE WEST
_WITH THE GUNS?
_NOPE,... IN THE BED

_Son buenos y tienen sentido del humor pero son un poco cínicos

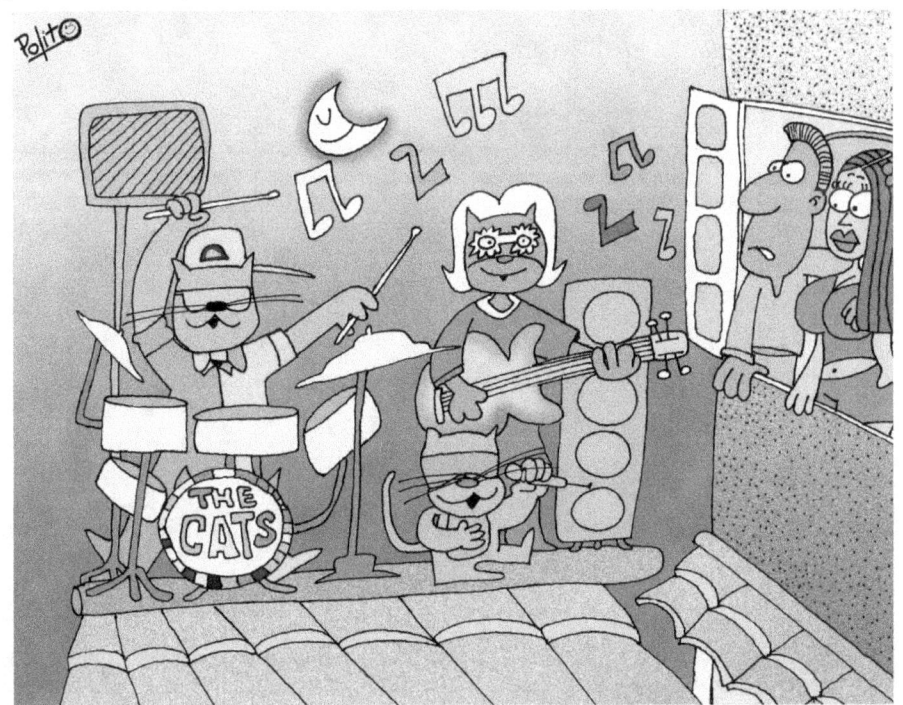

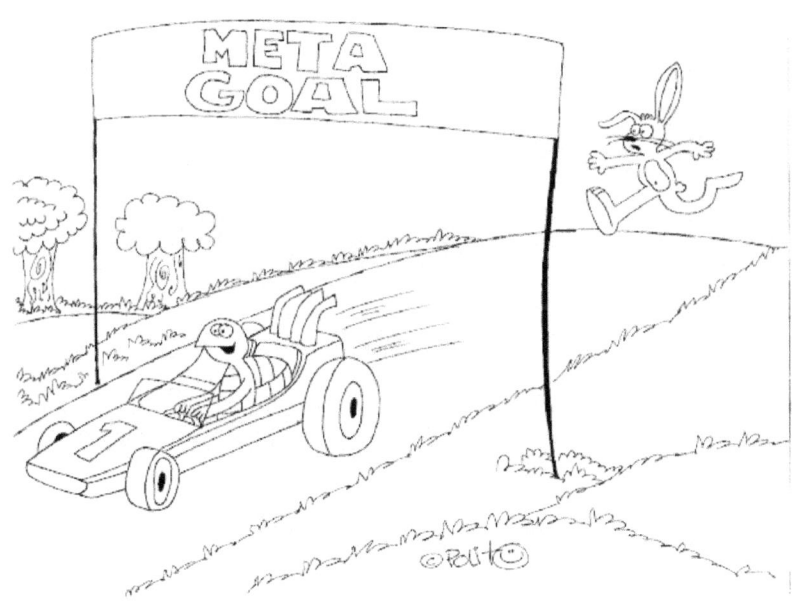

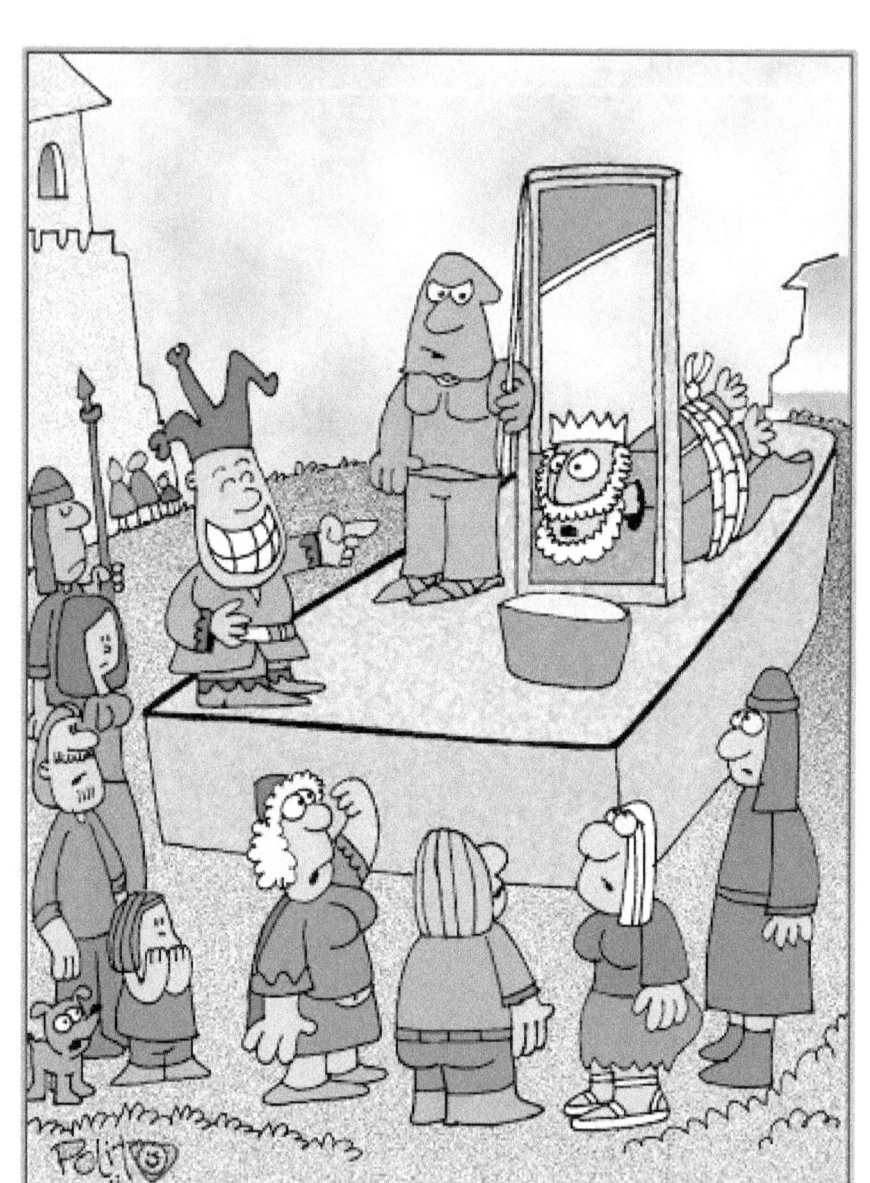

A sample of my publications

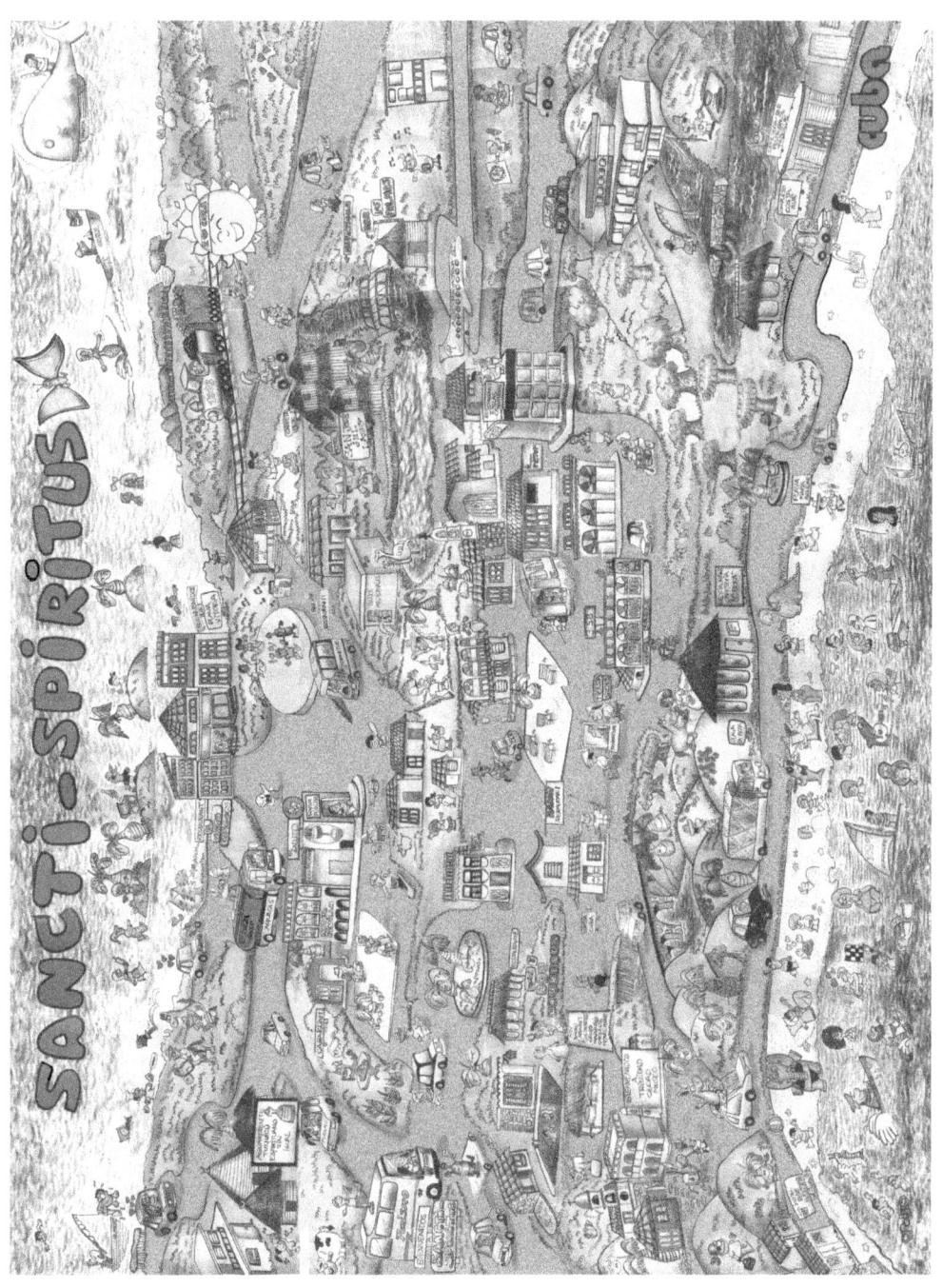

Colaboration with Artist Nelson Gomez Madero

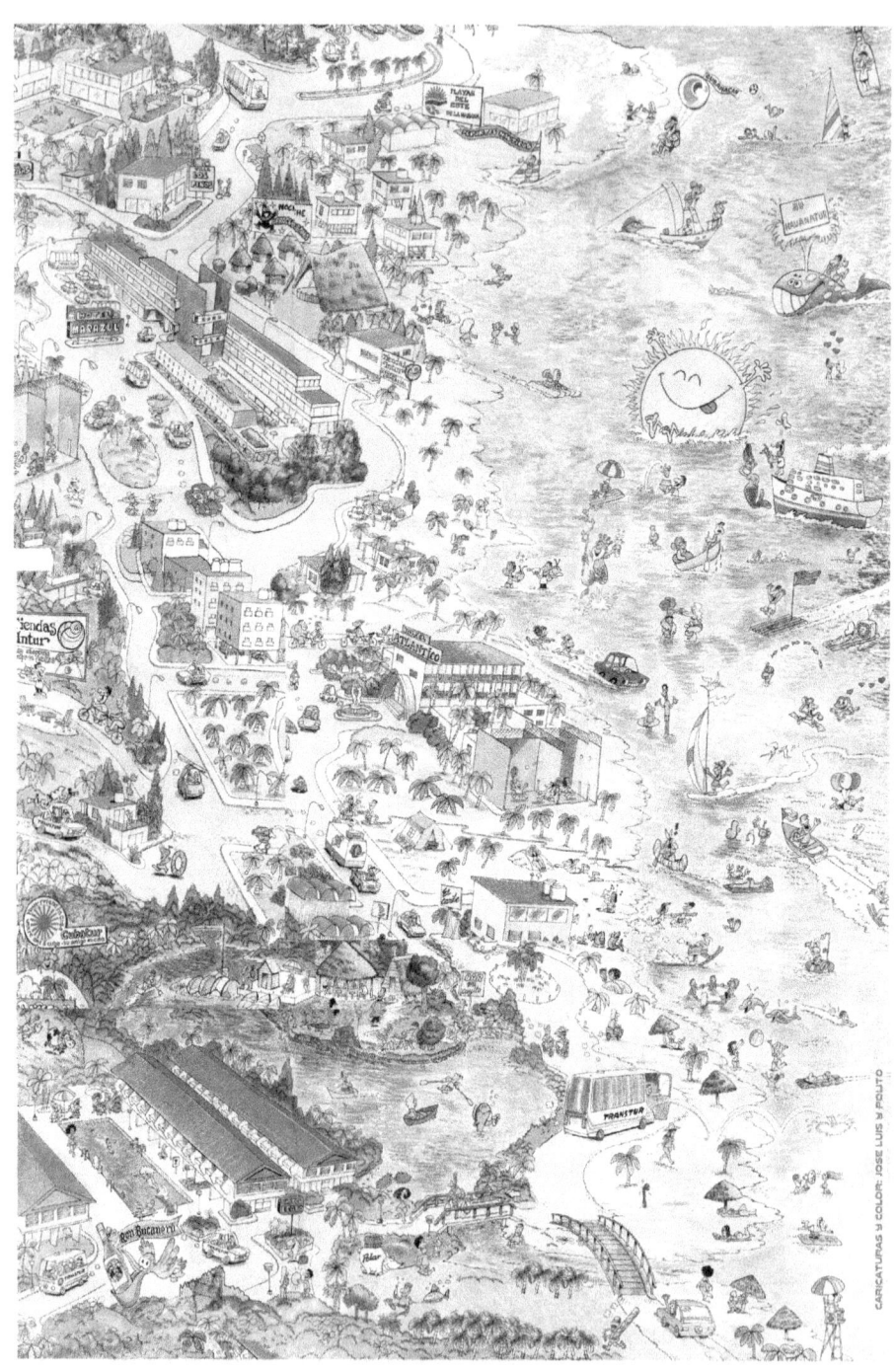

SANTA MARIA DEL MAR, CUBA

With Cartoonist Jose Luis Lopez Palacios

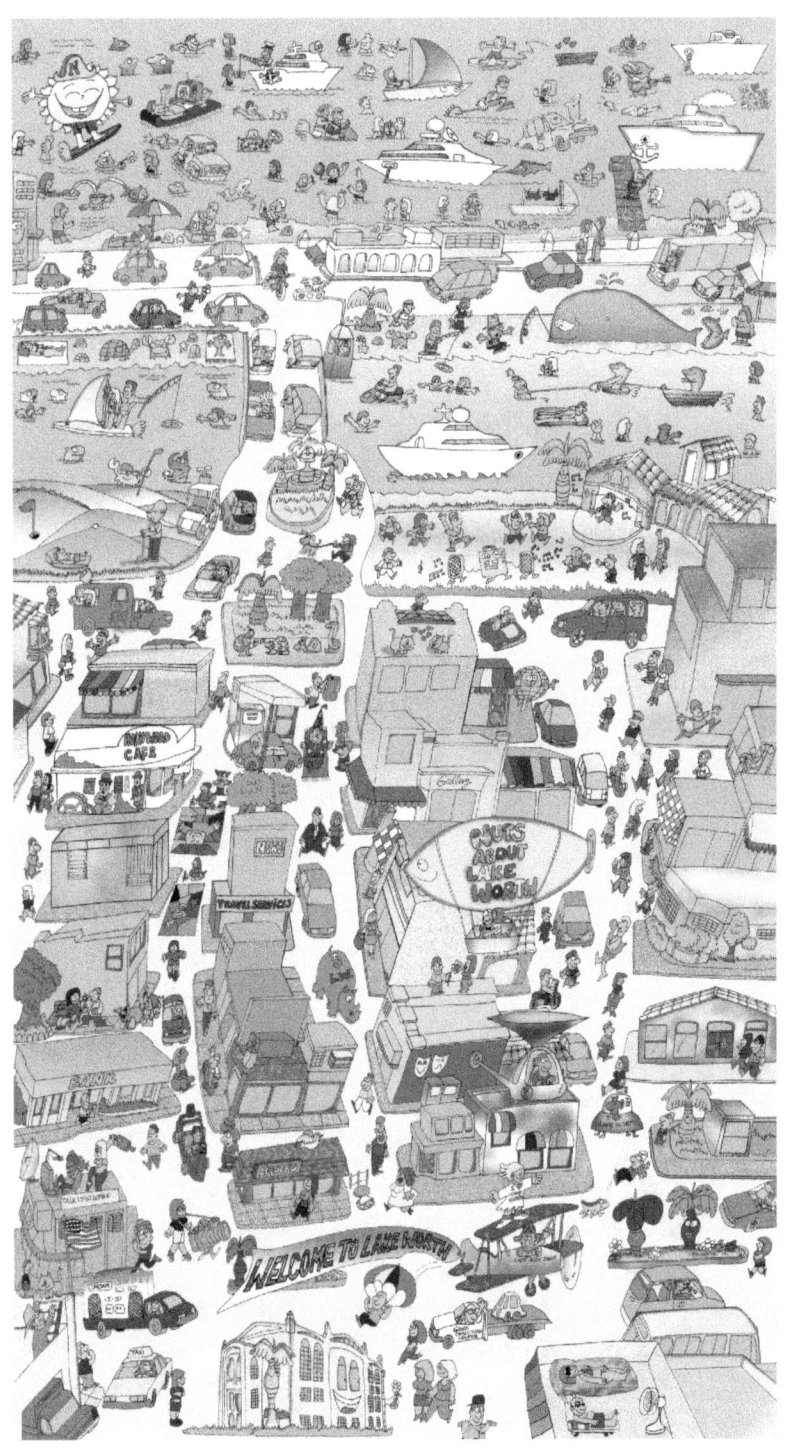

Poster of Lakeworth, FL USA

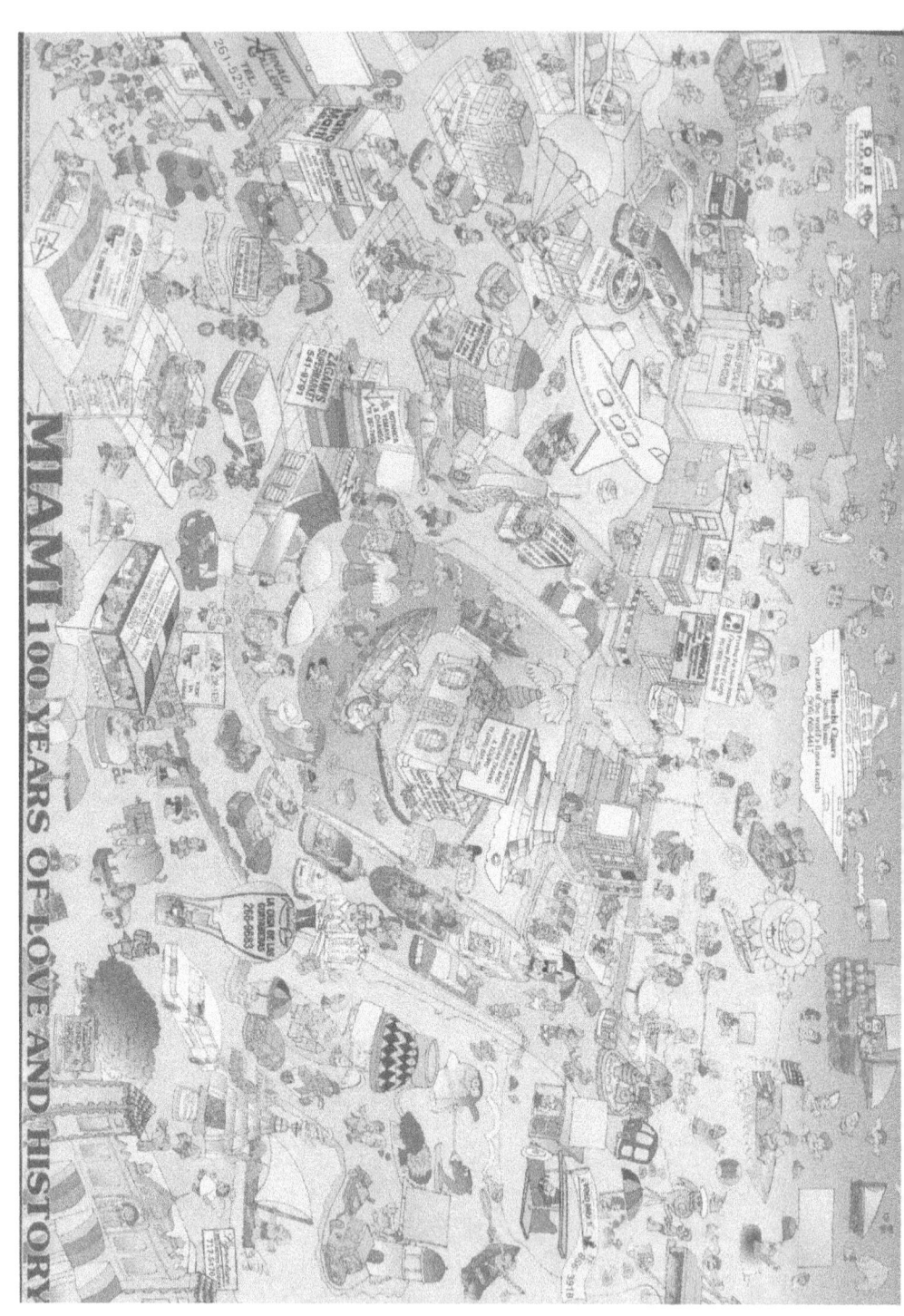

Poster of Miami FL USA

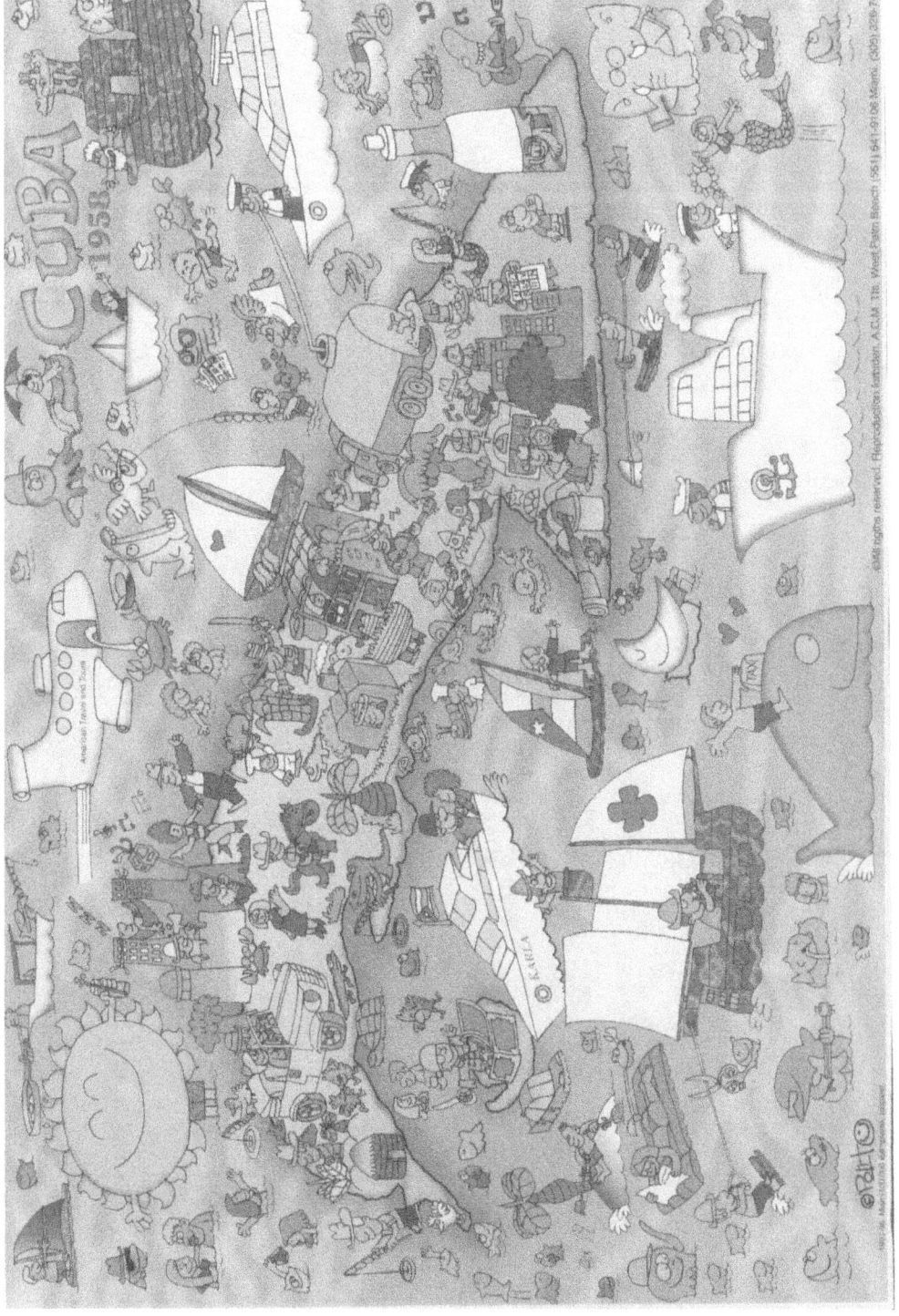

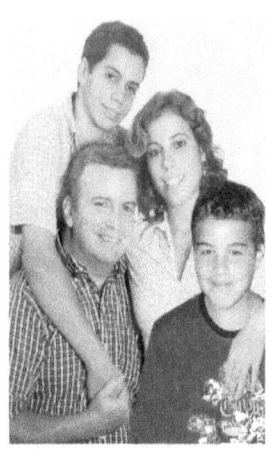

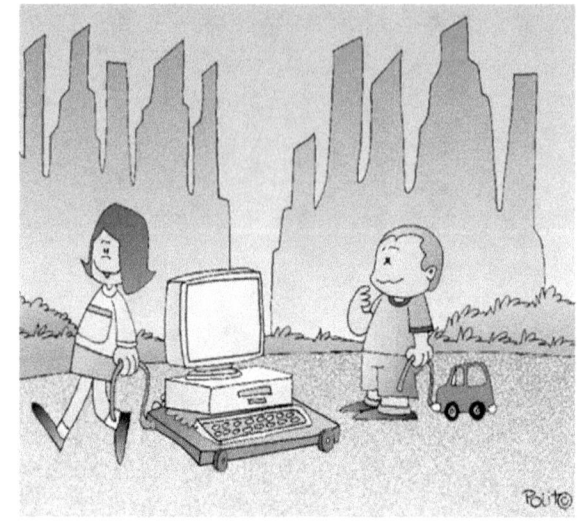

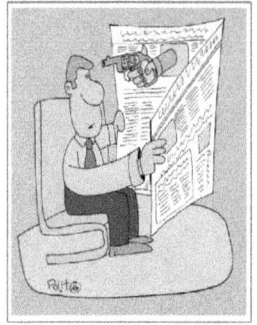

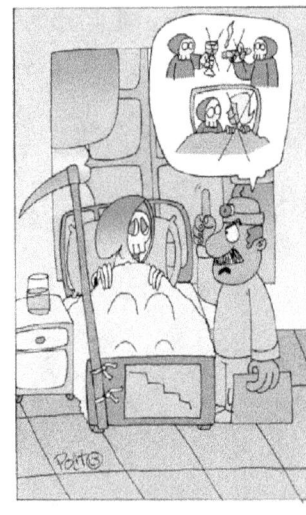

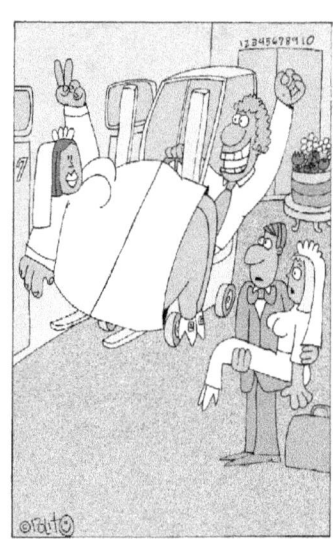

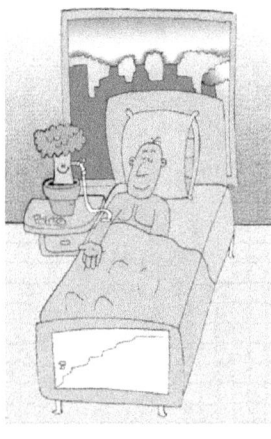

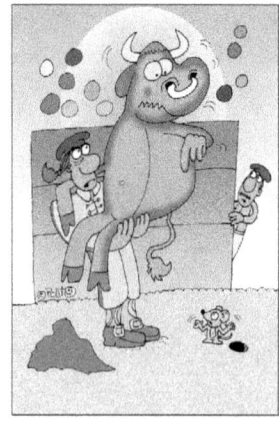

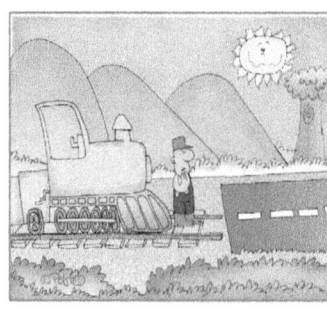

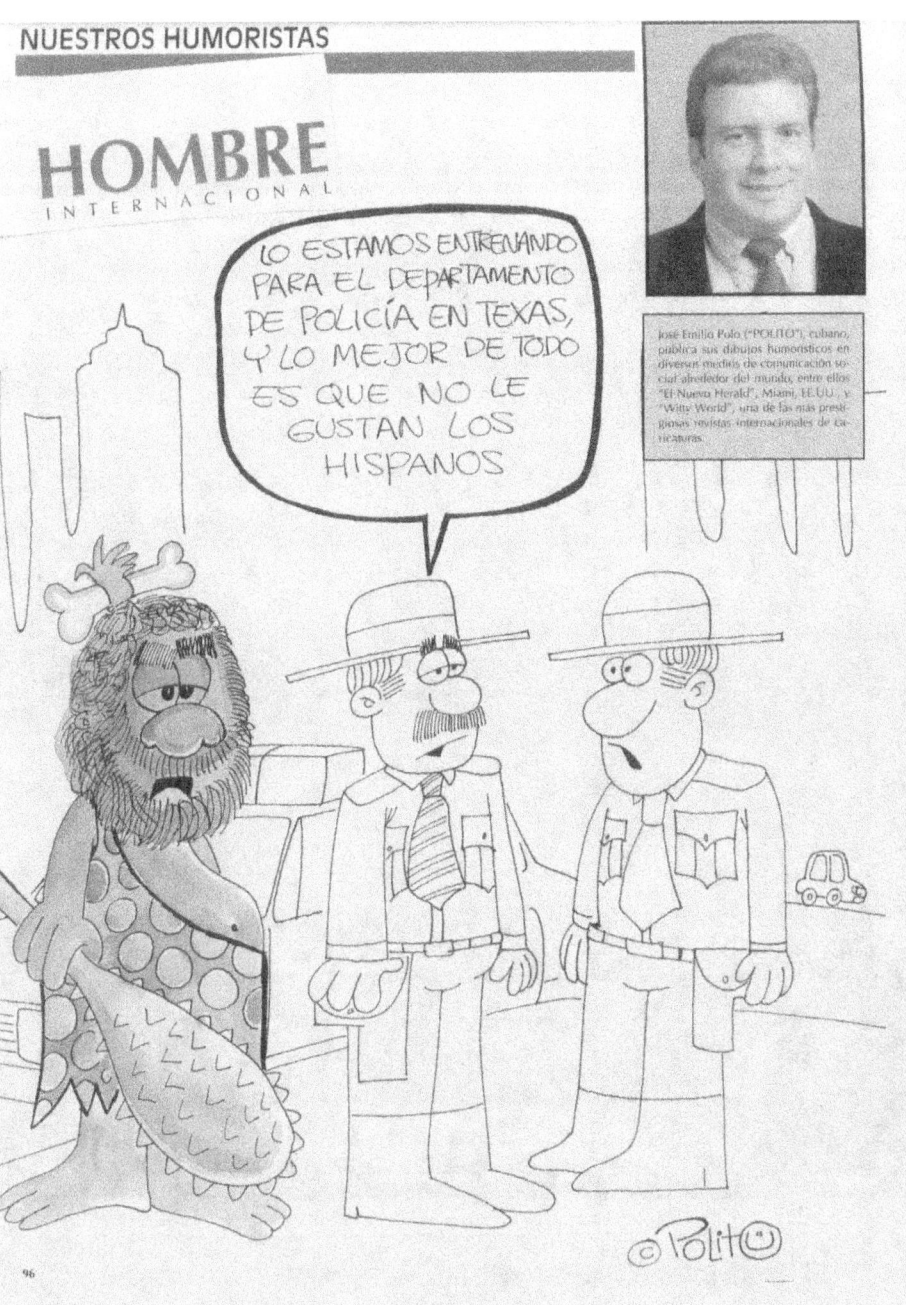

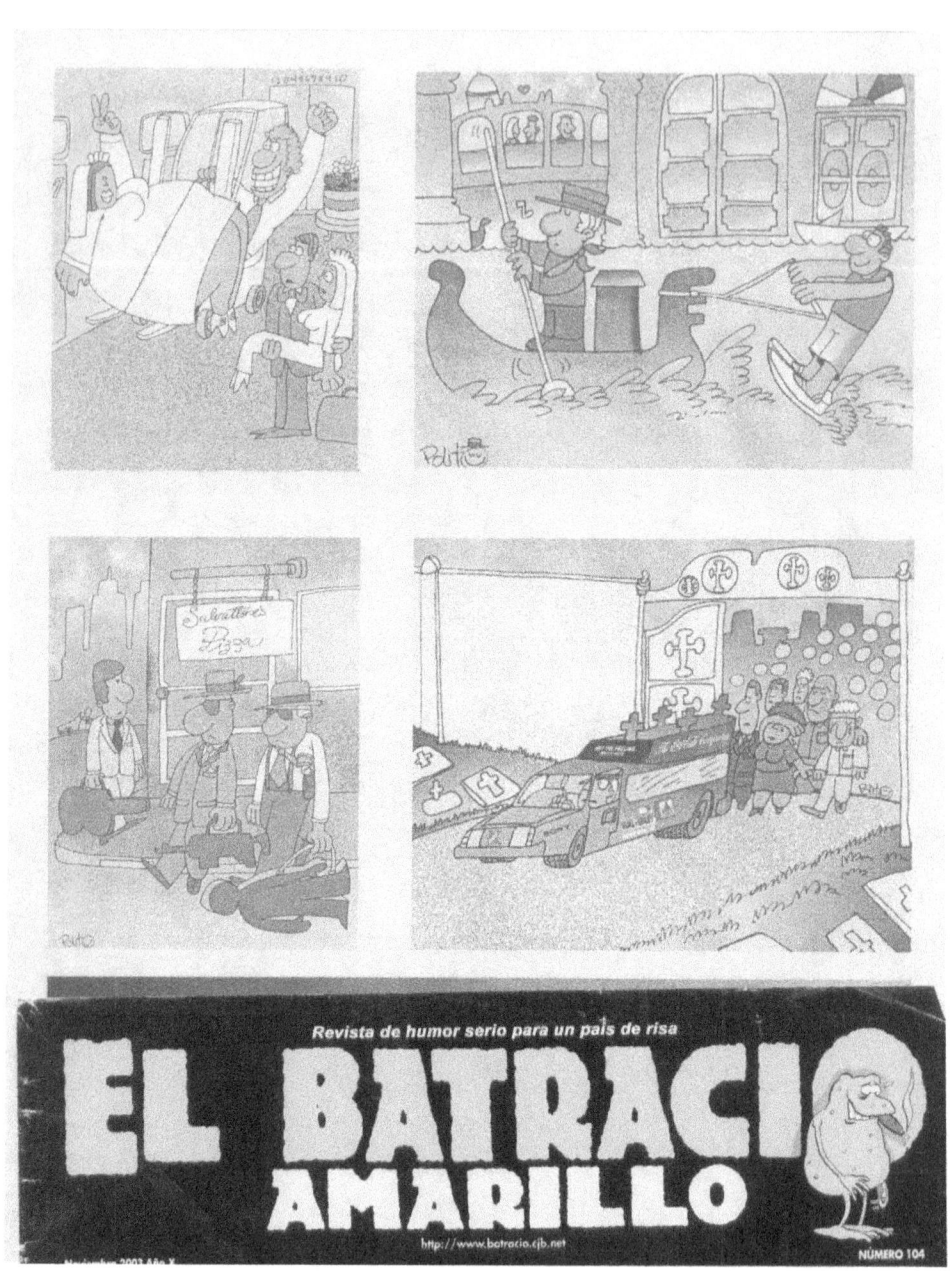

El Batracio Amarillo, Motril, Spain

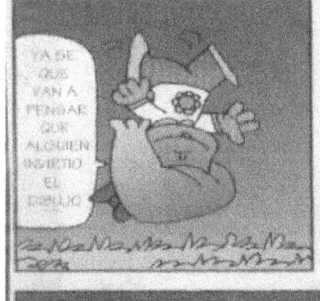

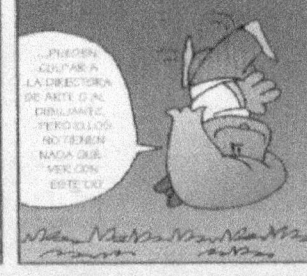

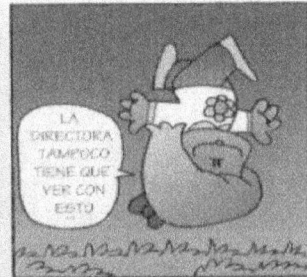

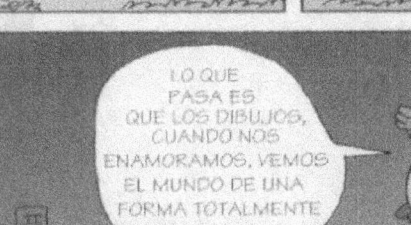

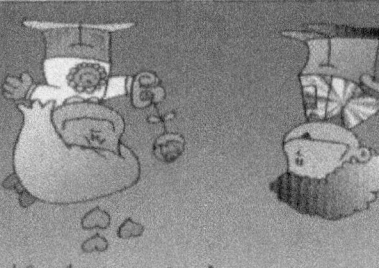

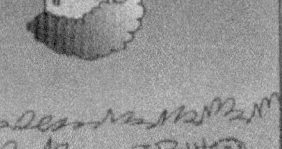

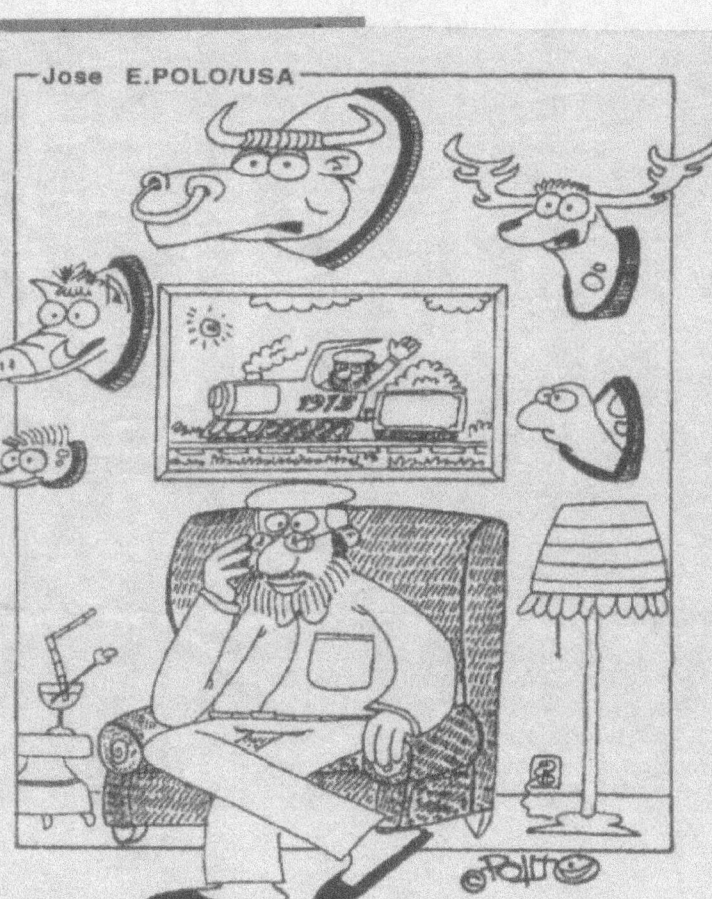

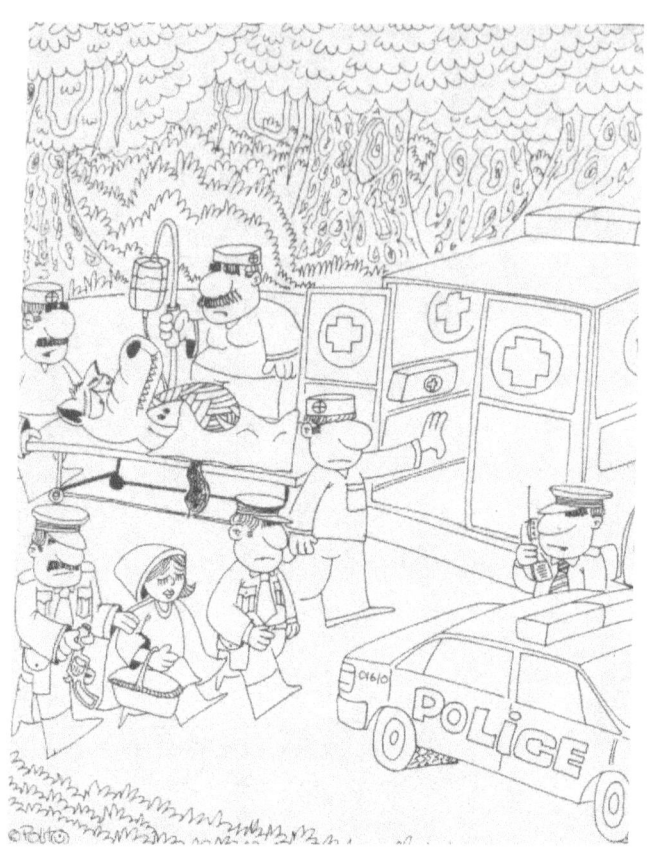

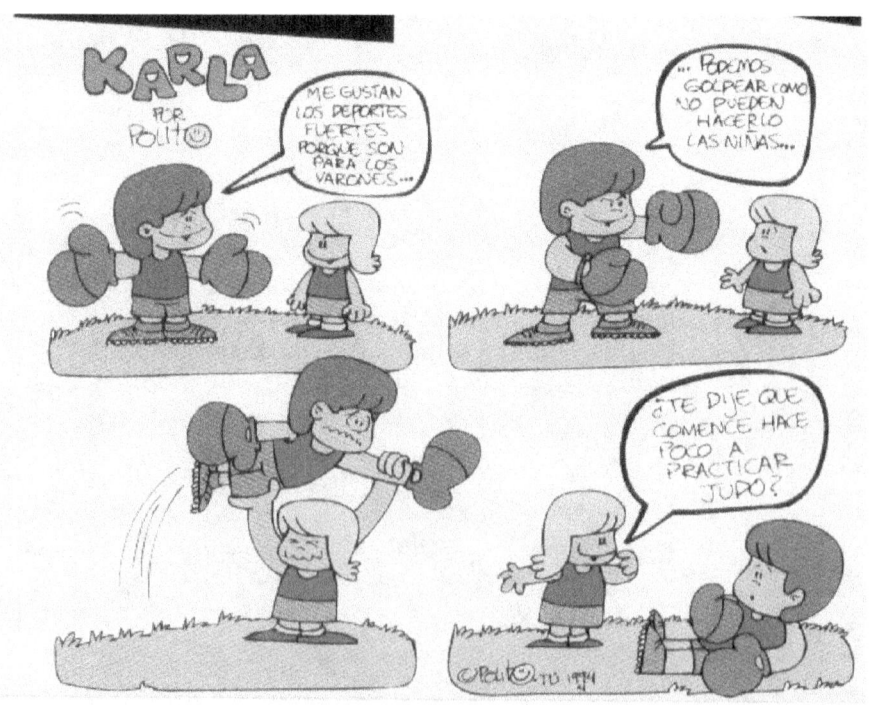

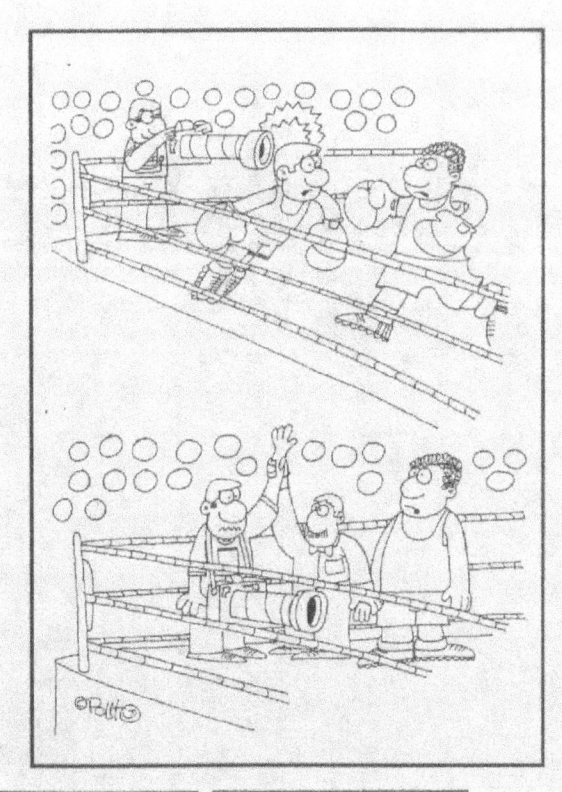

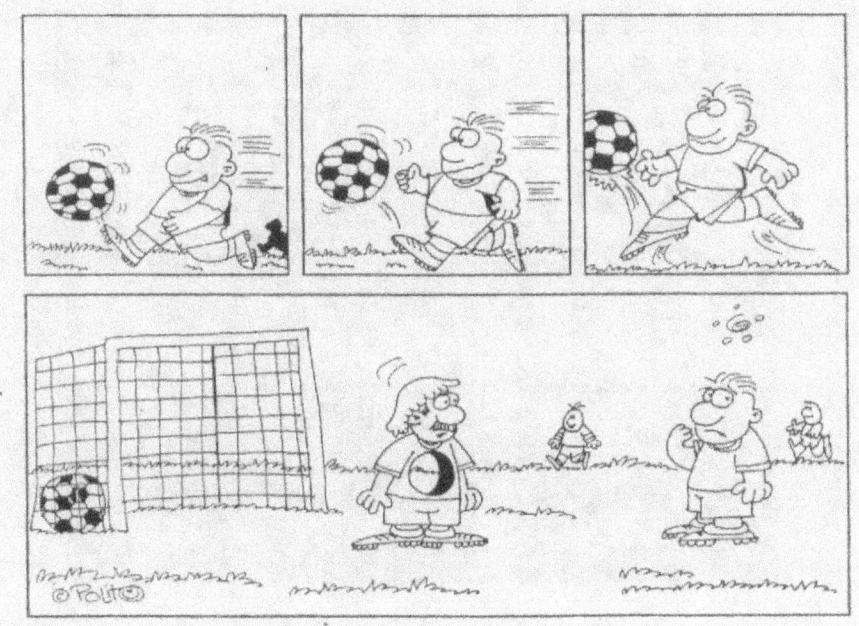

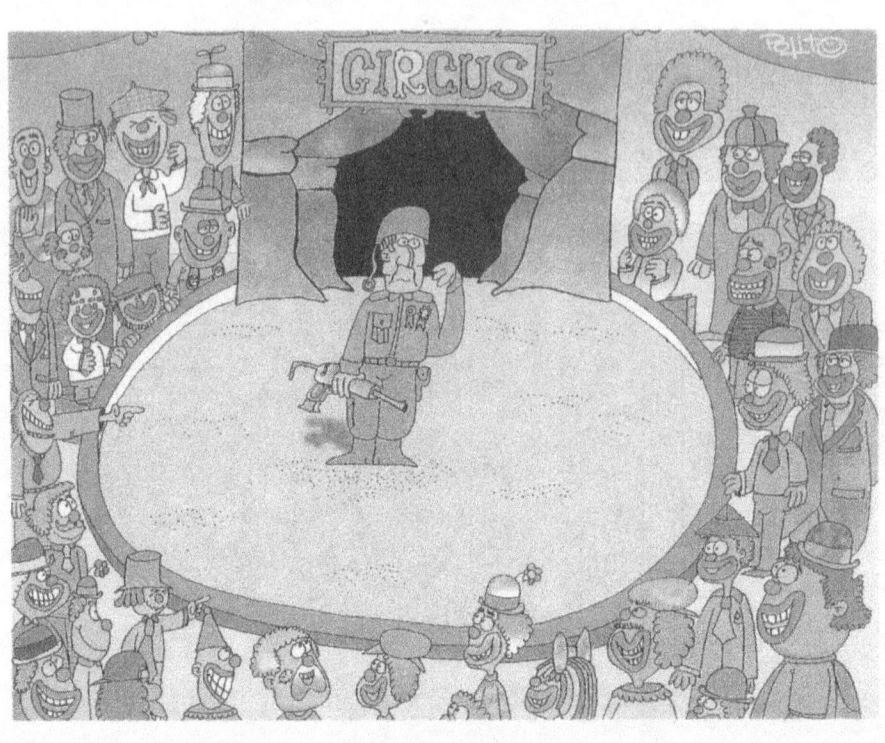

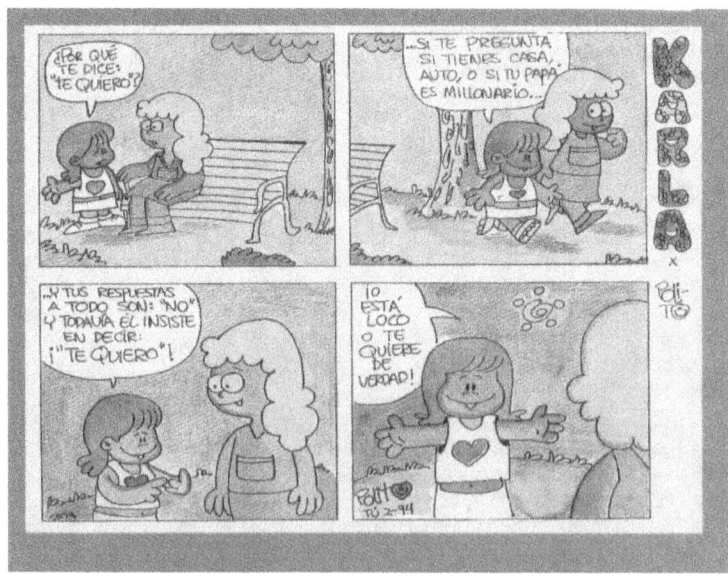

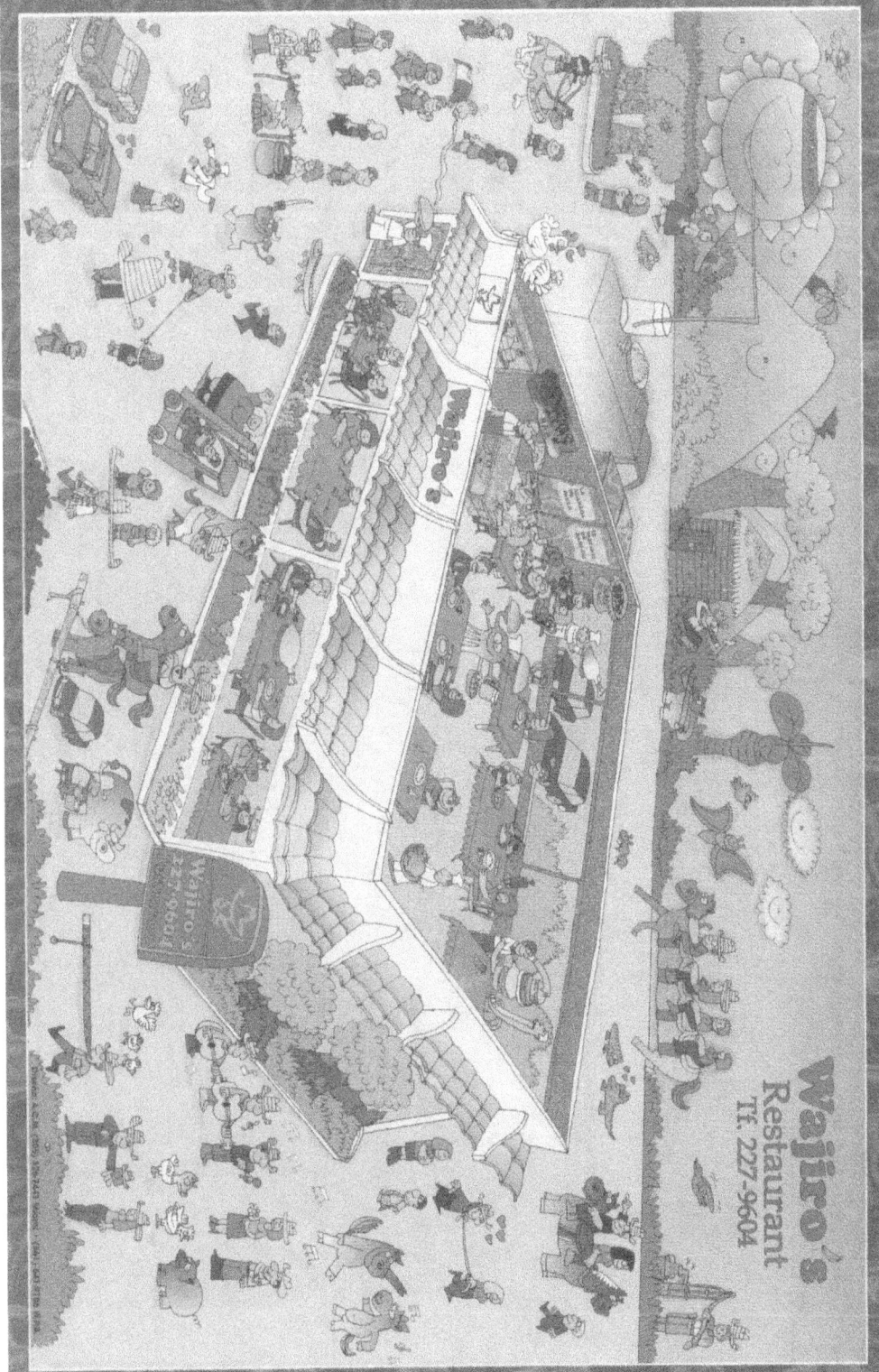

Wajiro's
Restaurant
TI. 227-9604

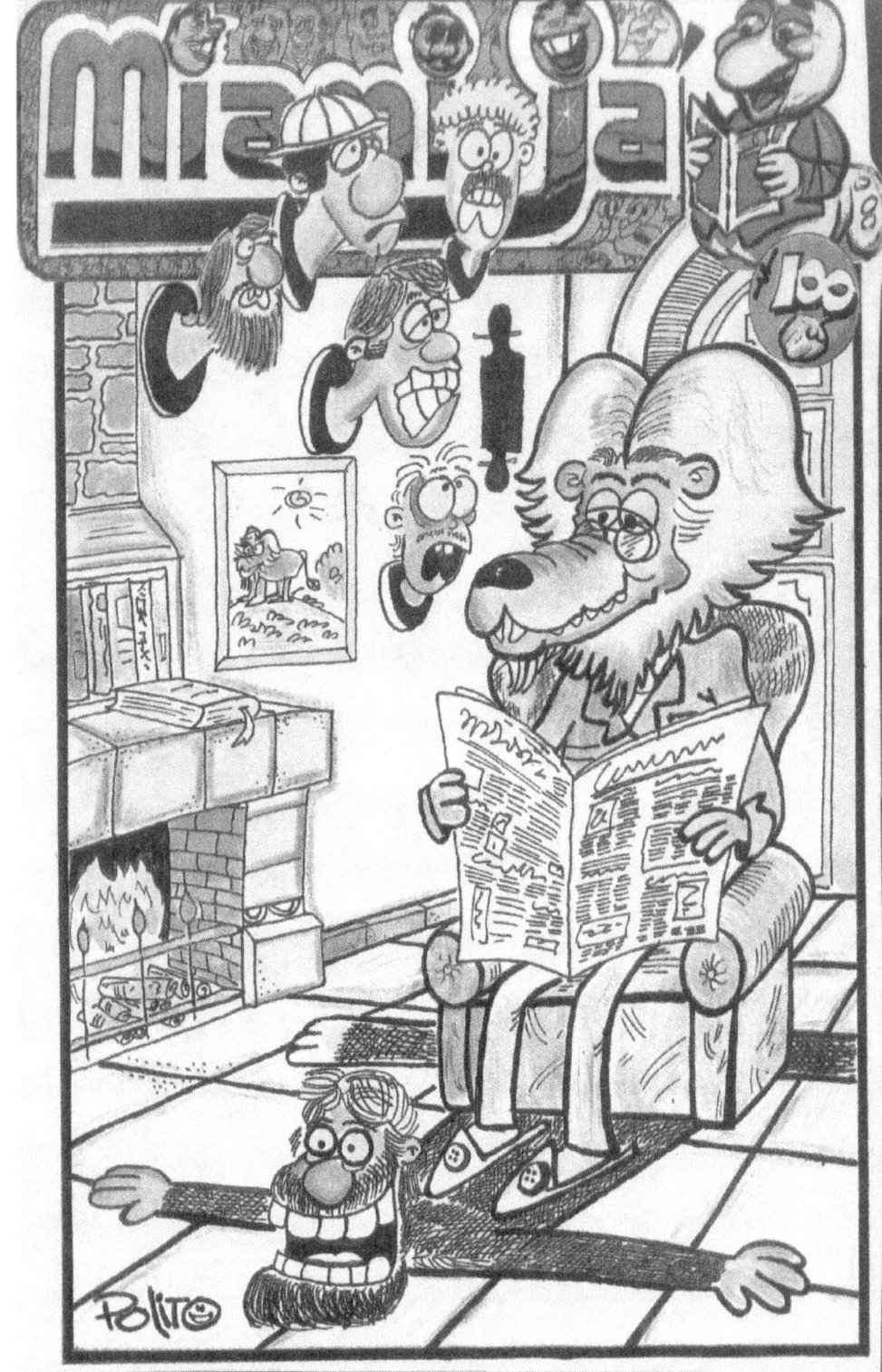

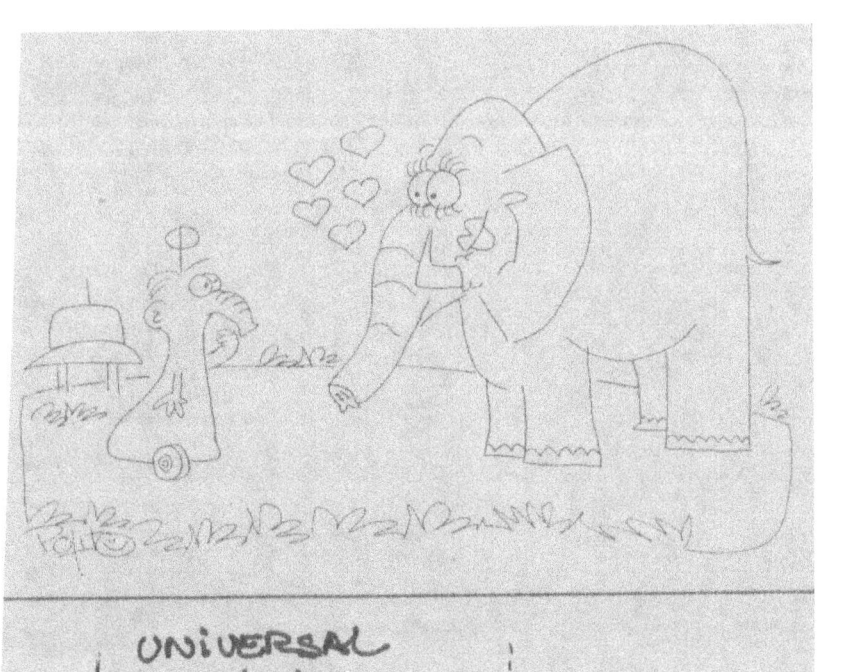

UNIVERSAL
16/10/91

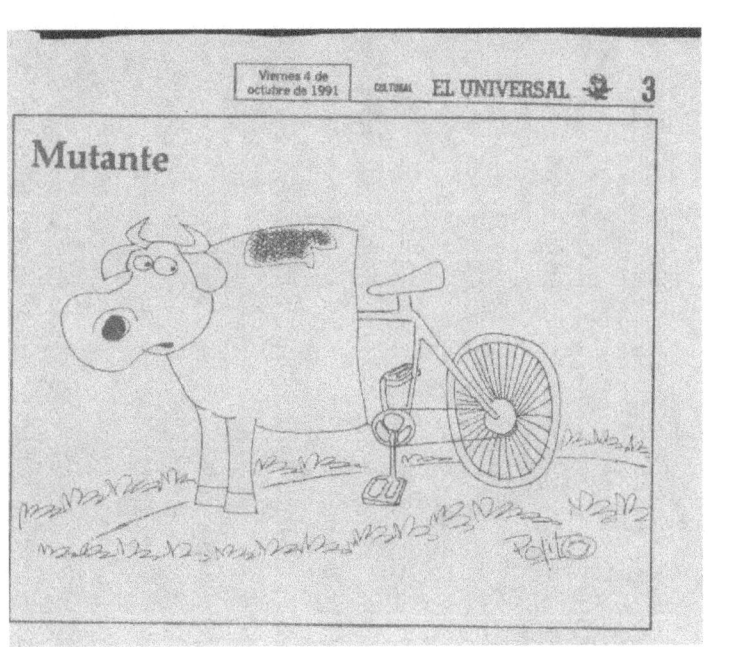

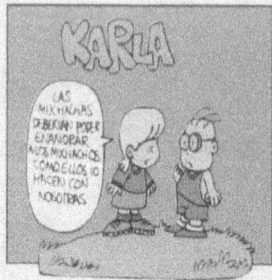

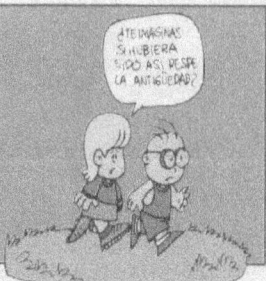

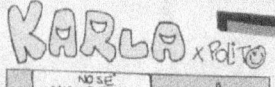

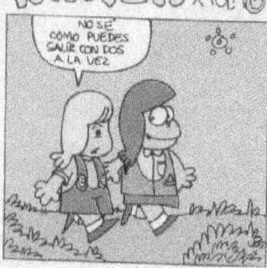

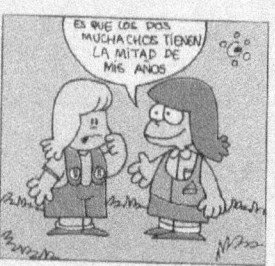

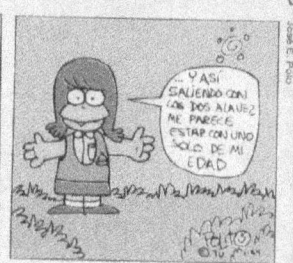

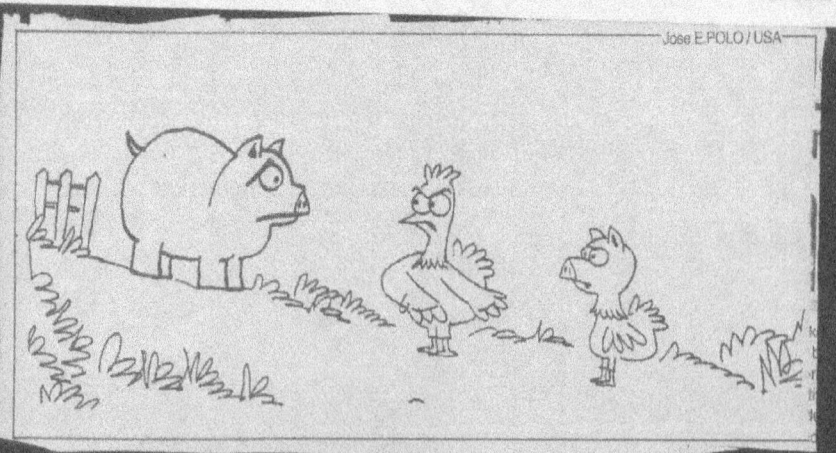

EL NUEVO HERALD
VIERNES 10 DE MARZO DE 1995

LA OPINION GRAFICA

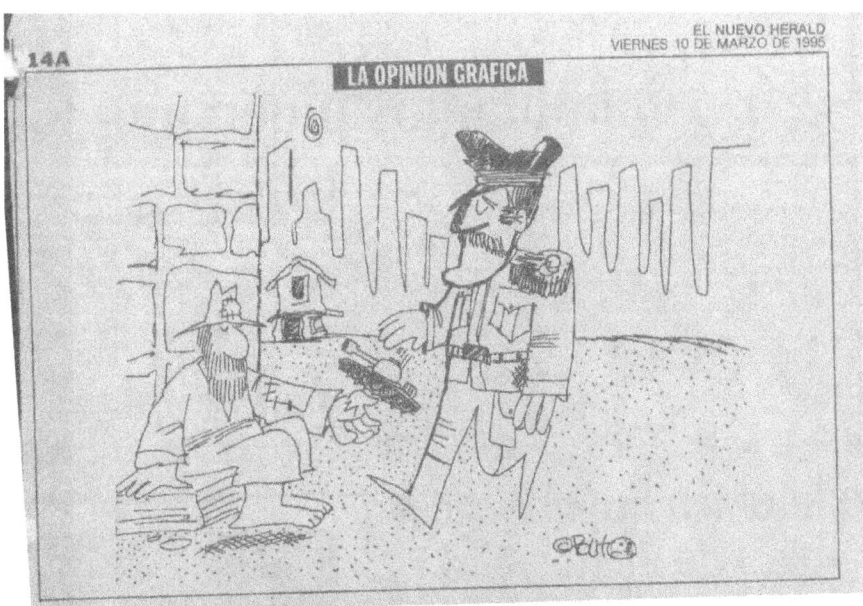

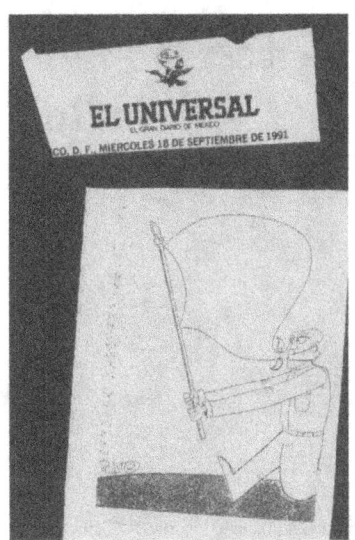

EL UNIVERSAL
EL GRAN DIARIO DE MEXICO
CO. D. F. MIERCOLES 18 DE SEPTIEMBRE DE 1991

Gotitas de humor...
por: polito

¡JULIETA!

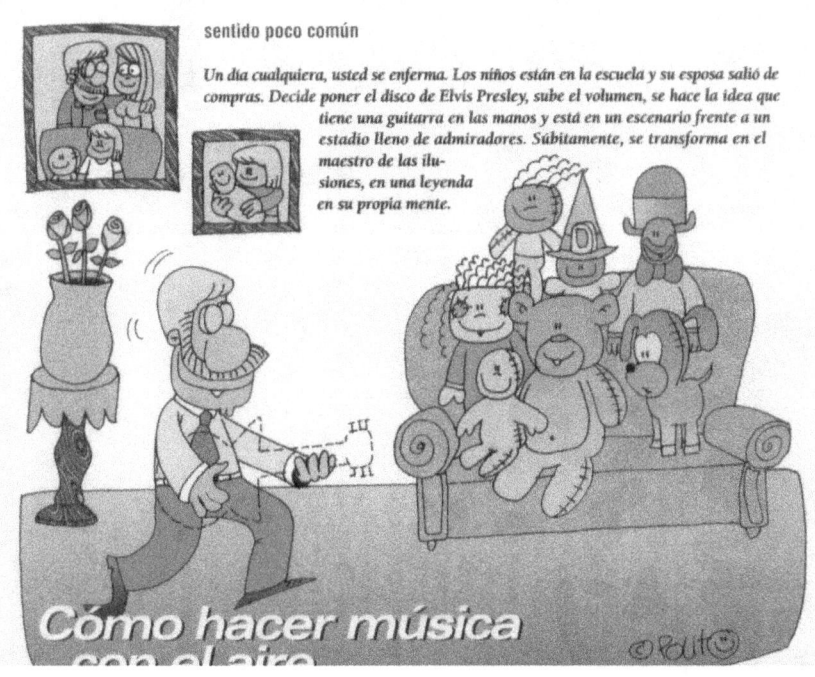

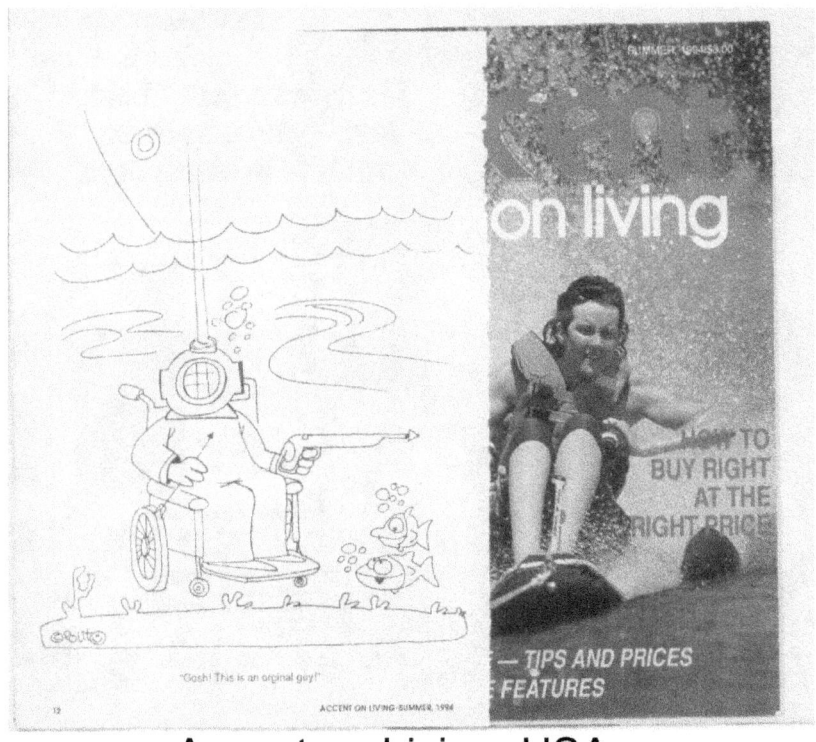

Accent on Living, USA

16A

EL NUEVO HERALD
SABADO 29 ABRIL DE 1995

LA OPINION GRAFICA

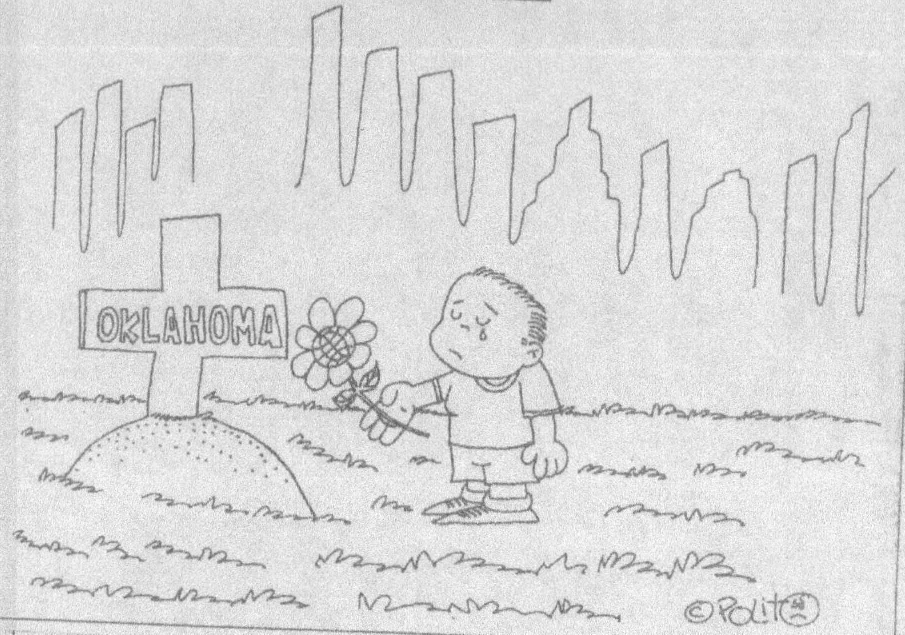

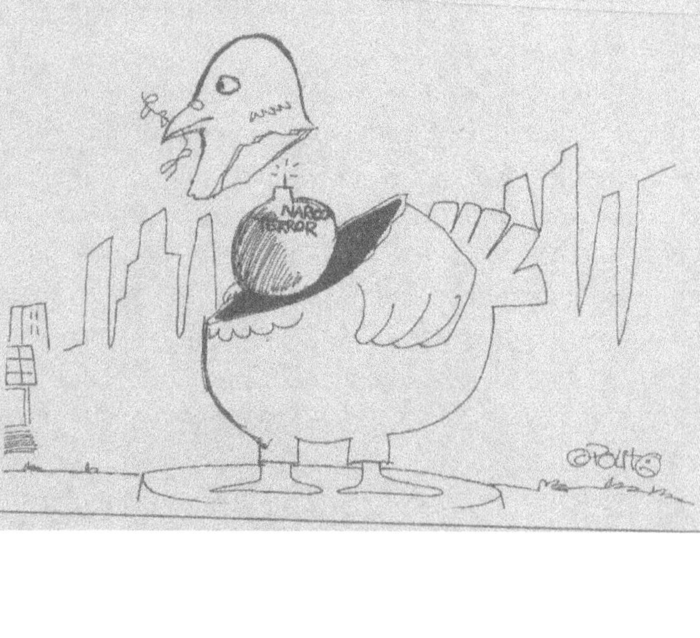

OKLAHOMA

©POLIT

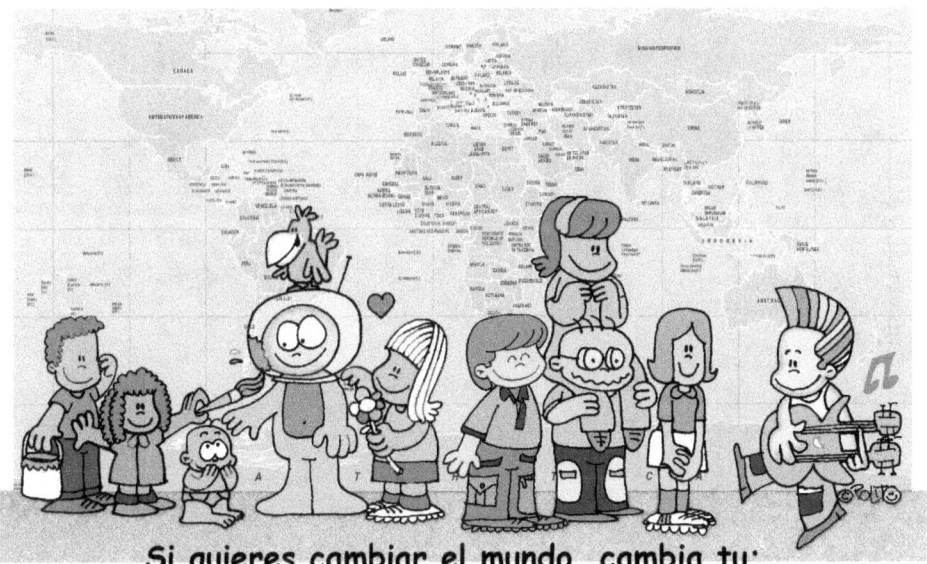

Si quieres cambiar el mundo, cambia tu; convirtiéndote así en el cambio que quieres para el mundo.

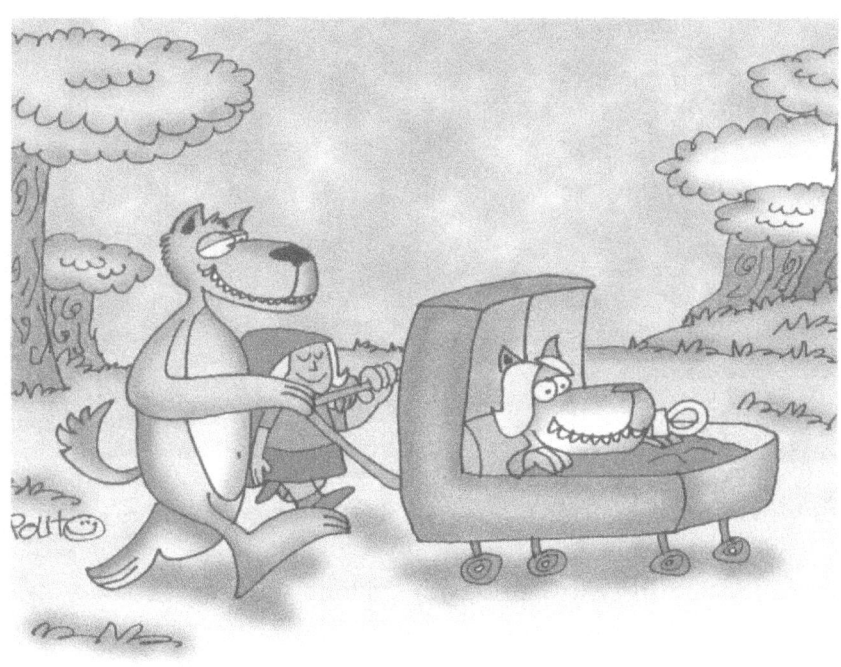

The Shrink with Pen and Ink:
Cuban Cartoonist/Psychiatrist

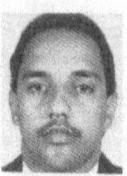

WittyWorld
International Cartoon Magazine

PUBLISHER AND EDITOR-IN-CHIEF
Joseph George Szabo

MANAGING EDITOR
John A. Lent

ASSOCIATE EDITORS
Amy Gross, Kathy Haas, Ruth Ann Lalar

ADVISORY BOARD
Maurice Horn, Robert LaPalme, Richard Samuel West

ART DIRECTOR
Joseph Starlight

NEWS EDITOR
John Weber

REVIEW EDITORS
Hongying Liu-Iengyel, John A. Lent
Frederick Patten, Dennis Wepman

SENIOR WRITERS
Margaret V. McGilicuddy, Phil Yeh

FOREIGN EDITORS
Argentina: German Cáceres; Austria: Wolfgang
Ammer; Australia: Rolf Heimann; Bangladesh:
Harunoor Rasheed Harun; Belgium: Ronald Libin;
Brazil: Gábor P. Gaszi, Alvaro de Moya; Bulgaria:
Ivan Alexandrov Gintchev; Canada: Guy Badeaux;
Central America (Costa Rica, Nicaragua, Panama):
Victor Cartin; Chile: Luis Jiberto Cases Asenjo; China:
Fang Cheng; Colombia: Jairo Peláez; Cuba: Jose E.
Polo Madero; Czech and Slovak Republic: Daniel
Kurtzmann, Jiri Silva; Denmark: Rune Kidde; Egypt:
Mohamed Effat Abd El-Azim Esmail; Germany: Klaus
Strzyz; France: Jean-Claude Faur, Great Britain: Denis
Gifford, Les Lilley; Greece: Ioanna Kanstiani, Holland:
Peter Nieuwendijk; Hong Kong: Larry Feign; Hungary:
László Dluhopolsky; India: Suresh Sawant; Indonesia:
Raini Badrudin; Iran: Daryoush Mokhtari; Ireland:
Martyn Turner; Israel: Miki Jago; Italy: Marco de
Angelis; Japan: Tim Ernst; Macedonia: Ane Vasilevski;
Mexico: Arturo Kemchs Davila; New Zealand: Greg
Hang; Nigeria: Ebun Aleshinloye; Norway: Dagfinn
Bakke, Kurt Ostergaard; Peru: Marco Ramos Trujillano;
Philippines: Norman Isaac; Poland: Zygmunt
Januszewski; Portugal: António Moreira Antunes;
Romania: Pavel Constantin; Russia: Mikhail M.
Zlatkovsky; South Africa: Tony Grogan; South Korea:
Yong Myong Lee; Spain: Javier Coma; Sweden: Peter
Lonkan; Switzerland: Hans Haim; Taiwan: Daniel Ku;
Thailand: Vichai Pornchan; Turkey: Sima Undeger;
Uruguay: Raquel Orzuj

ASSISTANT TO THE PUBLISHER
Flora Toth

MARKETING AND PROMOTIONAL DIRECTOR
Carol Lowbeer

ADVERTISING DIRECTOR
Michael Rico

OFFICE MANAGER
Brian Harting

GRAPHICS ADMINISTRATION
C. Robert Margolies

PRINTING
Larknoll International, Ltd., Hong Kong

ARES.

By John A. Lent
and Jose E. Polo Madero

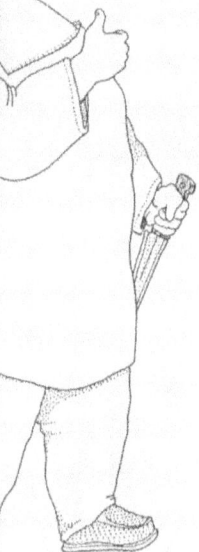

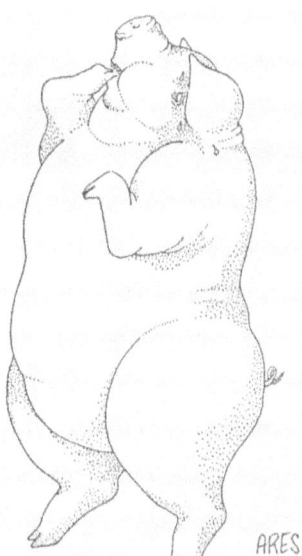

ARES.

Article in WittyWorld with Dr. John A. Lent

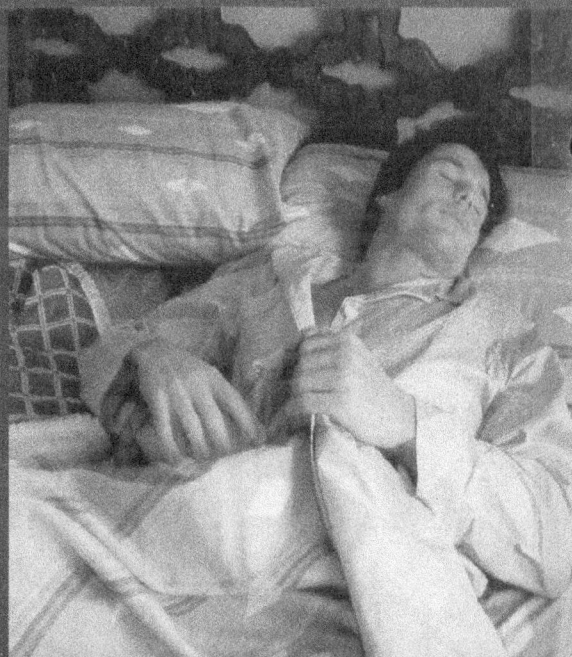

¿Qué nos ocurre mientras dormimos?

Los sueños, sueños son

Dice un viejo refrán que "soñar no cuesta nada". Sin embargo, el hombre parece haber empleado mucho tiempo (y todavía lo sigue haciendo) en el estudio de los sueños. Los científicos se devanan los sesos constantemente para conocer los cambios biológicos y fisiológicos que ocurren en nuestra cabeza durante el sueño y otros estados de conciencia, y gracias a ello saben que mientras dormimos el cerebro recibe un nivel alto (y distorsionado) de información proveniente del cerebro, al igual que diversas sustancias químicas que provienen de nuestro sistema nervioso.

Un equipo de trabajo de la Universidad de Harvard ha desarrollado una nueva tecnología que permite examinar las propiedades químicas, eléctricas y físicas de cada estado del sueño, lo que lo hace más eficiente que un electroencefalograma, ya que este último no puede distinguir entre las ondas del cerebro cuando sueña y cuando está despierto.

Uno de los creadores del sistema declaró: " El cerebro despierto recibe un volumen de información alto en forma de frecuencias luminosas y sonoras, señales químicas y estímulos físicos, que son procesados y combinados con emociones y recuerdos que elevan el conocimiento y las habilidades del ser humano".

"Durante el sueño, el cerebro emplea los mismos sistemas y redes nerviosas que se usan en nuestra actividad consciente, pero con algunas diferencias críticas. La información del exterior es bloqueada, o sea todo lo que el cerebro ve, oye o siente, es generado desde el interior", apunta el especialista.

La nueva tecnología permite determinar las diferencias entre los estados de sueño. Se cree que la clave de los sueños está en varios nódulos pequeños que están dentro del cerebro, los que a través de sus células conducen transmisores químicos por el cerebro y regulan su actividad. Las proyecciones además se extienden hacia abajo por la médula espinal y ayudan a controlar el movimiento.

La actividad consciente del cerebro por su parte es dominada por sustancias químicas adrenérgicas que mantienen un alto grado de atención y controlan la actividad motora, haciendo los procesos de pensamiento estables, evitando la proyección al cerebro de las mismas imágenes que recibimos en sueños.

Cuando dormimos el sistema adrenérgico se desconecta y otros nódulos producen un diferente tipo de reacción química . El cerebro se relaja y los sueños aparecen en él de forma dispersa y sin control, aunque algunas escuelas de hipnosis plantean que diversas ideas preconcebidas de antemano y sugeridas por un hipnotizador profesional pueden aflorar en los sueños por conducto de enrevesados canales subconscientes.

Nadie puede afirmar si en verdad hay un significado de nuestros sueños y cuál es, pese a que se han confeccionado varios diccionarios del tema dándole a lo onírico un poder revelatorio que se desconoce si lo tiene o no. Lo cierto es que la nueva tecnología será un paso más en el acercamiento de los humanos a un mundo fantástico y maravilloso que comienza cada noche cuando cerramos los ojos.

▷ *José E. Polo*

Photos: Stock Images

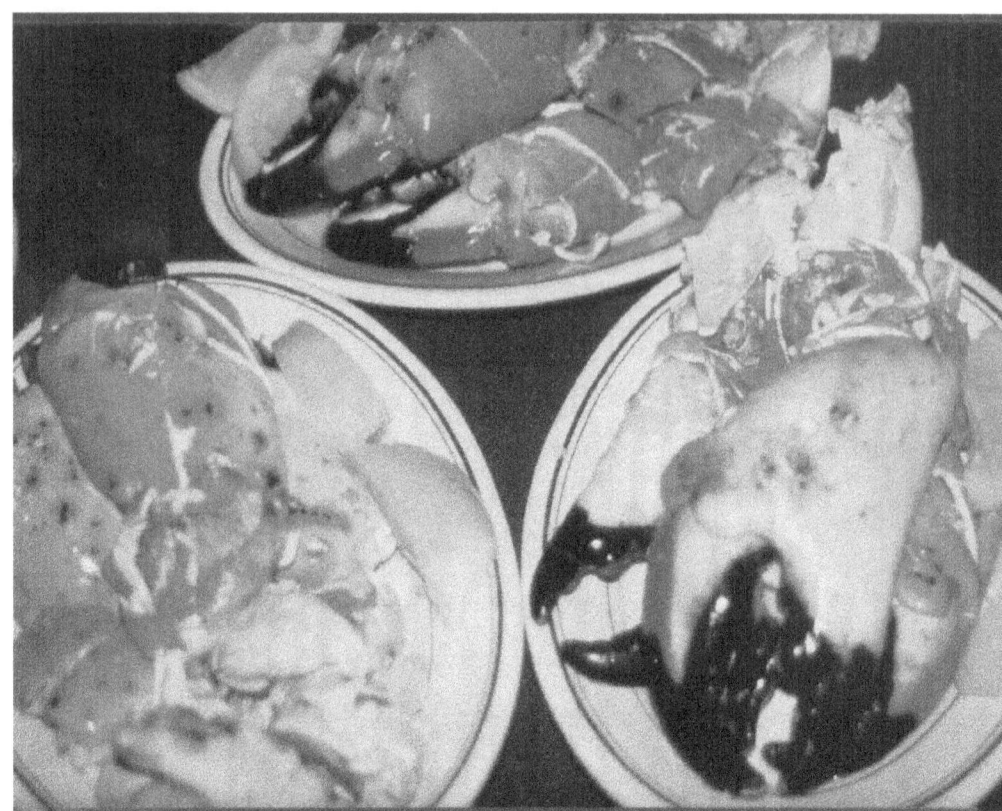

comer bien/ Hacia dónde va el cangrejo

El refrán puede que les haya servido para el empuje, la calidad, la excelencia y, desde ahí, el triunfo. Porque la conocida frase "hacia atrás como un cangrejo" no se puede aplicar en este caso

Vamos en las siguientes líneas a comentar de un sitio, sin afán comercial, entiéndase. Sólo para comer bien. El restaurant *Joe's*, ubicado en el extremo sur de Miami Beach, una de las playas más famosas de los Estados Unidos, se especializa en distintos platos servidos a base de pescados, mariscos y crustáceos, pero debe sus mayores logros a los 'cangrejos de piedra'. Por más de 80 años, atiende a su clientela de todo el país y a quienes llegan a diario desde Latinoamérica. Tantos,

que hace poco tuvo que ampliar su conocido local donde factura alrededor de 12 millones de dólares anuales.

Esta es una de las pocas casas del mundo (sino la única) que permanece abierta exclusivamente en temporada de captura del cangrejo, es decir, desde el 15 de octubre al 15 de mayo. Cuando reabrió, hace poco más de dos meses, *Joe's* estrenó un nuevo *look*.

Desde 1937, prestigiosas revistas y periódicos han destacado la influencia de este restaurante en la cocina norte-

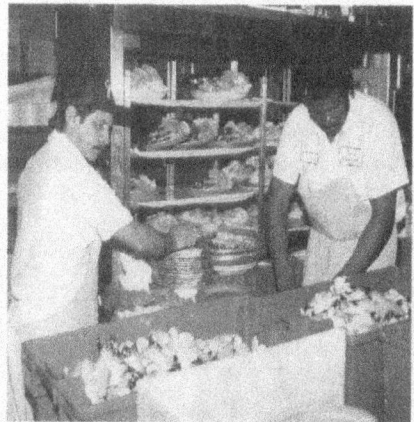

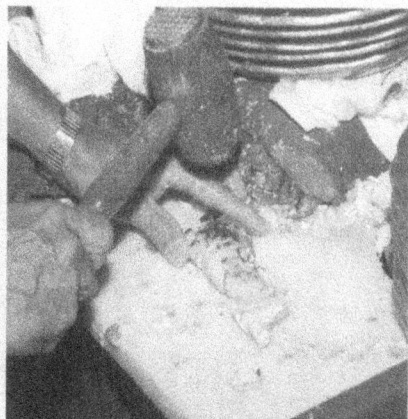

americana. Si usted conoce Miami, no tengo nada más que decirle al respecto. Pero para quien no ha llegado hasta el sur de la Florida, ya puede ir conociendo.

La abundancia de 'cangrejos de piedra' influyó de manera positiva en la orientación culinaria del restaurante, la que fue perfeccionándose con los años con la perseverancia de sus dueños, quienes han supervisado la calidad de los crustáceos y, por supuesto, de los platos servidos allí. Muchos comensales exigentes prefieren mariscos y crustáceos a la carne roja debido a la alta cantidad de nutrientes de los primeros y porque son fáciles de digerir.

La Historia

En los inicios de este siglo, Joe, quien llegaría a ser el dueño original, abandonó Nueva York en busca del sol y el aire renovador del estado de la Florida debido a una dolencia de asma. Instalado cerca de la playa, fue el encargado de garantizar la alimentación de los empleados de casinos de la época, creando un sistema de comidas rápidas —característica que se mantiene aún— para lo que contó con la colaboración de su esposa e hijos en una improvisada empresa familiar.

En poco tiempo tuvieron éxito. Compraron en 1917 una pequeña casa que convirtieron en vivienda y restaurante. Desde entonces, tres generaciones han administrado lo que es el *Joe's*. Recientemente, una cuarta generación comenzó en el mando. Joan Sawitz, nieta del fundador, entregó la responsabilidad a su hijo, Steven Sawitz, quien con anterioridad se había entrenado en las más exigentes escuelas de hotelería del país.

Hasta 1920 poco se conocía del consumo del 'cangrejo de piedra'. Al comienzo, el fundador del restaurante operaba sus propias embarcaciones dedicadas a la pesca del cangrejo que ofrecía a sus clientes. La Bahía de Biscayne, que separa (o une) a Miami con Miami Beach, estaba poblada de 'cangrejos de piedra' en el primer cuarto de siglo. Pero la construcción del puerto

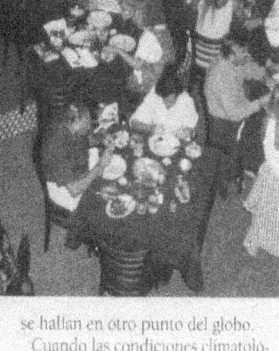

y los trabajos de drenaje los pusieron en peligro. Hoy sólo abundan en los Cayos y el norte de la Florida, y en la costa oeste de los Estados Unidos. De aquí es oriundo este 'cangrejo de piedra' (grande, mediano y pequeño, como lo sirven en la mesa). No se hallan en otro punto del globo.

Cuando las condiciones climatológicas son favorables, el cangrejo mejora el sabor de su carne. En *Joe's* conocen este secreto, por lo que se encargan de mantener la calidad y su frescura como una meta diaria. Las exigencias se han auto-establecido a través de un estricto control de calidad en su propia pescadería.

Visitar este sitio es toda una experiencia. Un notable crítico gastronómico escribió que "allí se sirven diversos tipos de pescados, crustáceos y mariscos, pero los conocedores van al restaurante a comer cangrejos".

El secreto, para sus dueños, es no tener secretos: "buen trato familiar a los empleados, y trabajar mucho y honestamente. La vida se encarga de pagar nuestros empeños".

▷ *José E. Polo*

EL *MUSEO* DEL *TE* Y EL *CAFE*

En la zona exclusiva de Butler's Wharf en el litoral de Londres,
Inglaterra, se encuentra un museo original que ofrece al visitante
la oportunidad de descubrir la fascinante historia de las bebidas favoritas
del hombre: el té y el café... a través de la coleccion de cafeteras
y teteras mas grande y selecta del mundo.

Por J. E. POLO-MADERO
Fotografías: Camera Press, Londres; Bramah Tea &
Coffee Museum

No muy lejos del célebre Puente de Londres, en el *Butler's Wharf* (Muelle del Mayordomo) se encuentra el *Museo Bramah del Té y el Café*, que rinde tributo a más de tres siglos de influencia de estas bebidas en la historia del comercio británico. Ningún lugar más apropiado que éste; precisamente en esta histórica zona portuaria, cerca del Museo, atracaban los veleros tipo *clíper* que traían el té del Lejano Oriente, y actualmente se sigue descargando a diario unos 6,000 cajones, tanto de hojas enteras como de hojas molidas.

La colección está en el primer piso del *Edificio Clove*, al lado de una distribuidora de especias, cuyo delicado aroma ya se percibe a una cuadra de distancia. Pero al entrar al Museo, el olor a café tostado y a té lo impregna todo. También se exhibe una colección de aproximadamente 2,000 teteras y cafeteras, que son una muestra elocuente de la primacía alcanzada por ambas bebidas en este país. Además de la colección de vasijas de porcelana de diversas dinastías chinas, también se exhibe la tetera más grande del mundo, que alcanza un metro de alto, y cuando está llena (tiene capacidad para 800 tazas), pesa 158 kilogramos. La muestra está compuesta, además, por retratos históricos, mapas y litografías que hablan de la importancia del té y el café en el comercio mundial, y del papel que desempeñaron ambos en el comercio con China, así como por implementos usados en la ceremonia del té en el Japón, y

Edward Bramah, fundador y director del Museo Bramah del Té y el Café, posa junto a algunas de las piezas de su extensa colección.

muchos otros objetos de interés que muestran el proceso histórico de los dos productos. Hay mesas con vasijas llenas de hojas de té, para que los visitantes las puedan tomar en sus manos, disfrutar de su aroma y escoger su favorito.

Edward Bramah –cuyo árbol genealógico se remonta a una de las familias más antiguas de Londres– es el fundador y director de este Museo, y también ha cultivado té durante muchos años. Además de catador, comerciante y asesor de la *Corporación Nacional China de Exportación del Té*, cuando no está diseñando cafeteras o creando compañías de café y té, invierte su tiempo libre en su *hobby* favorito: coleccionar cafeteras y teteras antiguas. Este singular coleccionista e historiador se ha convertido en custodio de las tradiciones inglesas y hasta ha publicado diversos libros sobre este apasionante tema, entre ellos: *Té y café* (1972), *Los hacedores de café* (1989) y *Novedades de las teteras* (1992). En sus libros, hace gala del ingenio británico en forma amena y brillante, especialmente en lo referente a la industria del té y el café a través de los tiempos.

Aunque el muelle de Butler's Wharf tiene también una reconocida tradición como importador de especias, ya en el siglo pasado, los depósitos de té llegaron a suplantar en volumen a los de condimentos. El café también es importado en enormes cantidades, y sus variedades hacen las delicias de los aficionados a esta infusión. Pero no es menos cierto que, para los países productores de café, no fue nada fácil convencer a los británicos de que bebieran lo que algunos han dado en llamar "el néctar negro de los dioses", sobre todo, después de una tradición de siglos en que el "té de las cinco de la tarde" ha sido el ritual que aún persiste. Fue precisamente éste, uno de los motivos que impulsó a las firmas norteamericanas de alimentos *Nestlé* y *General*

Foods a crear para este mercado un café soluble en agua caliente (el café liofilizado o instantáneo), cuya distribución tuvo que ir acompañada de una multimillonaria y vigorosa campaña publicitaria. A partir de 1956, fecha en que salió el café instantáneo, aparece a diario algún anuncio de café en los medios de comunicación... ¡y aun así los británicos no están muy convencidos!

Desde el siglo IX se han encontrado referencias al grano del café. Su historia y sus orígenes se pierden en el tiempo de tal forma que se convierten en leyenda. "De esas leyendas", cuenta Bramah, "la

que más ha predominado relata que el café fue descubierto en Abisinia –hoy Etiopía, uno de los principales productores de café en el mundo– cuando los pastores beduinos notaron que sus rebaños de cabras se mantenían despiertos al comer las hojas y las semillas del árbol del cafeto, la planta que hoy conocemos con el nombre botánico de *Coffea arabica*. Pues bien, se dice que esos beduinos llevaron unos granos a unos monjes del lugar, quienes probaron distintos métodos para utilizarlos... primeramente se bebió como vino y medicamento, hasta que, más adelante, encontraron que tostando la semilla y moliéndola se podía hacer como infusión una bebida aromática y muy estimulante".

"Su llegada a la península arábica se registra en el siglo XIII, aunque pensamos que debió haber llegado desde mucho antes, al igual que a Turquía. La actual palabra *café* proviene precisamente del turco *cahvé*, que a su vez viene del vocablo árabe *qahwah*. Los árabes y turcos cultivaron el grano en abundancia en el siglo XV porque llegó a convertirse rápidamente en la bebida cotidiana favorita, especialmente para los peregrinos mahometanos que, en su ruta desde los confines de Arabia y Turquía hacia la Meca, consumían grandes cantidades de este aromático estimulante. Precisamente allí, en la Meca, fue donde surgieron los primeros bares y casas de café, y desde aquí, los mismos musulmanes esparcieron su popularidad tanto entre otros países de la región, como en numerosos países de Europa".

"El café llegó a Holanda en 1610, importado desde el sur de Arabia... principalmente de Moca, región ocupada hoy día por Yemen... Es de señalar que las diferentes variedades de café suelen tomar su nombre de acuerdo con el área de donde provienen... Moca es un ejemplo, el otro es Java... Los holandeses importaron las primeras plantas, estableciendo su histórico vínculo con la industria cafetalera desde principios del siglo XVII. Fueron ellos precisamente quienes llevaron las primeras semillas a la isla de Java, en el Océano Indico, y lo cultivaron igualmente en Ceilán (actual Sri Lanka), donde más tarde también llegaron a establecer plantaciones de té".

"A su llegada a las islas británicas", continúa Bramah, "el grano fue visto como una medicina para tratar todo tipo de enfermedades... hasta que, a mediados del siglo XVIII, se popularizó como bebida social. En 1652, se estableció el primer bar de café en Londres, y a éste le siguieron muchos otros, que solían ser frecuentados mayormente por pintores, escritores, periodistas y dramaturgos, que los convirtieron en lugares populares de reunión e intercambio de ideas...

"Estas casas de café fueron conocidos centros de discusiones políticas, en los cuales se podía tomar la

EL VISITANTE QUE LLEGA A ESTE MUSEO, NO SOLO ADMIRA LA BELLEZA DE LA COLECCION, SINO RECIBE TAMBIEN UNA LECCION DE HISTORIA.

infusión en medio de una atmósfera grata y relajante que, frecuentemente, se caldeaba al punto de ser escenario de acaloradas discusiones y de enconadas disputas. Pero la popularidad del café en Gran Bretaña declinó, debido en parte al férreo control que ejerció la *Compañía Británica de la India Oriental*, que mantuvo el monopolio del comercio con China, y debido también al apoyo que recibió de la *Armada Real Británica*, que protegía las rutas marítimas hacia Londres. Los barcos venían cargados de las fragantes hojas de *Bohea* (té negro), *Jazmín*, *Lapsang*, *Souchong*, y la clásica hoja del té de *Tscha*, el original y delicioso té verde, de donde proviene la palabra *Té*. Fue así como nuestro país se convirtió en una nación de bebedores de té, mientras el resto de Europa prefería el café".

"La historia del té es tan colorida como la del café, pues más que una bebida, es una ceremonia", continúa Bramah. "Una leyenda china dice que el emperador *Shen Nung* lo descubrió en el año 2700 a. de J. C., cuando algunas hojas cayeron en un recipiente de agua hirviendo y le dieron al aire un aroma muy grato. En Europa no se conoció hasta el año 1610, cuando los comerciantes holandeses lo introdujeron desde la provincia china de Macao, por la misma época en que fue introducido por primera vez el café de Moca. Inglaterra comenzó a comercializarlo masivamente hacia el año 1658, aunque por entonces tomar el té ya era una costumbre de las clases altas, pero se debe hacer notar que era una costumbre especialmente cara, debido a lo limitado de las existencias de la mercancía y a los altos impuestos con que era gravado el comercio de esta exótica planta. Por esta razón, en Londres su popularidad comenzó entre las mujeres de la clase alta, que fueron quienes impusieron la moda de beber el té en sus hogares...".

"Así surgió el cultivo de una etiqueta a la hora del té, que ha llegado a ser comparada con la sofisticación de la ceremonia japonesa. A todo lo largo y ancho de la ciudad de Londres, comenzaron a aparecer sitios de reunión llamados *Jardines de té y esparcimiento*, donde se podía encontrar buena calidad del agua de manantiales provenientes de Hampstead, Belsize y Hornsey, al norte de Londres, y de Dulwich, Vauxhall y Clerkenwell, al sur, que eran las usadas para hacer las mejores infusiones. La calidad y la pureza del agua es muy importante a la hora de dar a esta infusión el sabor adecuado ...".

*B*ramah llega incluso a atribuirle al té el nacimiento de toda una nación; los Estados Unidos de América. "Cuando los ingleses se fueron a colonizar Norteamérica, se llevaron consigo sus más preciadas costumbres, y una de ellas, inevitablemente, fue la de beber el té, práctica que se popularizó ampliamente a lo largo de las 13 colonias que fueron fundadas inicialmente. El té era importado desde Inglaterra en grandes cantidades. Fue precisamente el aumento excesivo de los impuestos sobre las exportaciones de té, decretado por el Rey de Inglaterra a sus colonias en Norteamérica, lo que provocó más adelante las rebeliones que terminarían en la guerra de independencia de las colonias, del yugo inglés y el nacimiento de los Estados Unidos de América hacia el año 1776. El impuesto fue finalmente abolido en 1784, y el té entró al mercado como nunca antes lo había hecho...".

Otro de los datos que rodean con un manto de curiosidad la historia del té, es que las primeras competencias de veleros, o de yates que se realizaron en todo el mundo, fueron las de los barcos que transportaban té desde el río Cantón de China hasta los muelles del río Támesis en Londres, con el solo, pero importante fin, de obtener los mejores precios por la carga, así como una bonificación extra para el capitán y su tripulación. El más famoso de estos veleros fué el *Cutty Sark*, cuyo nombre y dibujo ha llegado a nuestros días en la etiqueta de un famoso *whisky* escocés. La última de estas carreras tuvo lugar en el año 1866, antes de que los barcos de vapor tomaran el lugar de los barcos de vela.

Con la llegada del café instantáneo el té fue relegado a un segundo plano, hasta que compañías como *Lipton*, *Lyons*, y otras, crearon también el té instantáneo en bolsitas para competir con éste. Pero desde la magia de su Museo, Bramah lamenta la pérdida del gusto tradicional de sus compatriotas por el *buen té*, y culpa de ello a la famosa estrella italiana *Gina Lollobrígida*, quien en 1952 inauguró el primer gran *coffee bar* en el famoso barrio de Soho en Londres. Desde entonces la industria de la publicidad se encargó de mantener la popularidad del café como una alternativa.

*E*n su fascinante Museo, Bramah vende numerosos tipos de té. Aparte de los que ya han sido mencionados, en la tienda es posible encontrar diversas variedades, entre ellas, el *Keemum* y el *Conde Gris*, este último confeccionado con aceite de *Nerolí* (receta tradicional china observada por el botánico Sir *George Staunton* en 1793), en vez de la mezclada con bergamota, que es la que se conoce en nuestros días. Además, ofrece cuatro marcas tradicionales con el sello Bramah: *Darjiling* con sabor a moscatel, *Assam* (una variedad malteada), y una mezcla en cuya confección se usan diversos productos procedentes de Sri Lanka, India y Kenya. Además de la tienda, hay un establecimiento en el que sirven todas estas variedades de té, sólo que ninguna de ellas en las conocidas bolsitas, sino tal y como fuera preparado y servido siglos atrás. El proceso que se sigue es similar al café: los granos son tostados y molidos momentos antes de hervir el agua, lo que le da una frescura sin igual a la aromática bebida, y se emplean granos selectos importados de cafetales de Moca, Java, Colombia, Brasil, Kenya, y otros países mundialmente conocidos por su buen café.

21

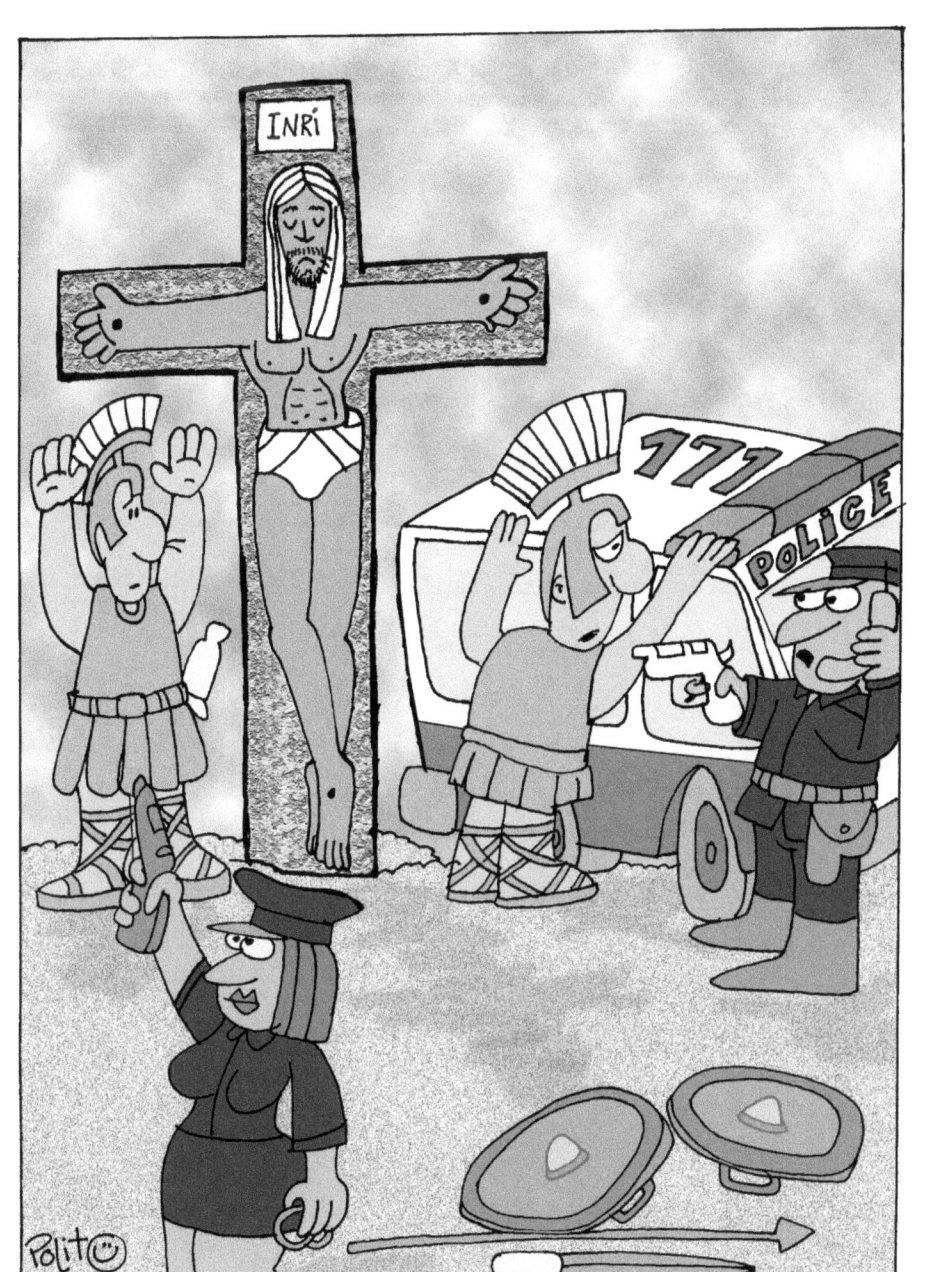

A free-lance cartoonist, José Emilio Polo has extensive experience in Spanish language writing and editing. He was an executive writer for Men's Health Magazine's Spanish language edition and in charge of the editorial coordination of the first publication of Newsweek magazine in Spanish. He also served as assistant to the Public Information Office of the Federal Emergency Management Agency. Having started in 1980, Polo's cartooning career saw his work published in over twenty countries and won him five international and seven national prizes in Cuba. His work was exhibited in more than 40 exhibitions around the world, while he himself was a member of cartoon juries on three occasions.

José Polo first joined WittyWorld in 1989.

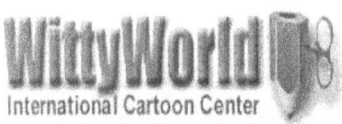

EDITORIAL/POLITICAL CARTOONS | COMICS | CARICATURES | SATIRE | ANIMATION | GAG CARTOONS | HUMOROUS ILLUSTRATION | PHOTO CARTOON

NEWS
CALENDAR
FOCUS
GALLERY
ARTISTS
REVIEWS
CENSORSHIP
FORUM
PUBLICATIONS
DIRECTORIES
STORE
WHO'S WHO
HISTORY
STAFF
HOME

THE NEWS

Spanish Language

NEWS BY COUNTRY

Australia
Belgium
China
Czech Republic
France
Germany
India
Iran
Japan
Poland
Russia
Turkey
Ukraine
United Arab Emirates
United States
Uruguay

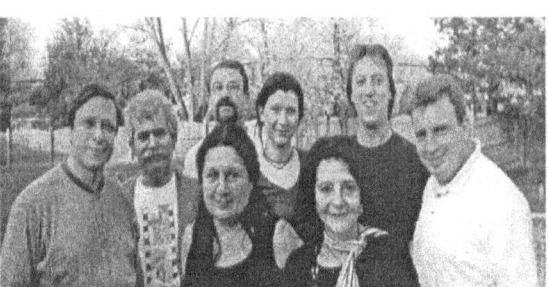

WittyWorld's 9th International Editorial Conference in the USA

North Wales, PA, United States, April 28, 2002 - From April 15 to the 20th of this month WittyWorld is holding its 9th editorial conference in conjunction with the 11th International Spring Festival in Lansdale, Pennsylvania. Editors converged in this Philadelphia suburb from around the world. On the picture above some of the WittyWorld editors present (from left to right) are: Joe Szabo (USA), Joe Békési (Hungary), Sema Undeger (Turkey), Rolf Heimann (Australia), Cornelia Fiedler (Germany), Raquel Orzuj (Uruguay), Wolfe Strzyz (Germany), and Jose Polo (Cuba/USA). During the first three days of the conference they put in countless hours of work tossing around ideas and setting new goals and standards for the 15-year-old organization. On the second day they were the guests of American University in Washington, DC, where Joe Szabo talked about "Political cartoons and censorship: a multi-national perspective" and moderated a discussion with his colleagues. Wolfe Strzyz and Sema Undeger talked about intolerance towards socio-political images in Germany and Turkey, while Joe Békési and Jose Polo drew caricatures for a very attentive audience.

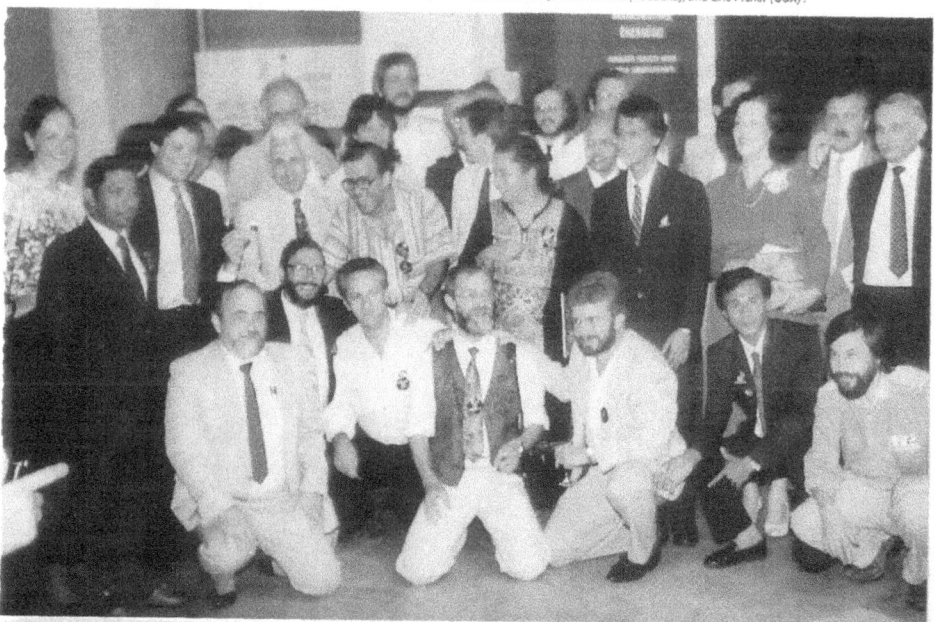

Even this partial gathering of the staff shows an impressive international representation in Budapest, in 1990. In the front row kneeling or squatting from the left are John Lent and Joe Szabo (both USA), Ane Vasilievski (former Yugoslavia), Ronald Libin (Belgium), Jose Polo Madero (Cuba), Vicha Promchan (Thailand), and an unidentified guest. Standing in the middle: Harunoor Rasheed Harun (Bangladesh), Marco DeAngelis (Italy), German Caceres (Argentina), Eflat (Egypt), Graham Cooke (England), Sema Ündeger (Turkey), Suresh Sawant (India), Norman Isaac (Philippines), unidentified woman, László Dluhopolszky (Hungary), and Maurice Horn (USA). Back row: Flora Toth (USA), Pavel Constantin (Romania) and Dennis Wepman (USA) both covered, Les Lilley (England), Phil Yeh (USA), Martyn Turner (Ireland), Mik Jago (bald head—Israel), Daniel Kumermann (former Czechoslovakia), Rolf Heimann (Australia), and Eric Fisher (USA).

Worldwide cartoonists draw together

By MICHAEL ROCCO
Staff Writer

UPPER GWYNEDD — It was a casual setting Tuesday at Mark and Debbie Tamplin's Dickerson Road home, with chairs arranged around the pool, carrots and other veggies available for nibbling — and several international cartoonists socializing.

The cartoonists were relaxing at the Tamplins, hosts of one of the artists and his wife, before taking a trip to American University in Washington, D.C. Wednesday for a presentation on censorship and political cartoons. The cartoonists were then to head back for the International Spring Festival in Towamencin on Saturday.

"This is time for relaxing," said Joe Szabo of North Wales, president and editorial director of WittyWorld Publications, an international cartoon magazine. "This is just a chance to mingle and get to know each other."

All of the cartoonists are editors of Witty-World. This is the ninth international editor conference, with previous

The cartoonists will be at the International Spring Festival, North Penn High School, Towamencin, starting at 11 a.m. Saturday, with a discussion with the audience planned for 3 p.m.

events in Japan, Hungary, Cuba and Slovakia.

Raquel Orzuj of Uruguay, a cartoonist and journalist, said the conference is a chance to cross cultures and countries.

She said humor involves a high level of intelligence, and if political leaders had a good sense of humor, there would be no wars.

"I think that cartoonists can make more without words than their own political people," Orzuj said. "I think humor is in the soul and the family and the country."

Jose Polo, a cartoonist and Spanish language editor originally from Cuba, said the ability to draw cartoons and comics is a powerful voice.

Over the past 22 years, he has studied many fields of drawing and the impact they have on society.

"Cartoonists are able to transform the society they live in. That is a tool a lot of regimes and governments

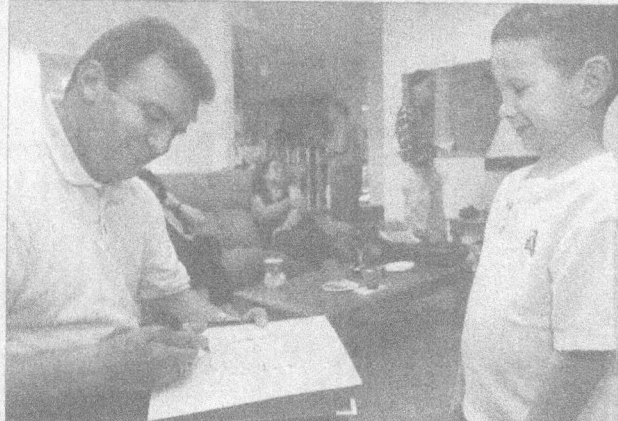

CARTOONIST JOSE Polo draws a caricature of Jeremy Kauffman, 6, during a party for international cartoonists at the home of Mark and Debbie Tamplin in North Wales.

are afraid of," Polo said.

Sema Undeger of Turkey said that although some drawings may be humorous, cartooning is serious and difficult work. As a free-lance artist in Istanbul, she may revise drawings several times because

of the tiniest imperfections.

"I try to find my own lines and thoughts. I don't like to copy the others," Undeger said. "In my mind, I don't think of Chinese, American or Turkish. It's all human beings. I love everyone."

Other members of the panel include Wolle Strzyz of Germany, author of "Comics im Buchhandel" and project manager of "Fascination Comics"; Rolf Heimann, a German-born cartoonist and writer now living in Australia.

Suresh Sawant, a cartoonist and journalist with the Times of India Group in Bombay; and József Békési, one of Hungary's foremost contemporary cartoonists and caricaturists.

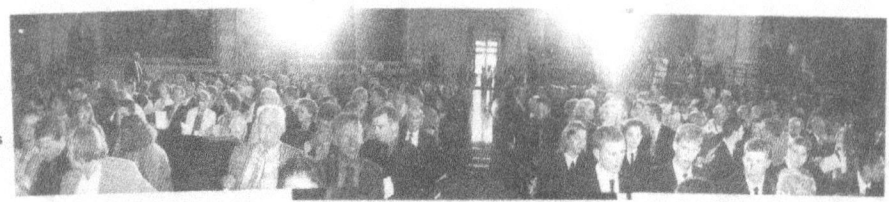

Charles Schulz awarded Congressional Gold Medal

Five Fagans ... a clutch of Sinnotts ... a brace of Sitos — we came from all parts of the country to share in the day. Despite following just days after the Reuben Awards weekend in Boca, some 200 NCS members, friends and family converged in Washington on Thursday, June 7, to see the Schulz family accept the Congressional Gold Medal on Sparky's behalf.

The hourlong program in the rotunda of the U.S. Capitol was conducted by Dennis Hastert, Speaker of the House, and included remarks by Trent Lott, Dianne Feinstein, Mike Thompson and Harry

Reid as well as friends and family. A champagne reception was held immediately afterward. Later that afternoon, the NCS and the Schulz family hosted a cocktail reception at the Library of Congress, with original Peanuts art from the Library's collection on display.

On behalf of the NCS I'd like to thank all who attended: Jeannie Schulz and the family for their kindness and generosity; and Mike Mikula, the Washington chapter chair, who did a magnificent job of organizing everything at such short notice.

— Steve McGarry

Graphic Testimony

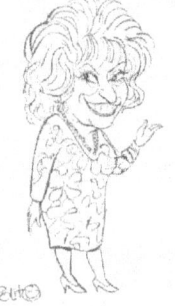

Celia Cruz

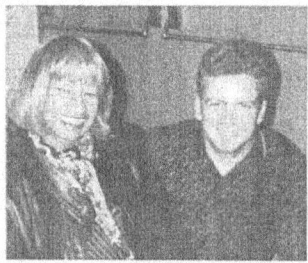

WITH SINGER CELIA CRUZ IN NEW YORK

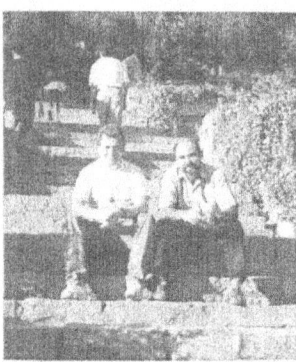

CHILE

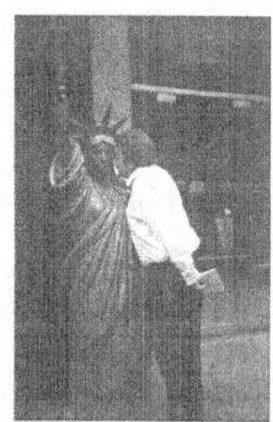

NEW YORK

HUMOR
Por POLITO

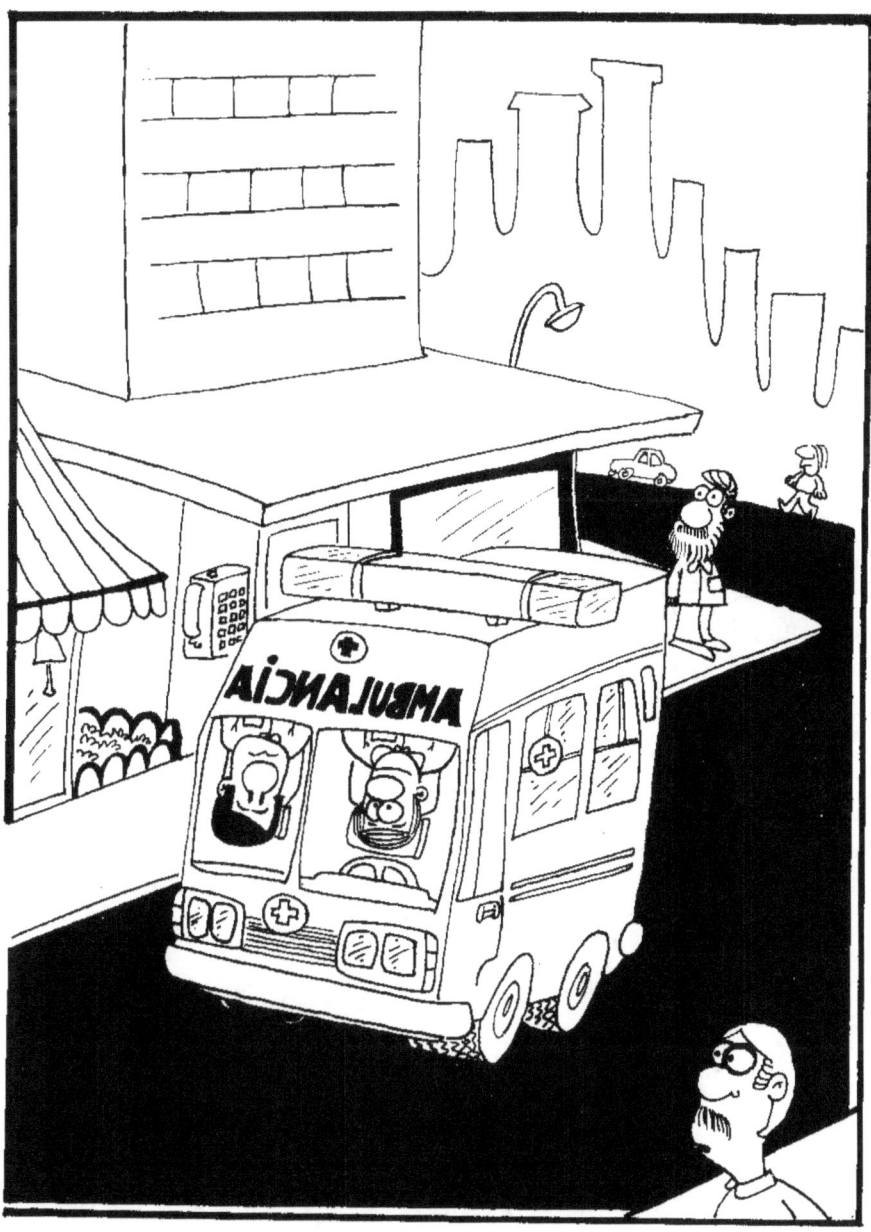

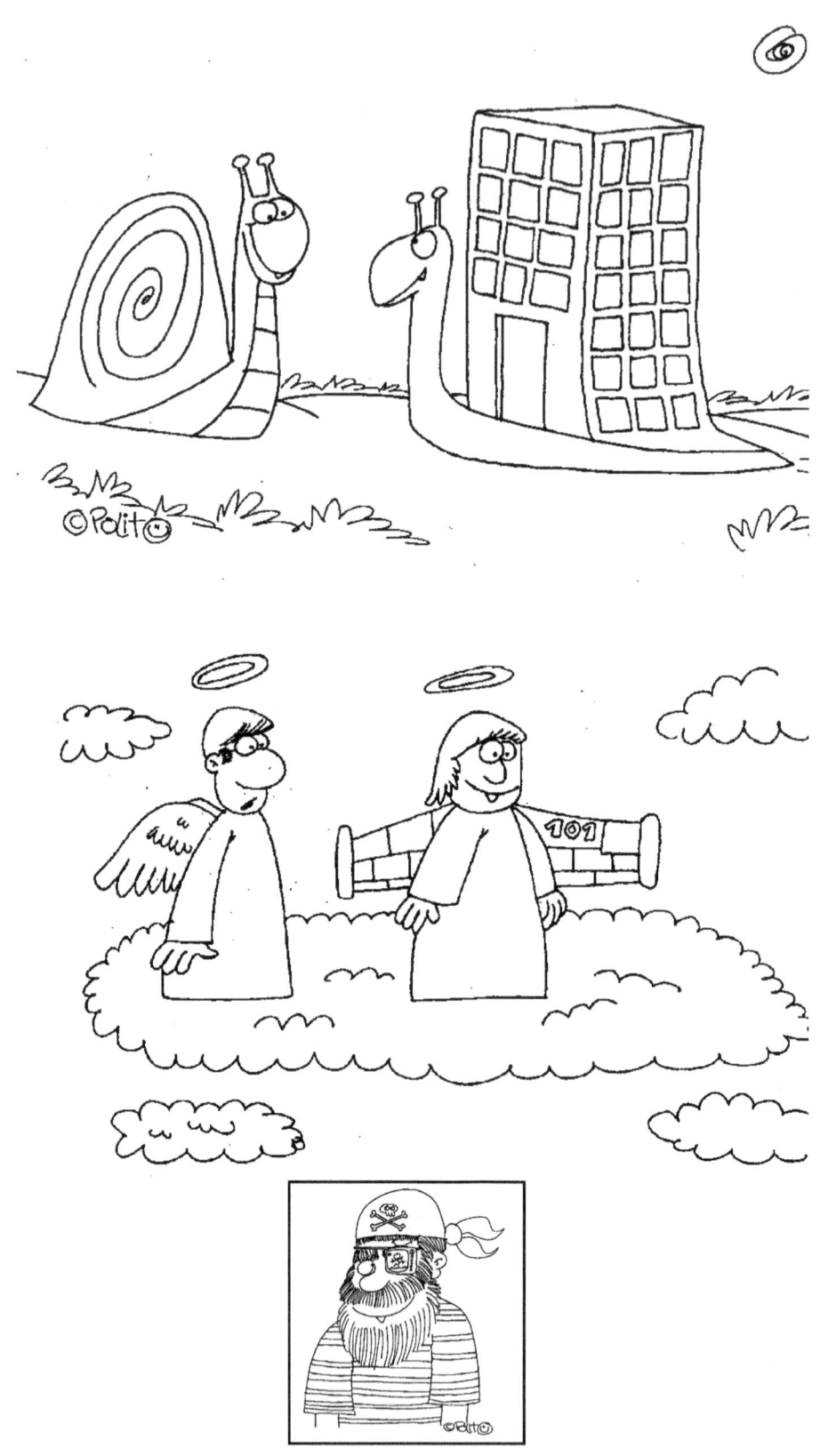

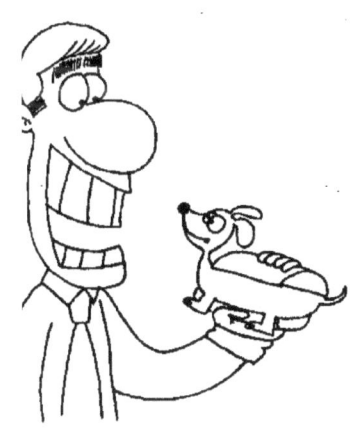

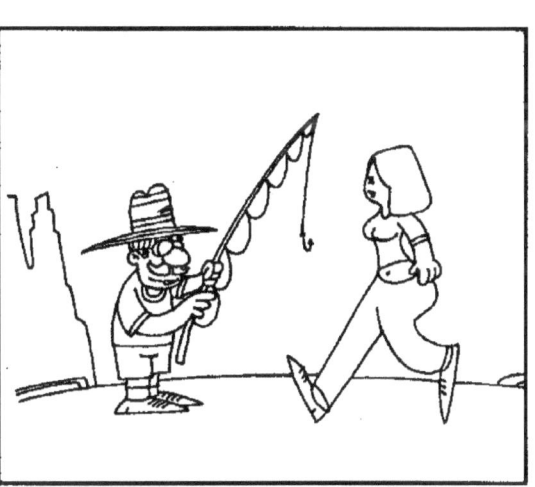

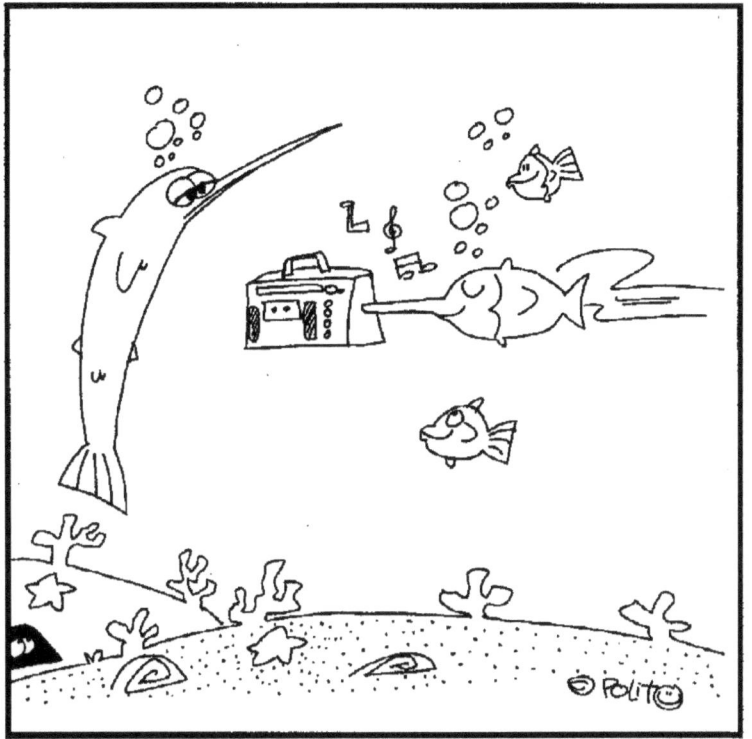

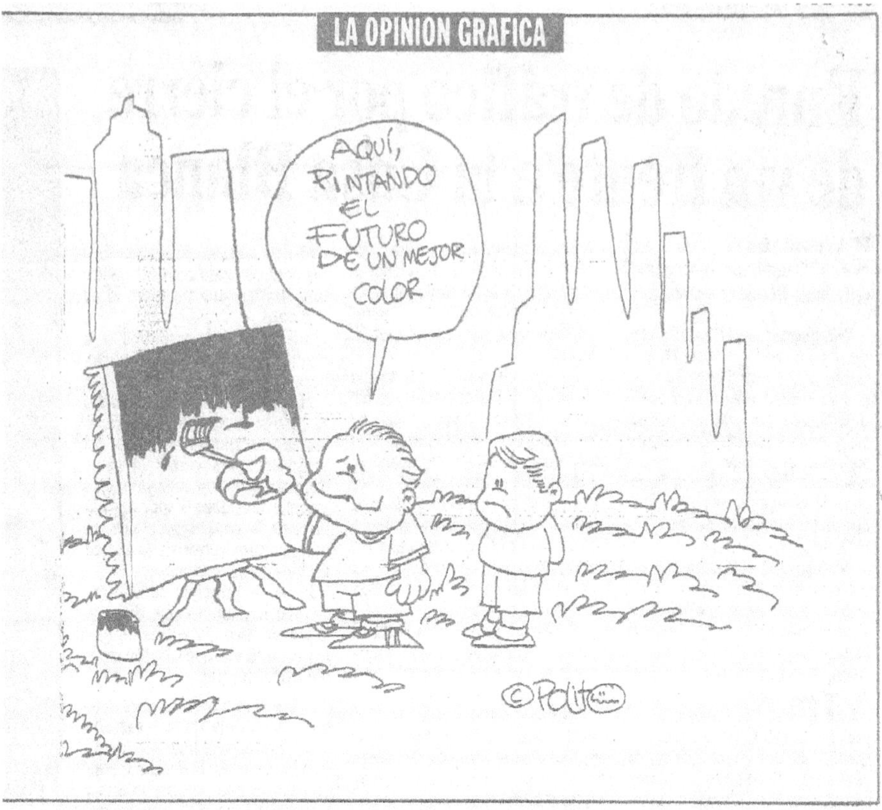

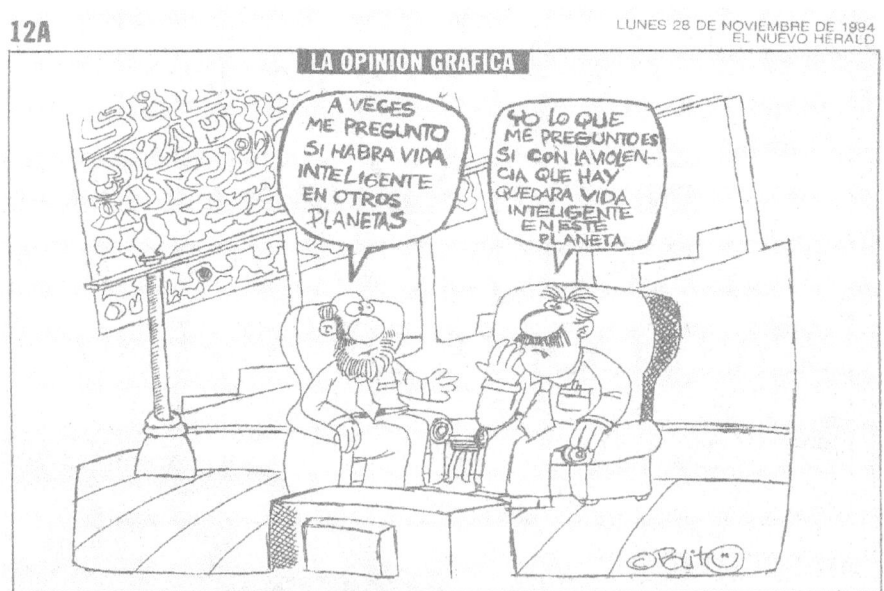

·Just painting the future with a best color

12A

LUNES 28 DE NOVIEMBRE DE 1994
EL NUEVO HERALD

LA OPINION GRAFICA

**_Sometimes I ask myself if there would be
intelligent life in other countries.
_ I ask myself if there is intelligent life in this planet**

Since when do you think sex is so important?
Since my wife left with a sexologist

-All men are the same: Come, they get you in bed, make you love and leave
-No all are the same: Some make you love standind up

_-Dad, What is oral sex?
-Probably some new contraceptive pill in the market

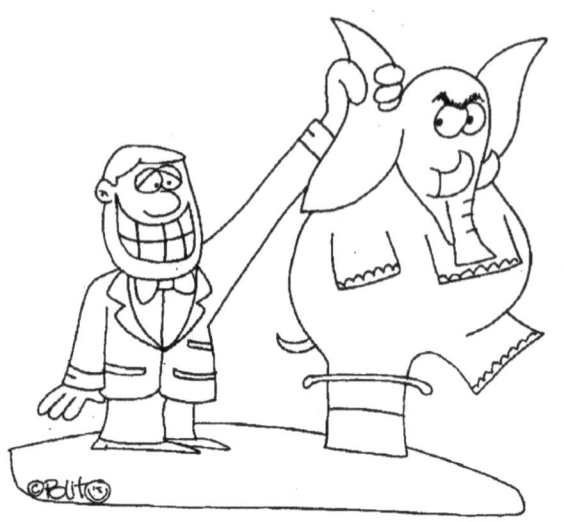

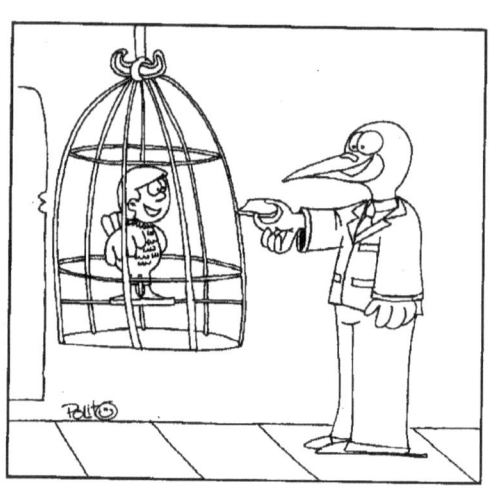

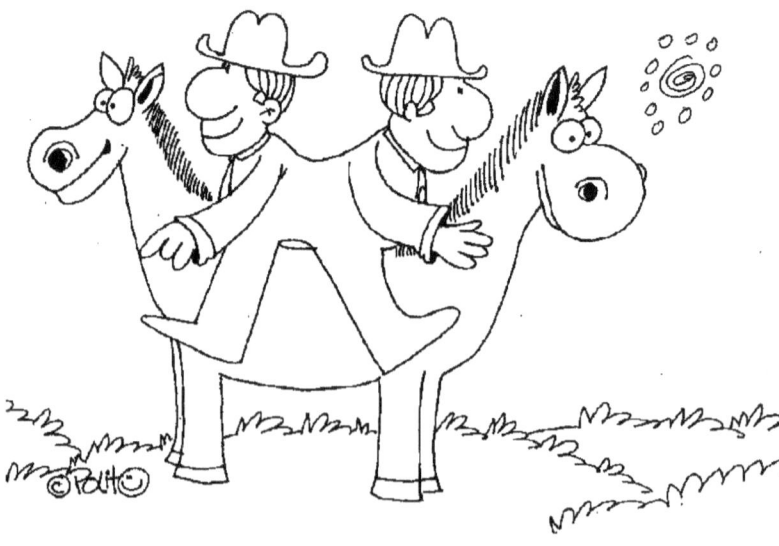

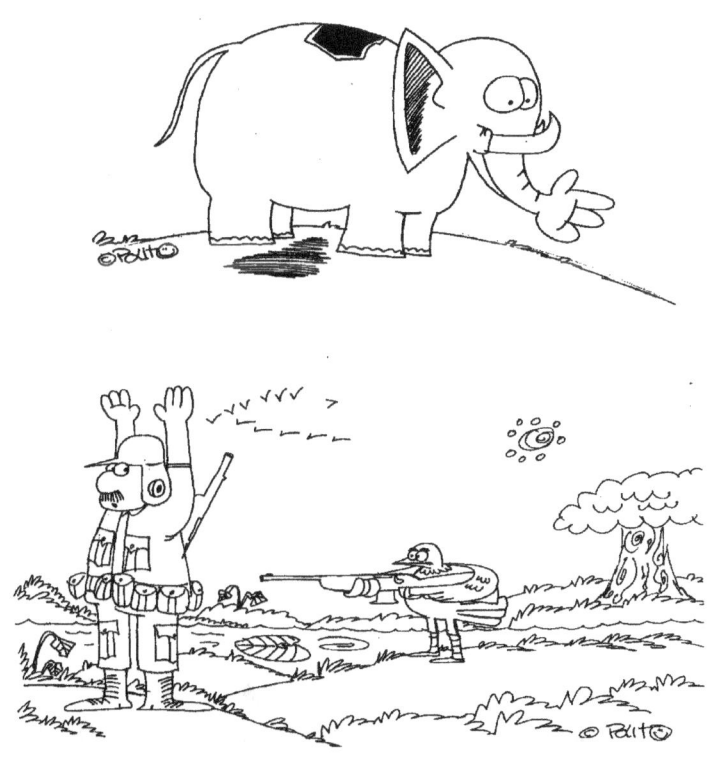

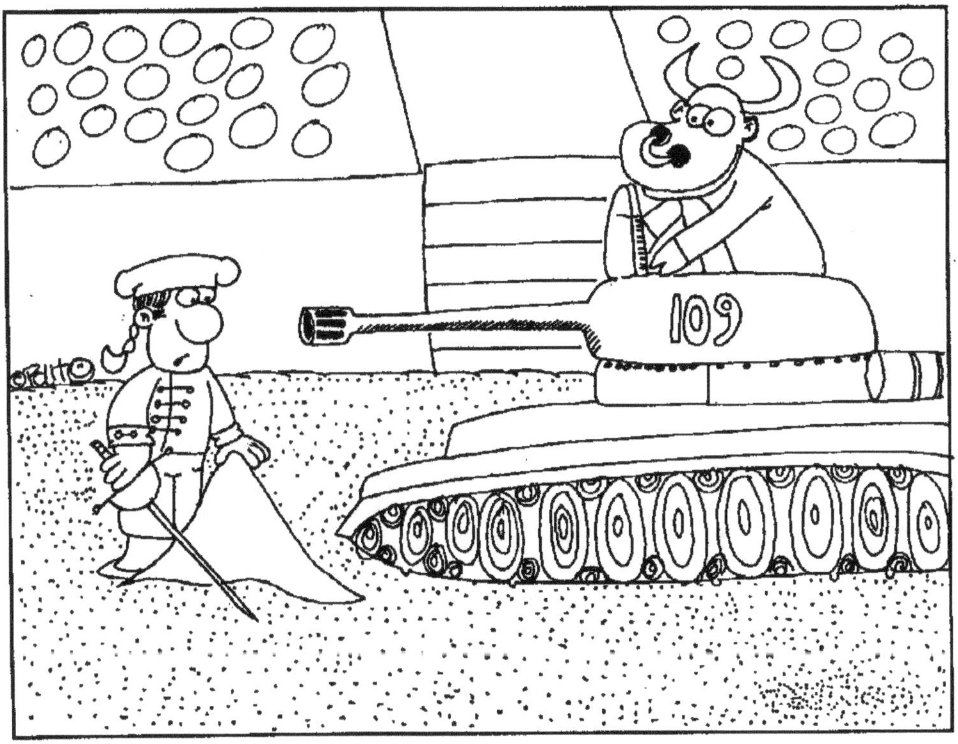

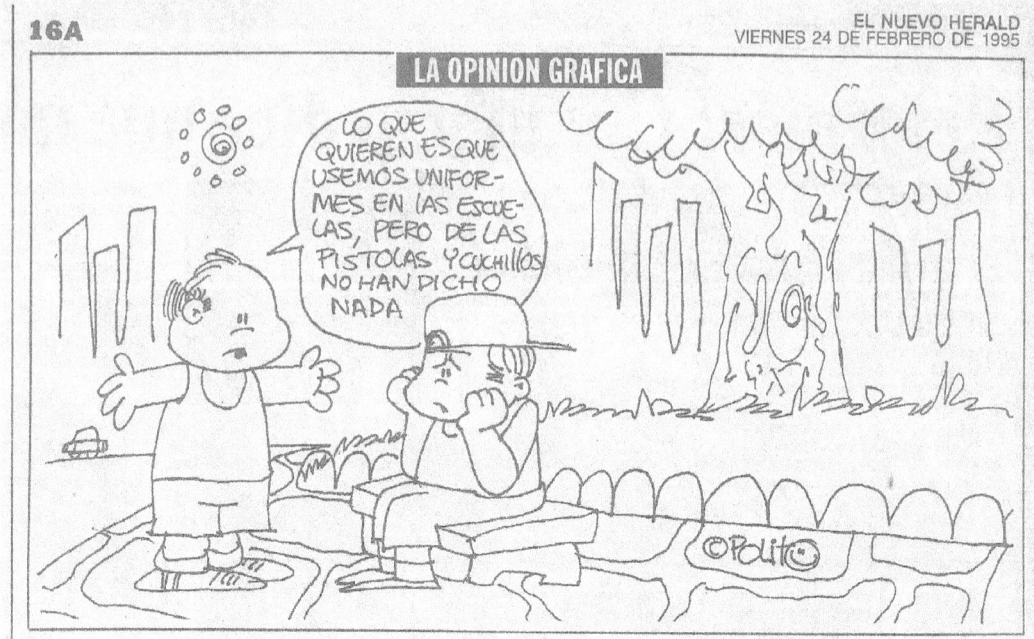

They want us to use uniforms at school:
They haven't say anything about knives and guns

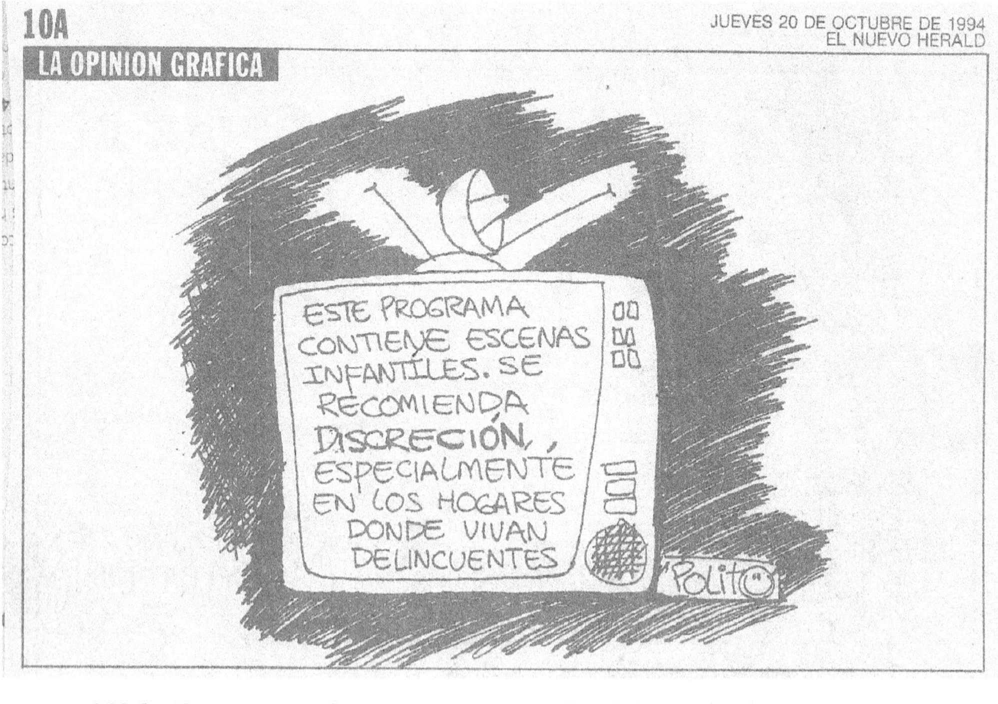

This Program has content suitable only for kids,
We recommend discretion especially in homes where
there are delinquent people

LUNES 25 DE JULIO DE 1994
EL NUEVO HERALD

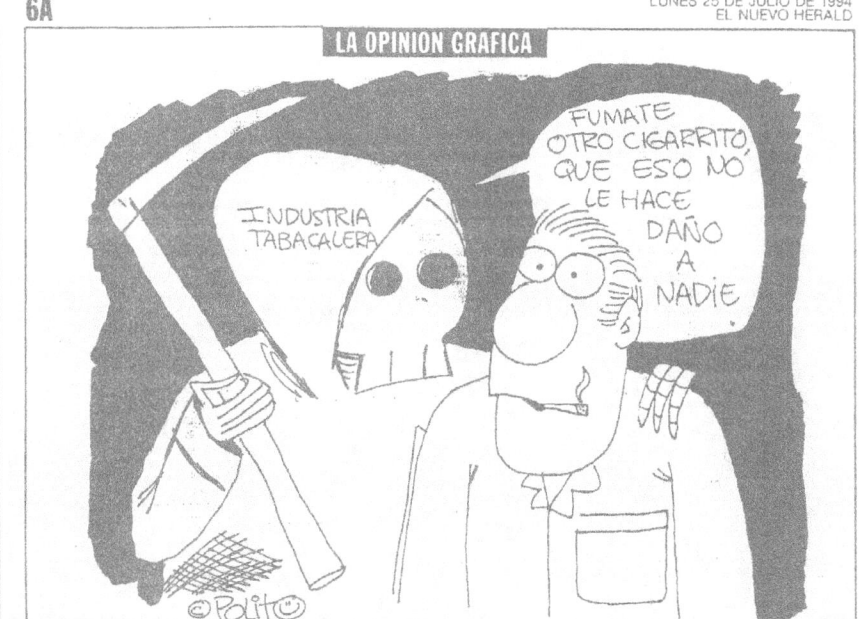

Tobacco industry:
Nothing is going to happen if you smoke another one

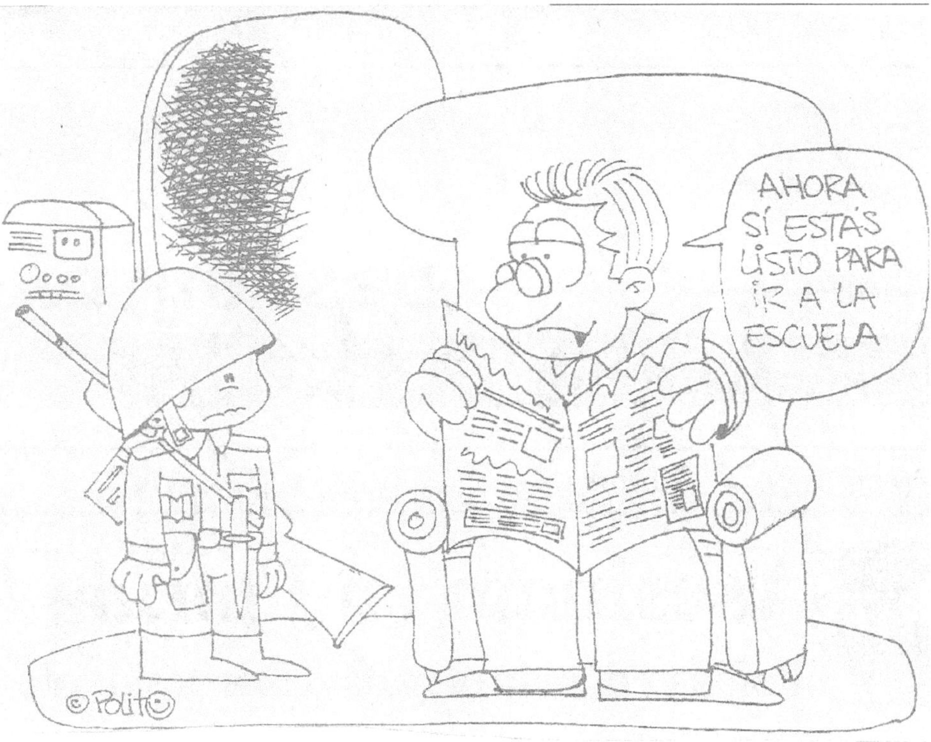

-Now you are ready to go to the school

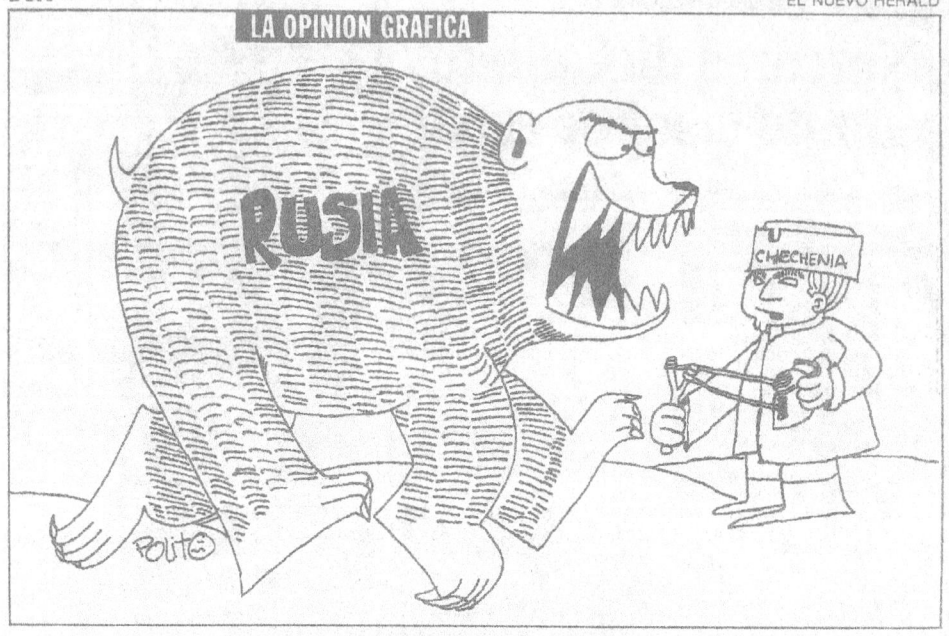

Russia   **Chechnya**

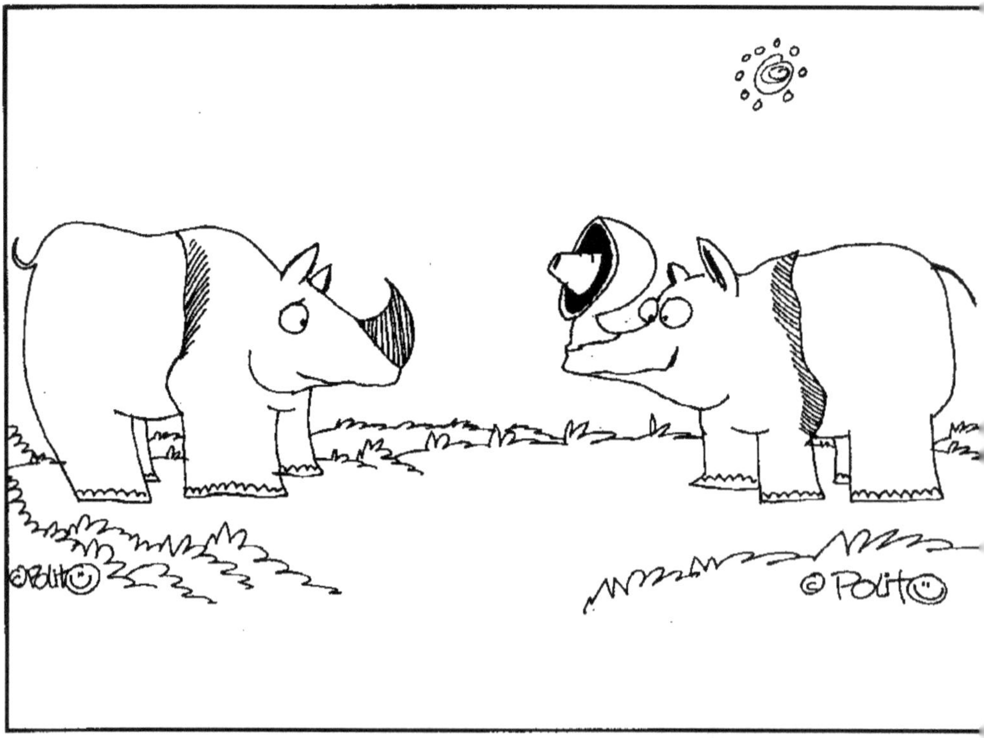

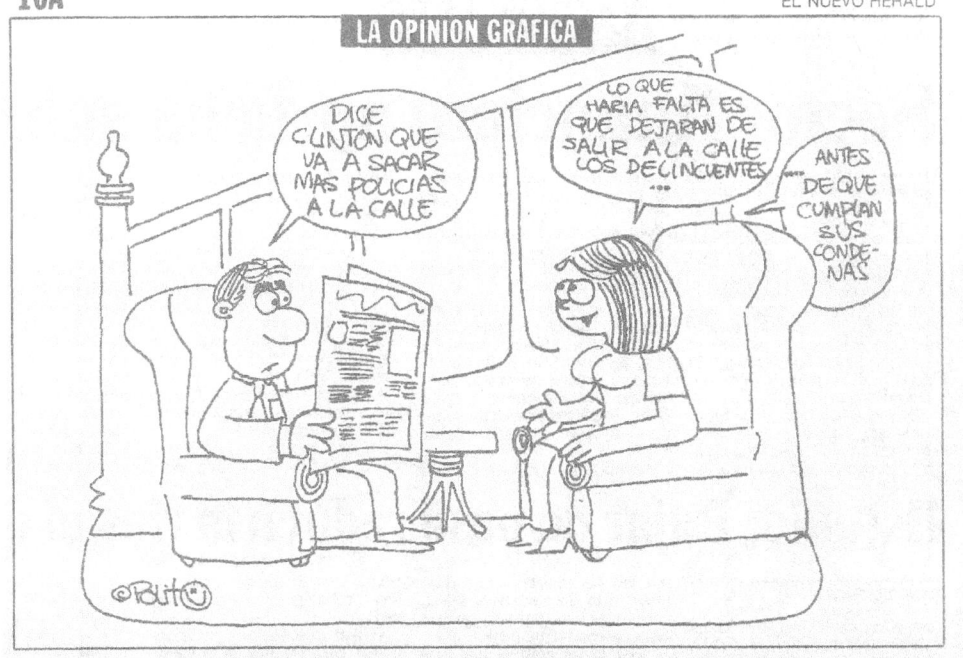

-President Clinton says he is going to put more cops in the street.
_ It would help if they would allow more delinquents to do their time in jail instead of releasing them early.

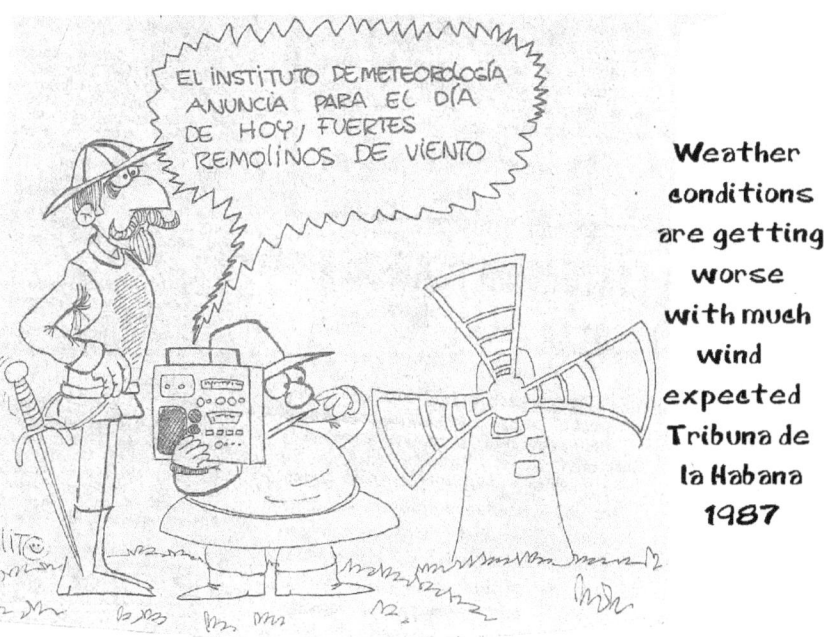

Weather conditions are getting worse with much wind expected
Tribuna de la Habana
1987

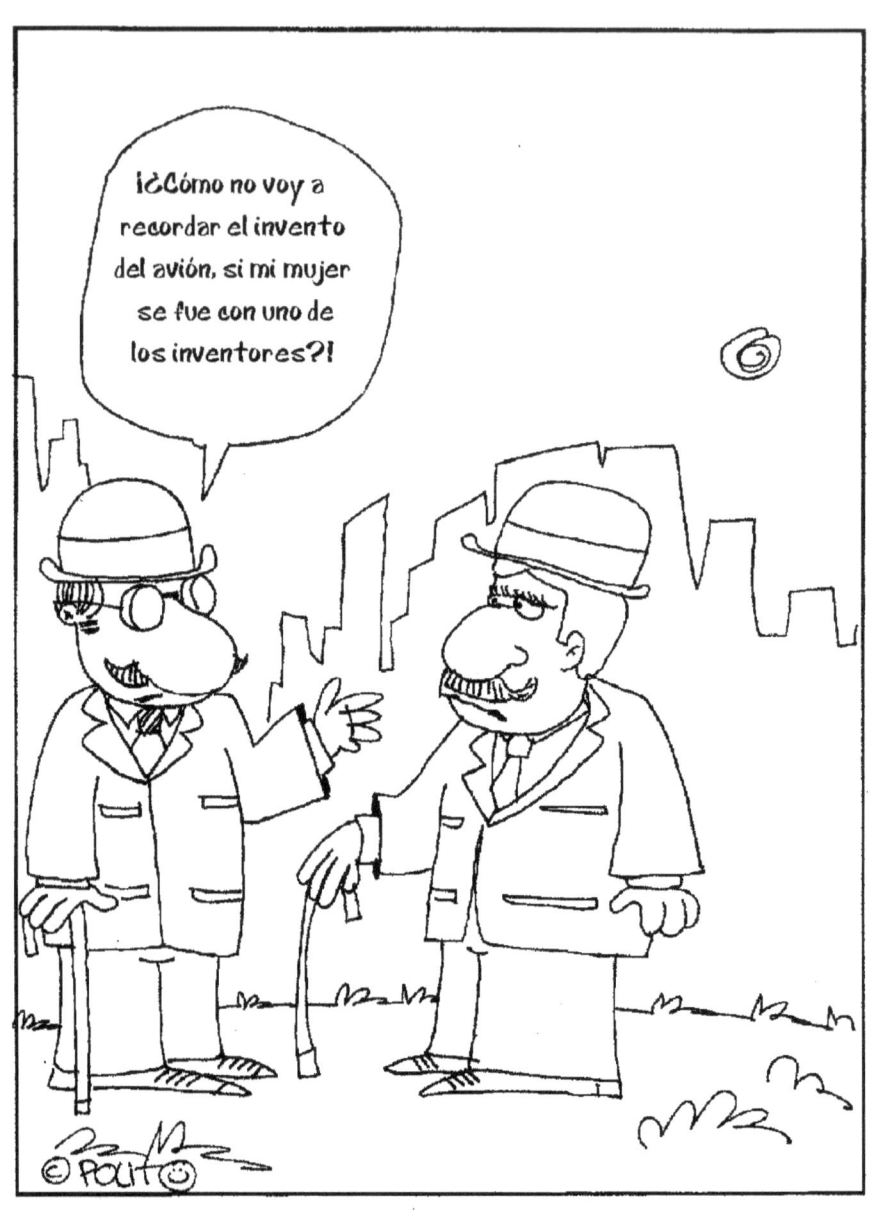

Of Course I remember the invention of the plane. My wife left in a plane with one of the inventors

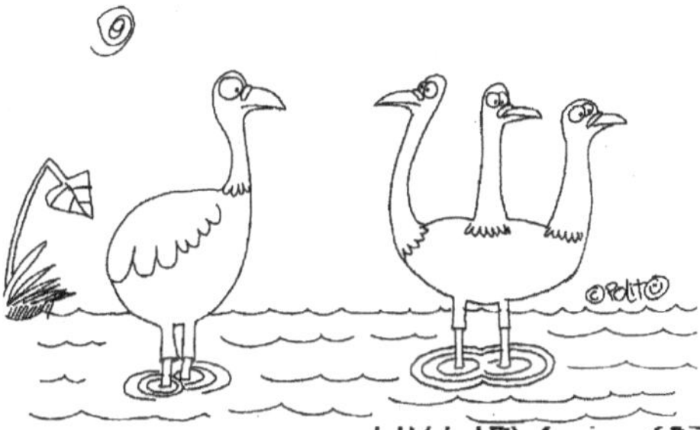

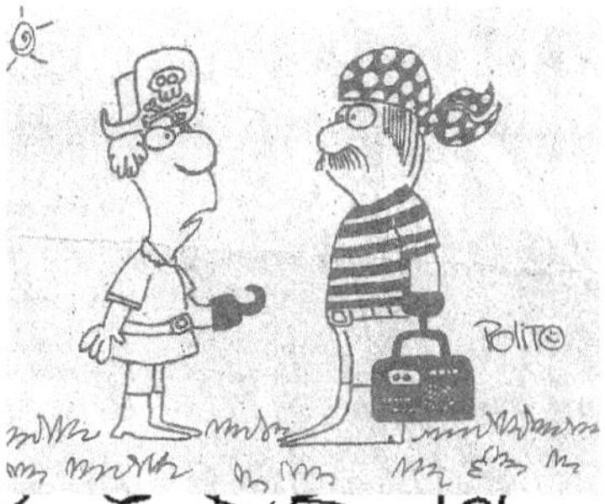

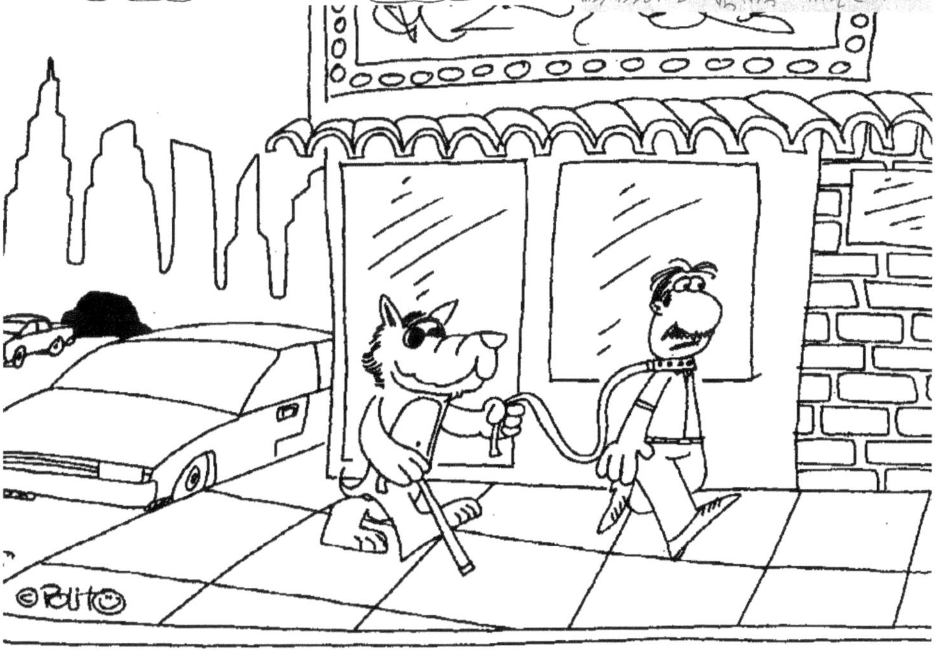

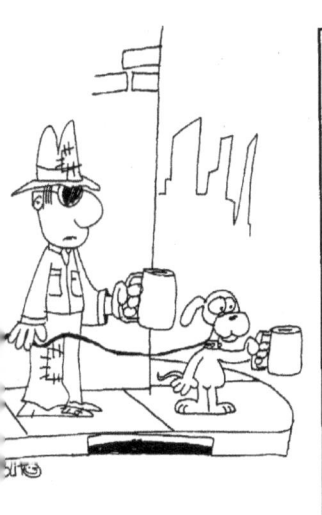
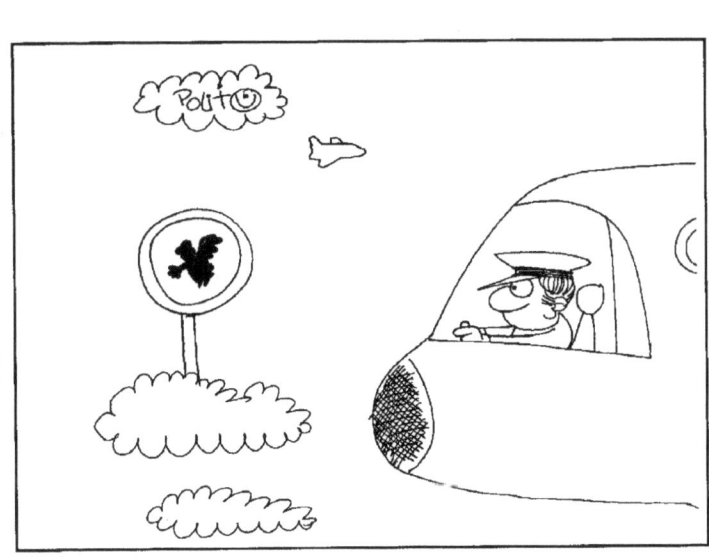

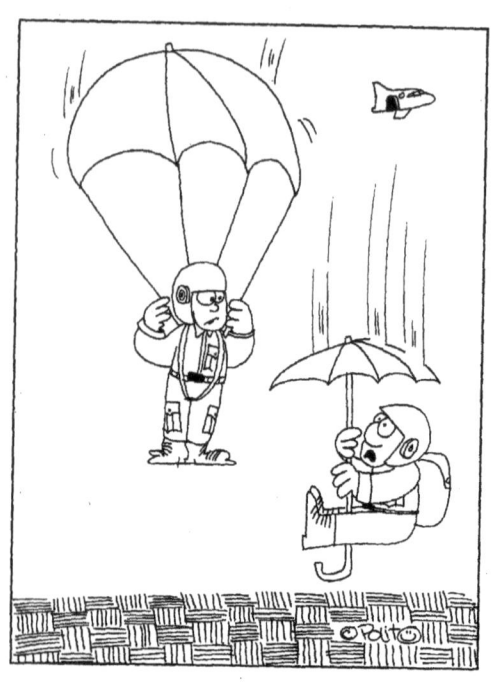

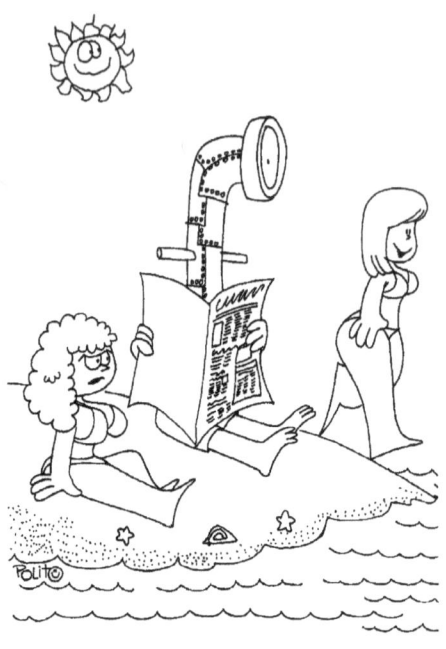

I don't know what is a pacifist?
Someone who seats at your table, eats your food, bites your hand and declares you war on the name of peace

VIERNES 18 DE ABRIL

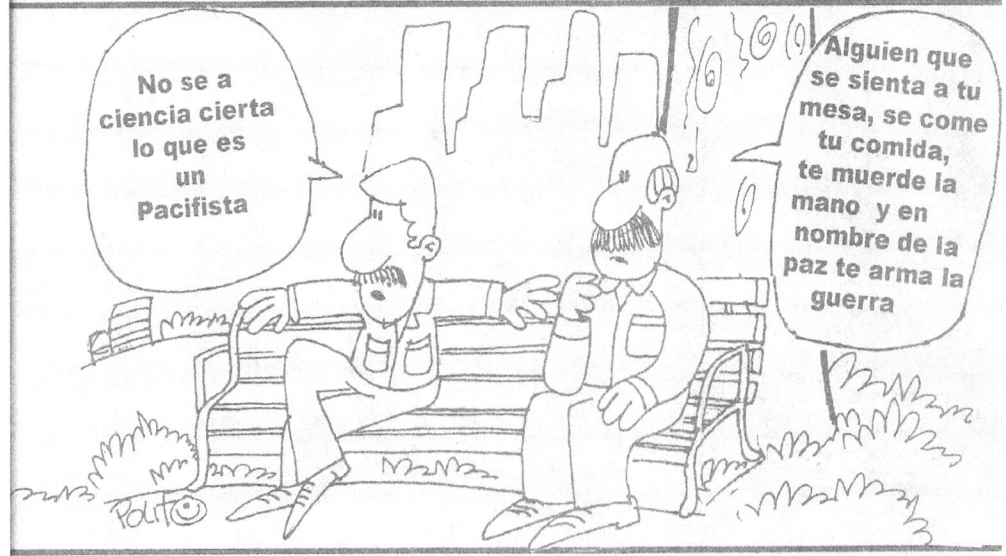

**_They are looking for a name for
the local transport of Orlando
·They should call them turtles: Too slow.**

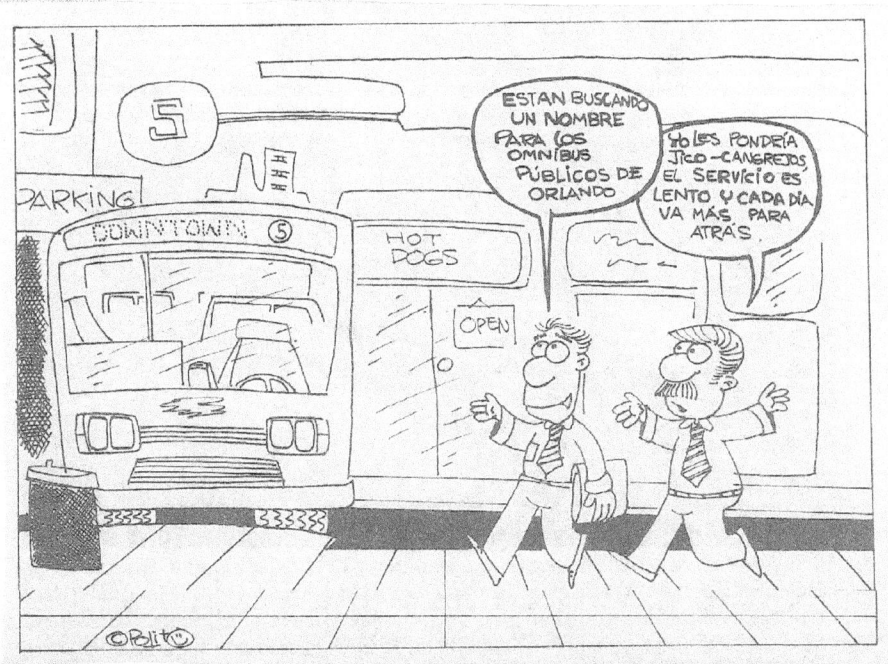

_She told me
to hug her
with all my
strength

Tribuna
de la
Habana,
Cuba 1987

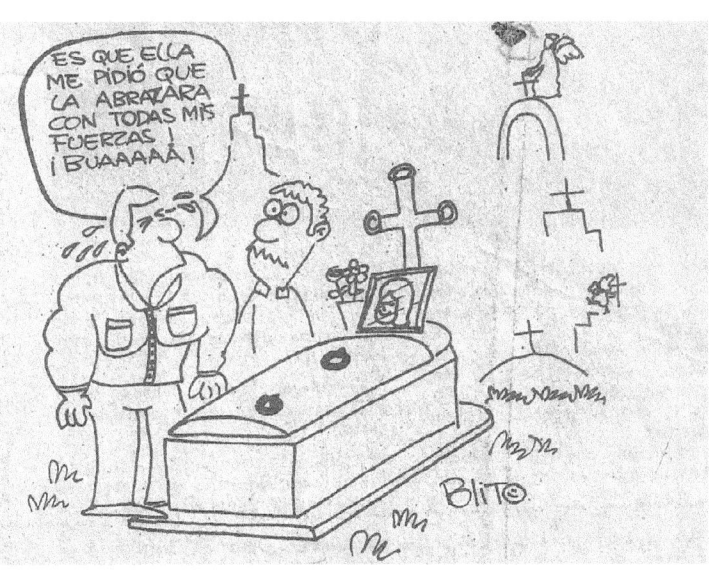

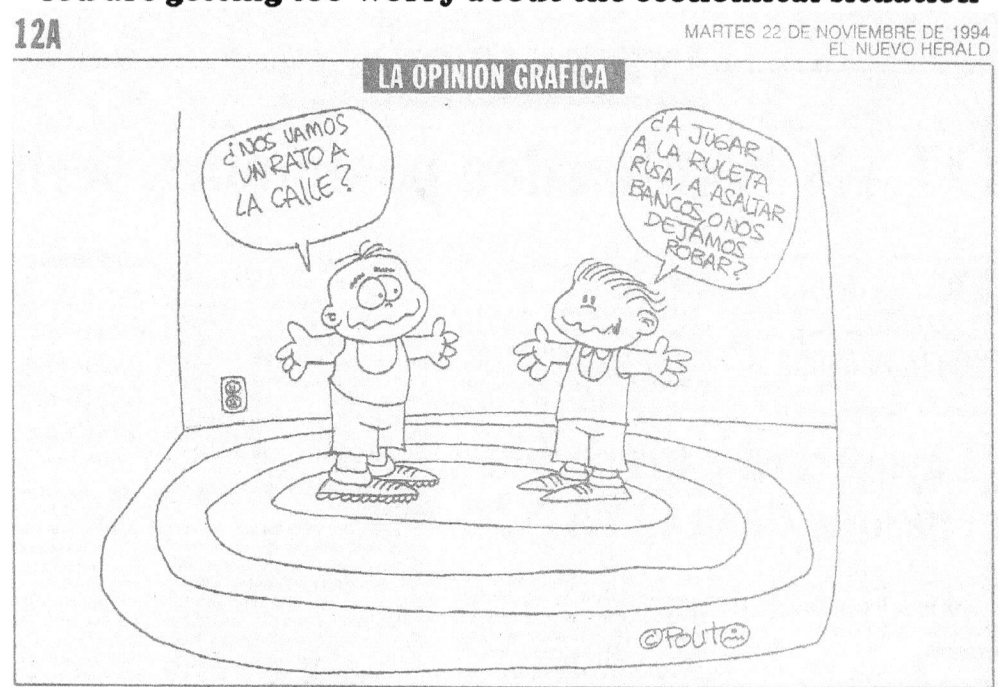

EL NUEVO HERALD
LUNES 13 DE FEBRERO DE 1995

LA OPINION GRAFICA

You are getting too worry about the economical situation

MARTES 22 DE NOVIEMBRE DE 1994
EL NUEVO HERALD

LA OPINION GRAFICA

**- Can we go to the street?
-...To play Russian roulette,
rob banks or let others to steal from us?**

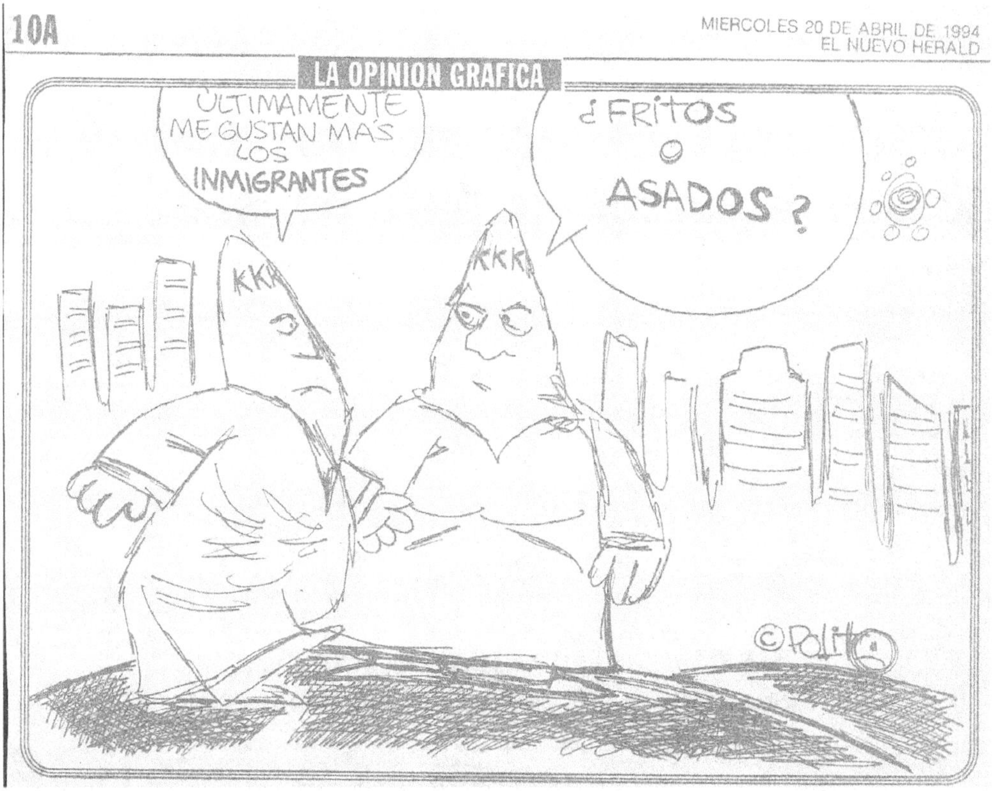

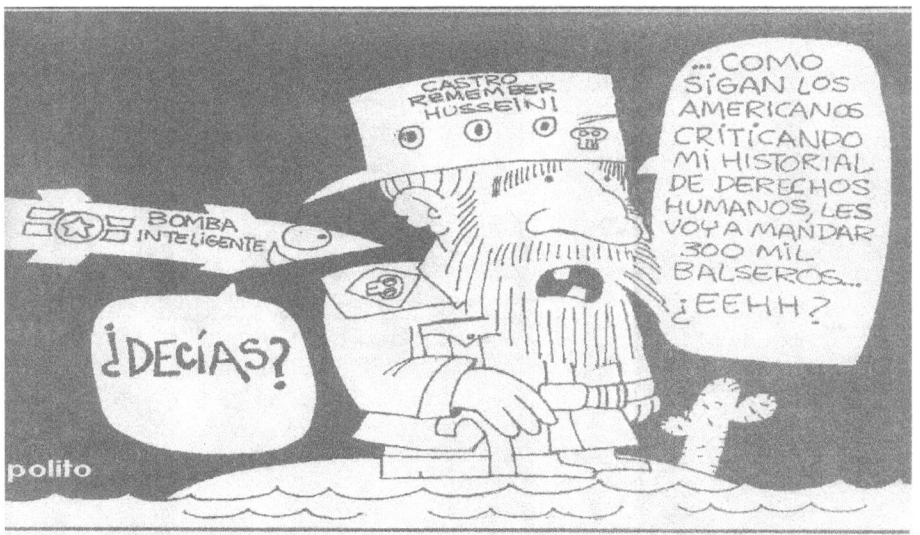

- I like inmigrants lately
-Fried or roasted?

-If they continue criticizing my record of human
rights violation, I will send them 300000 rafters
Inteligent Bomb: - What did you say?

JUEVES 12 DE MAYO DE 1994
EL NUEVO HERALD

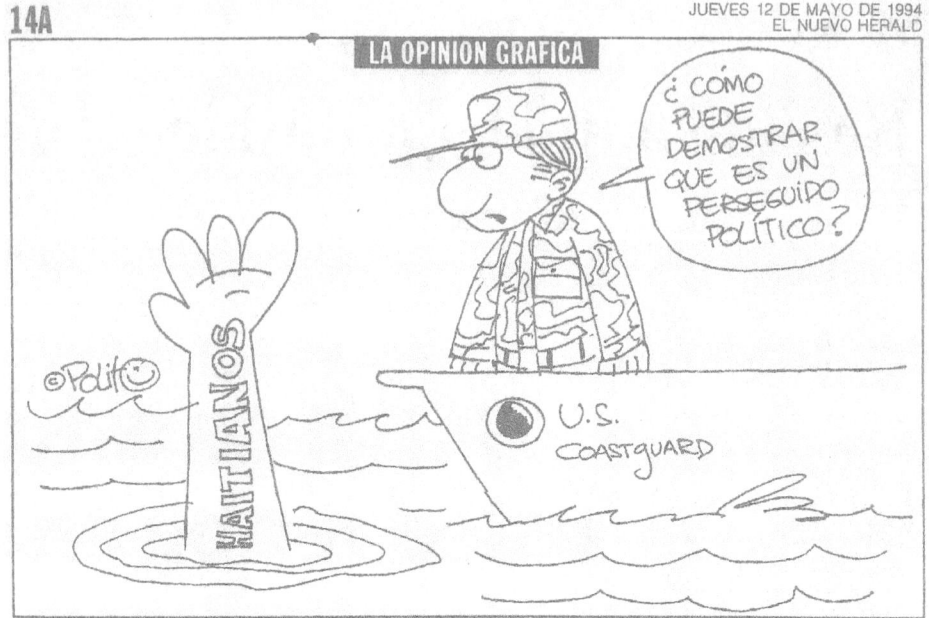

**US Coastguard to Haitian refugees:
" -How can I know that you are a political refugee?"**

Editorial

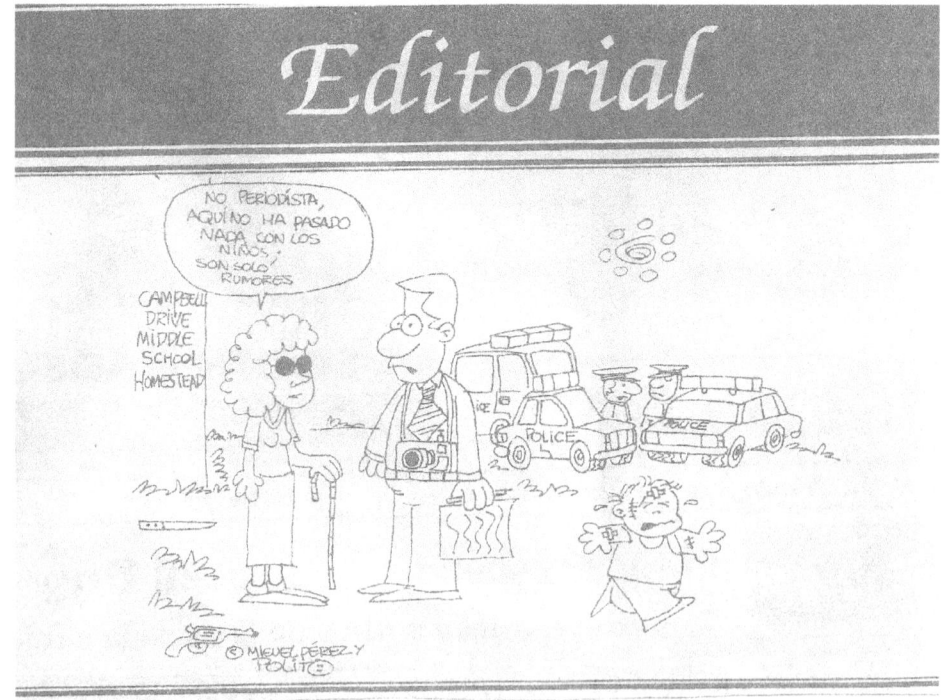

**Sorry Journalist, over here nothing has happened
with the kids, just rumors**

MIERCOLES 17 DE AGOSTO DE 1994
EL NUEVO HERALD

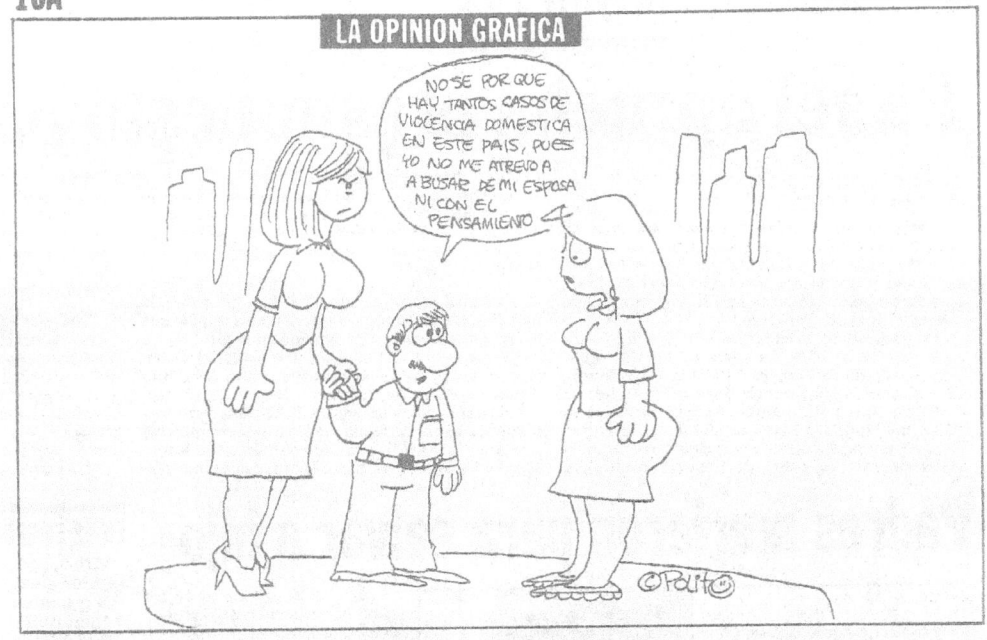

-I don't know why so many cases of domestic violence in
this country: I wouldn't hurt my wife even with a though

JUEVES 7 DE JULIO DE 1994
EL NUEVO HERALD

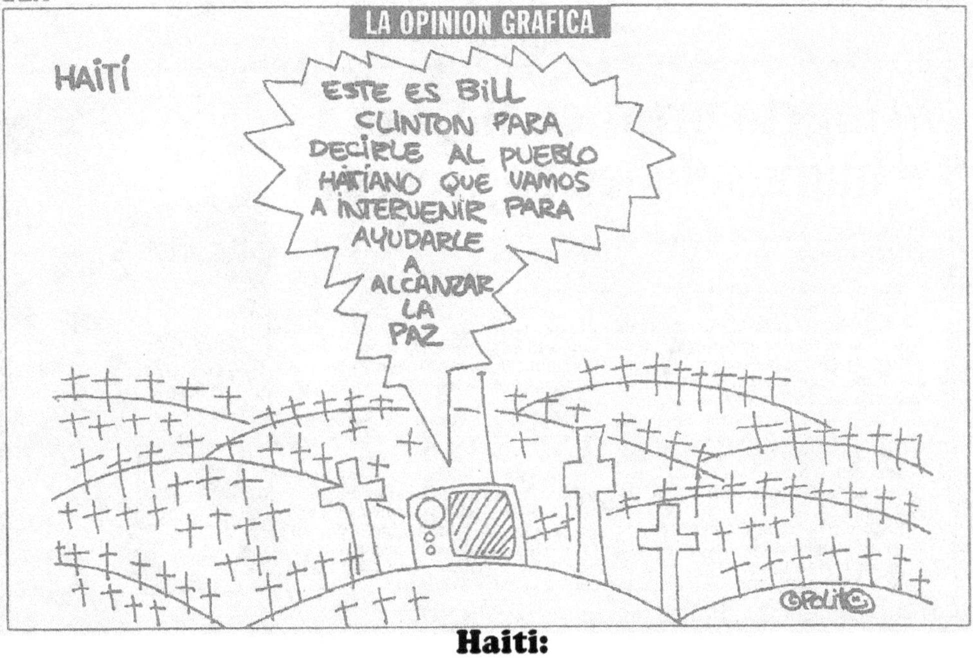

Haiti:
This is the president Clinton to tell the haitian people:
"We are going to send our troops to help you get peace".

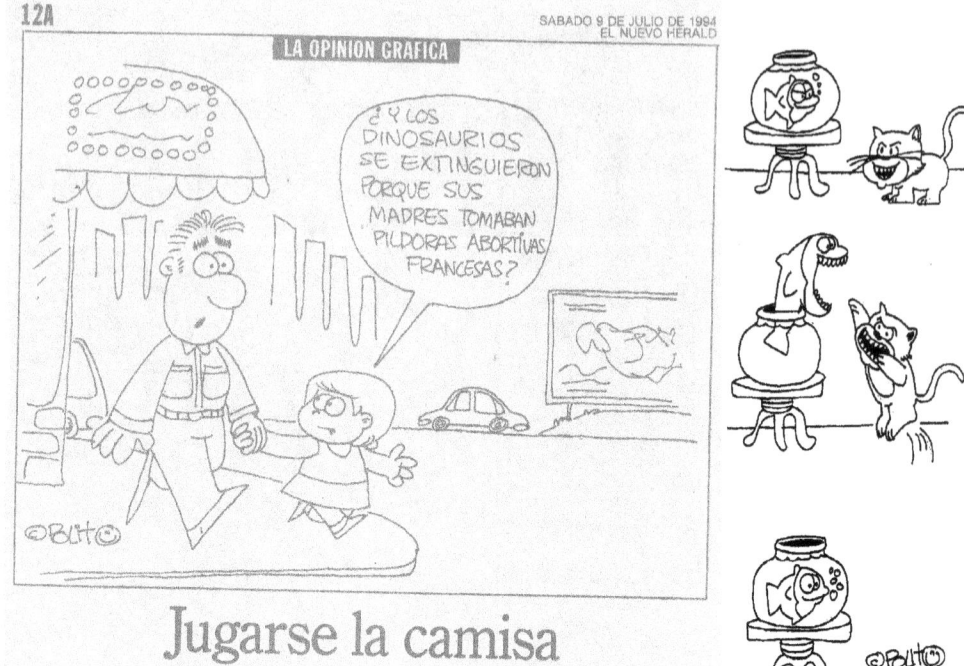

· Dinosaurs got extinct because their
mothers used to take contraceptive pills?

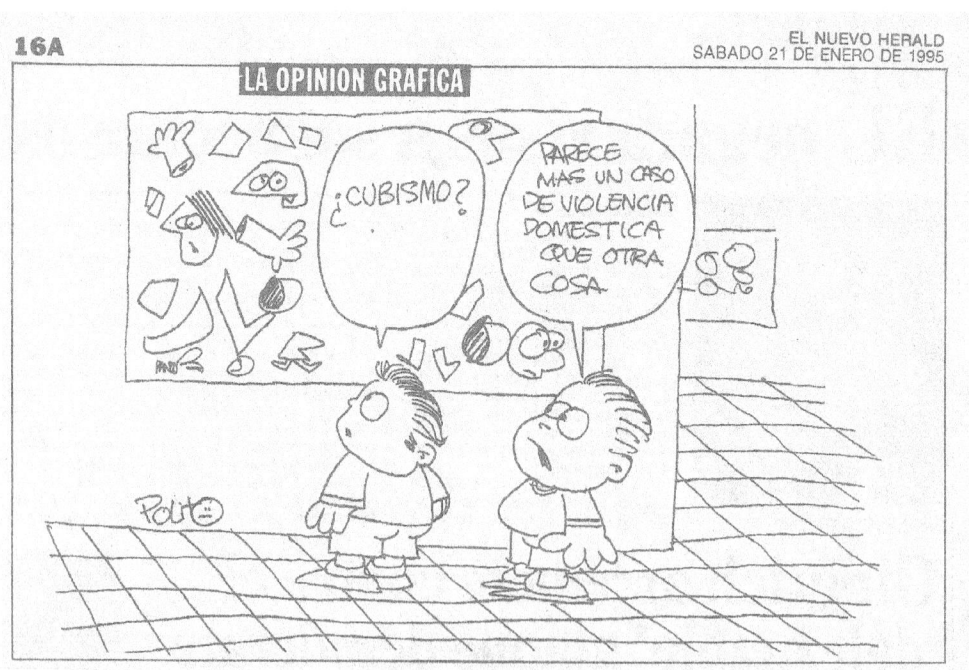

_Cubism?
_Looks more like domestic violence

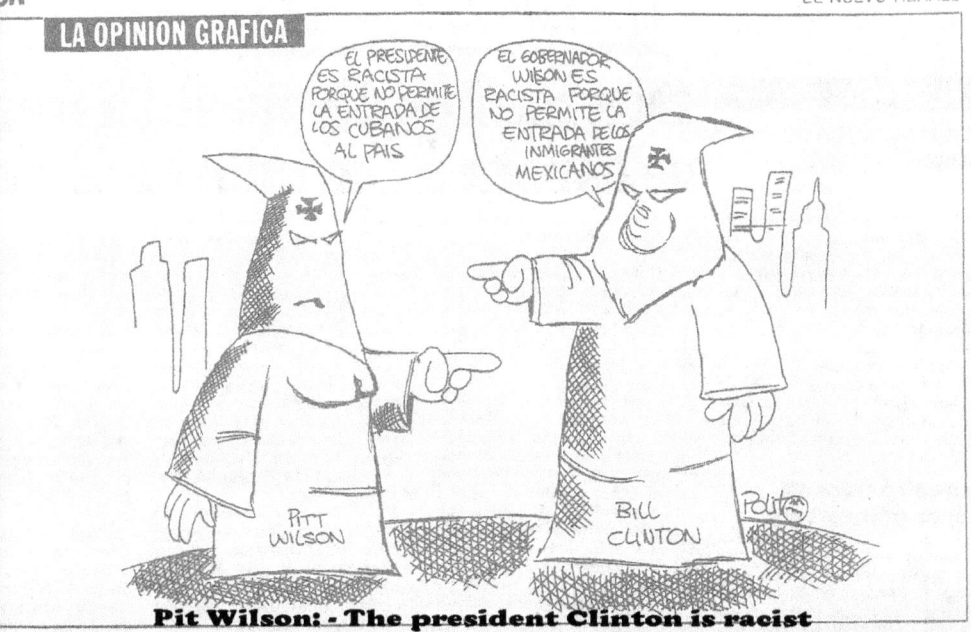

Pit Wilson: - The president Clinton is racist
because he doesn't allows cubans into the country
Bill Clinton: -Governor Wilson is racist beacause he doesn't
allows mexicans in the country

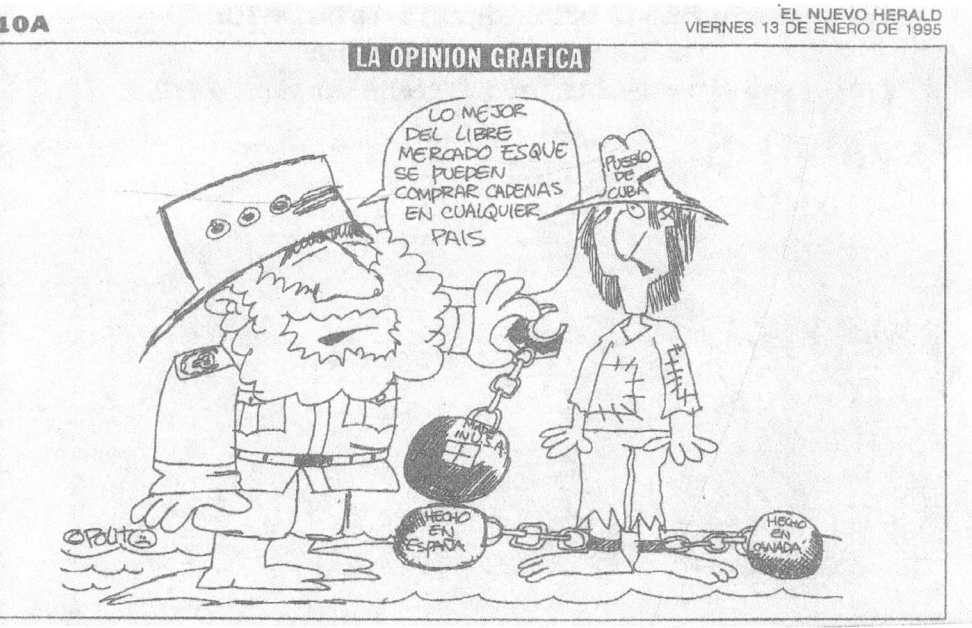

-The good thing about the free market is that you can buy chains for
the cuban people in any country

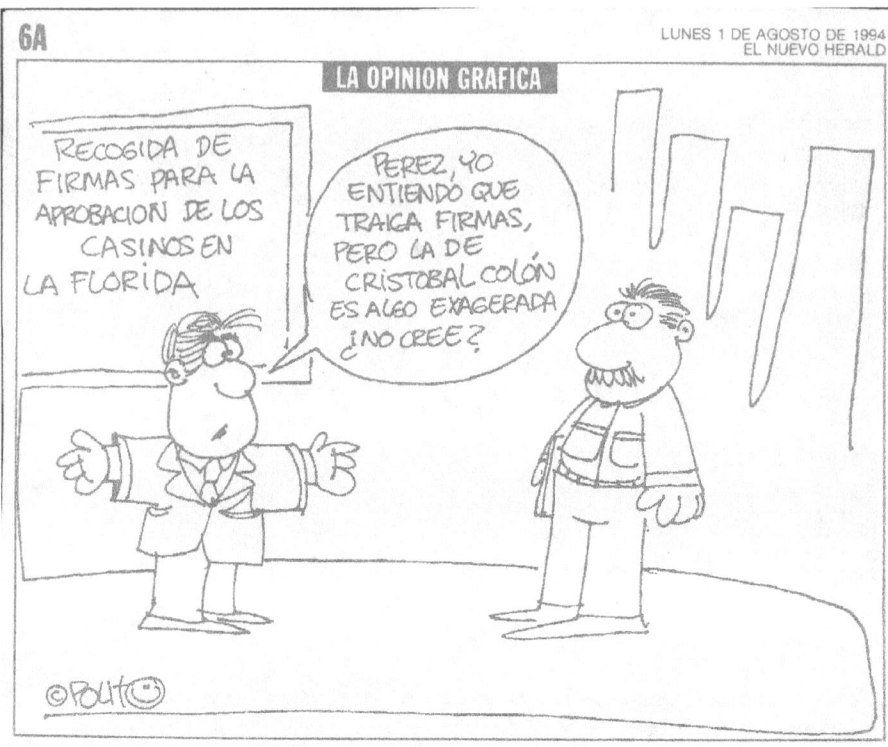

**Collection of signatures for the approval
of casinos in Florida: " I understand that you
would like to bring signatures but with
the Christopher Colombus
one, you are pushing the envelope too far away".**

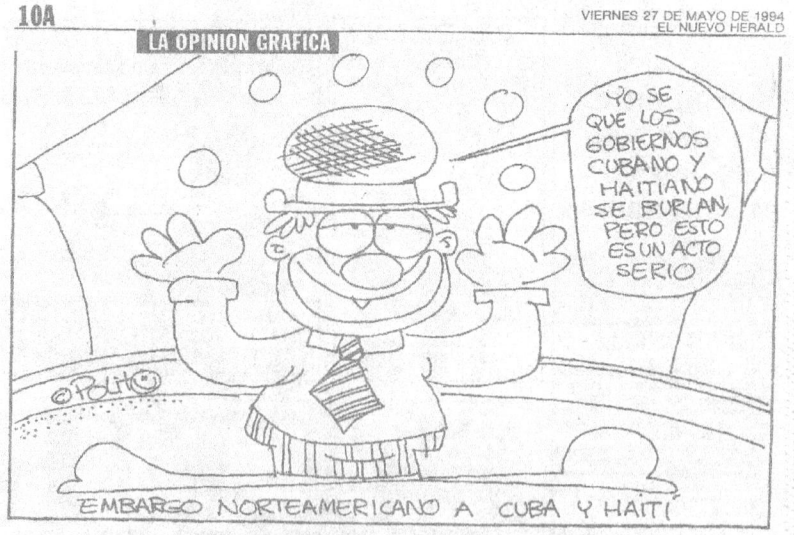

**American embargo to Cuba and Haiti:
I know Cuban and Haitian Government laught at us
but this is a serious act.**

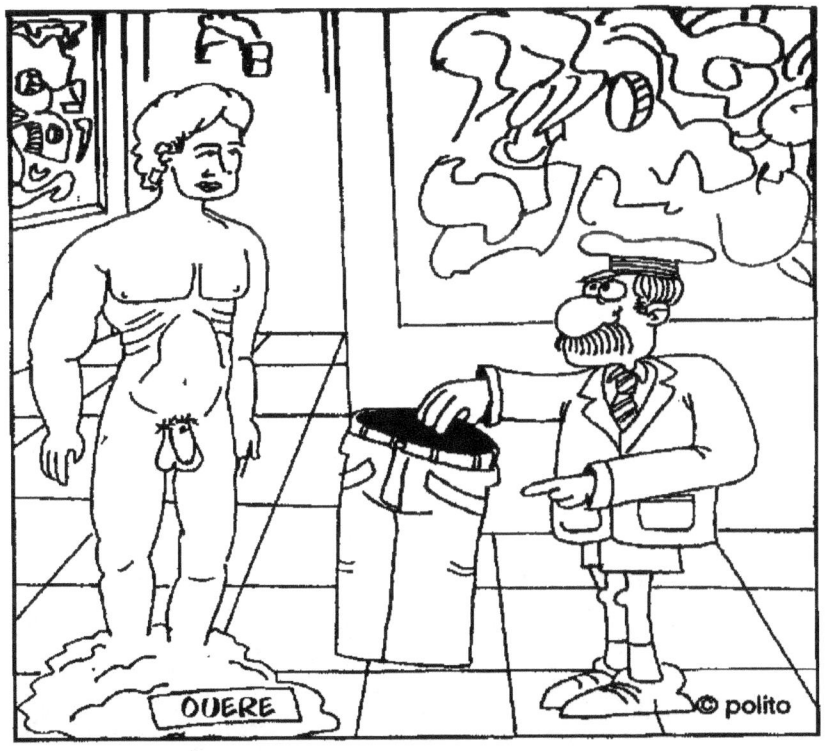

-friends are very
unconstant, the other day
one of them left me
for my wife

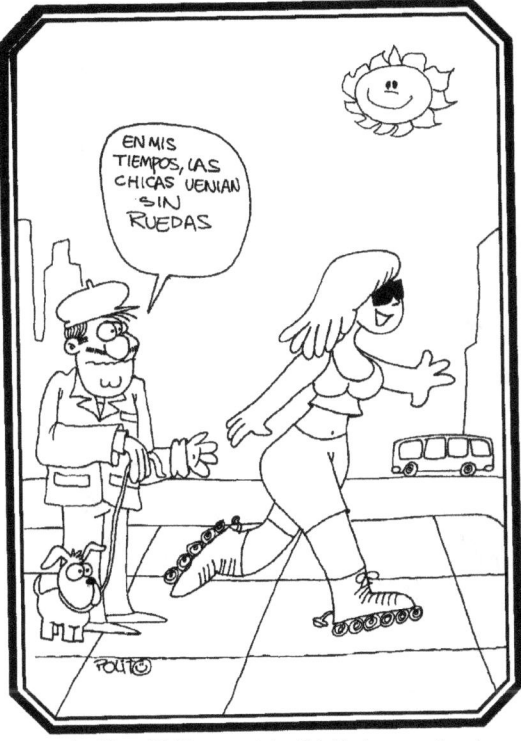

_ In the old times girls didn't have wheels

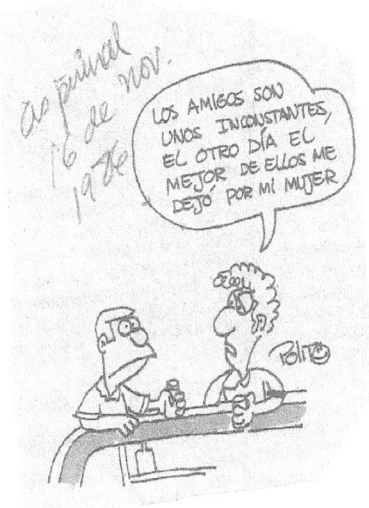

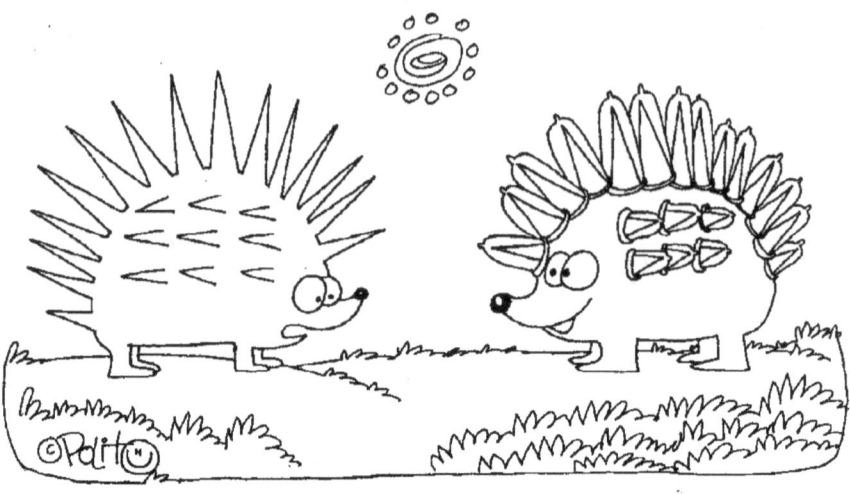

Cultivating Flowers?
Then I have to arrest you for subversive

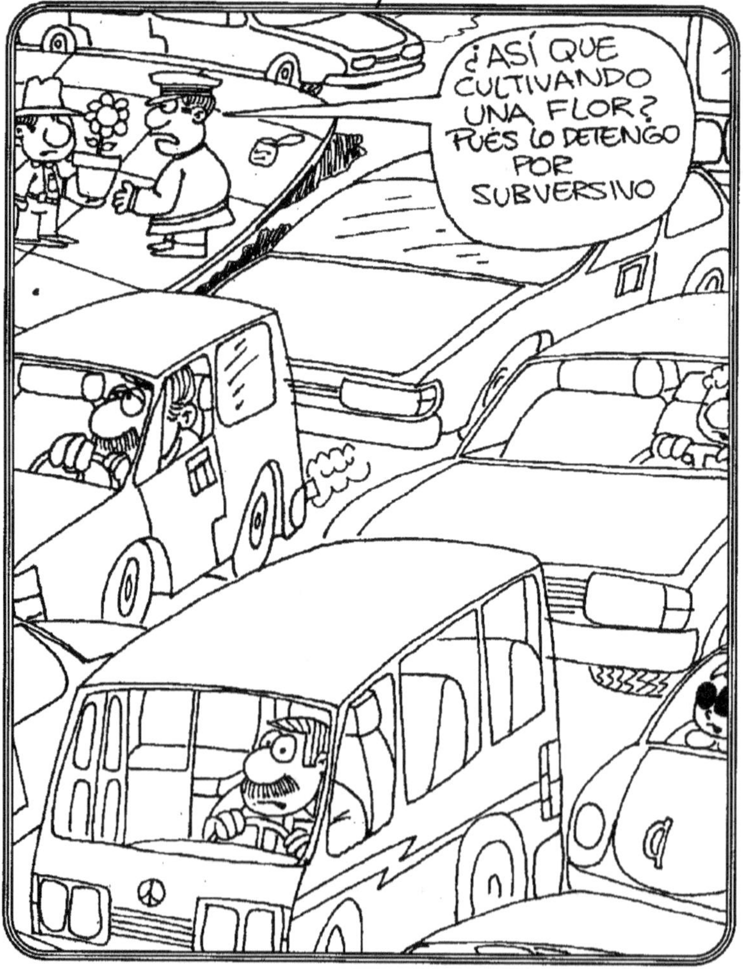

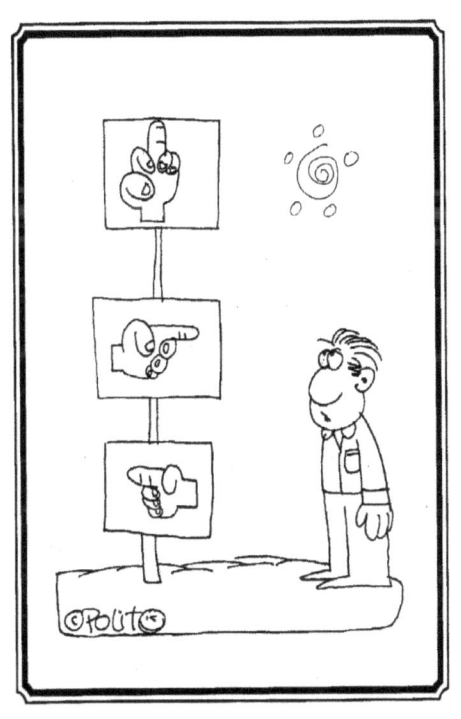

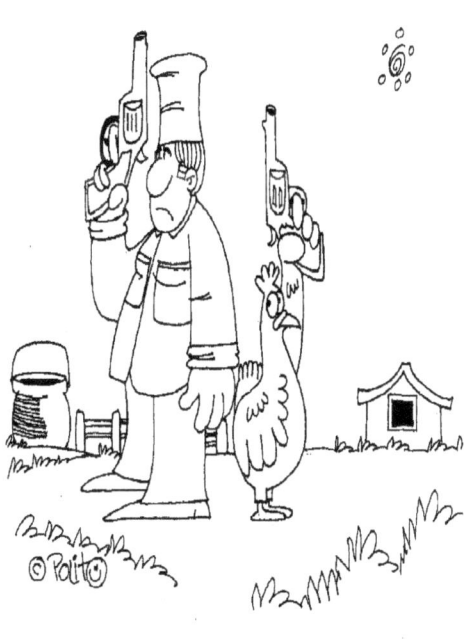

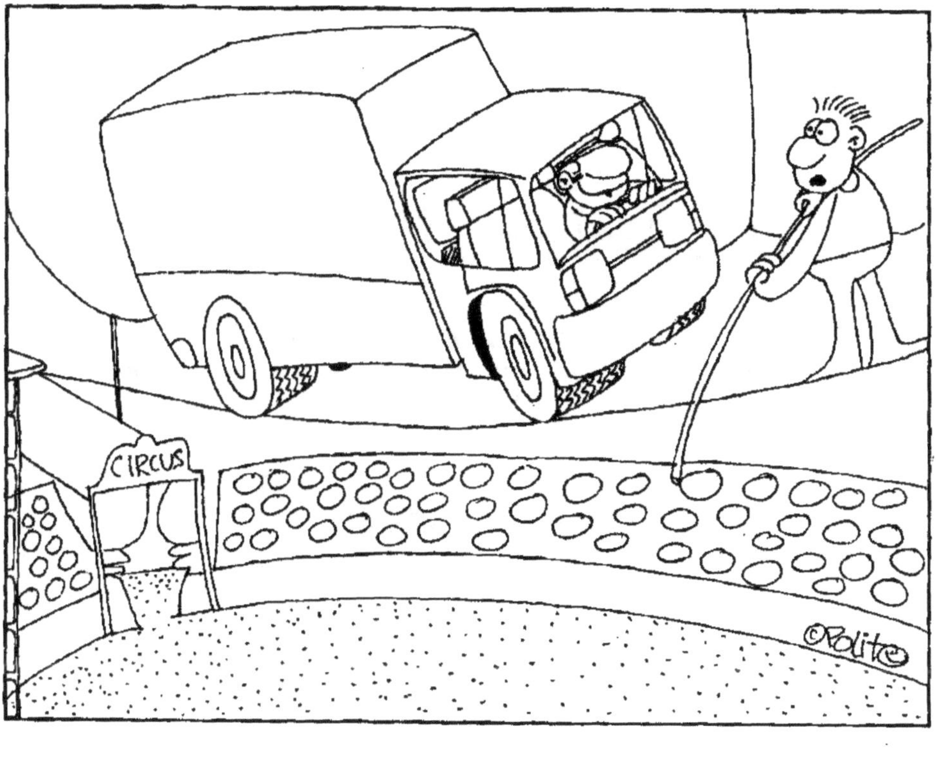

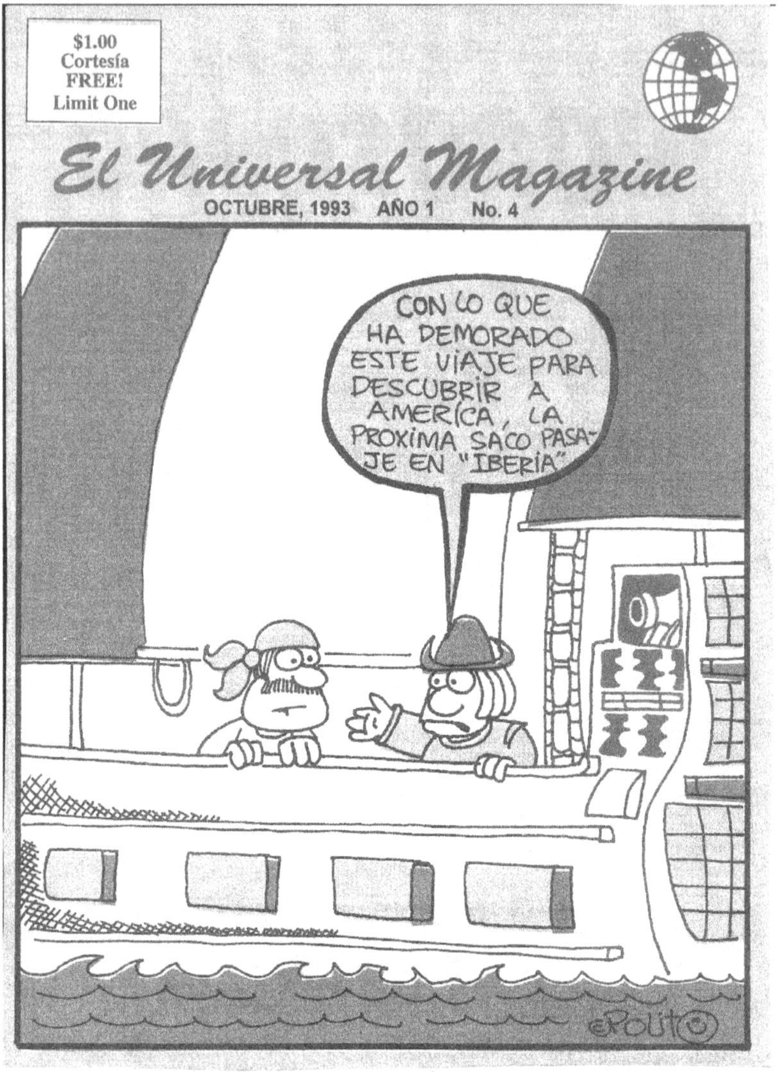

**This trip to discover America has taken
so much time that next time I will get a ticket in an airline**

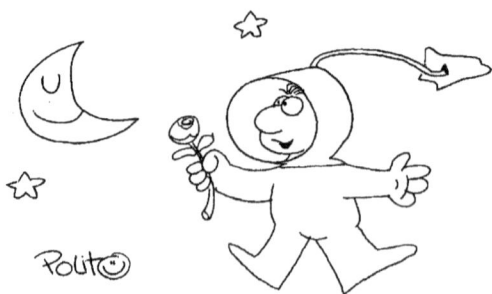

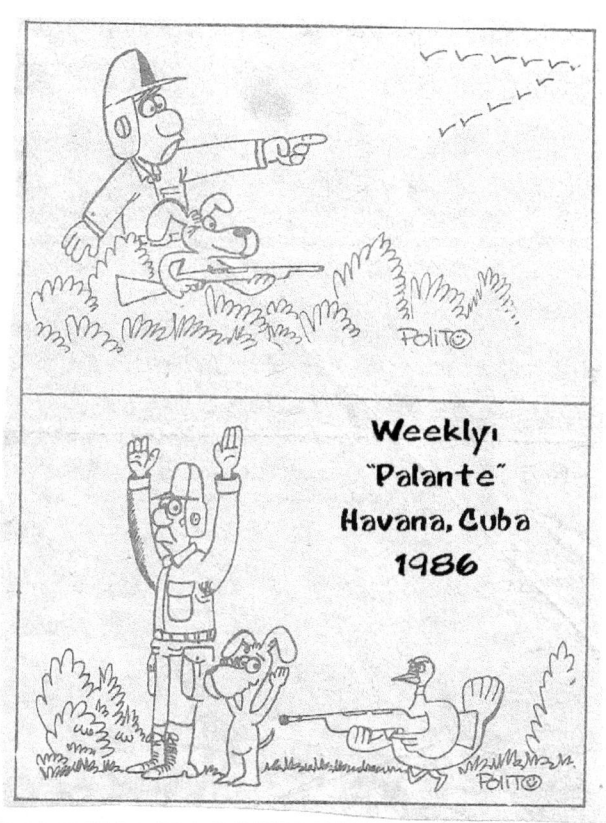

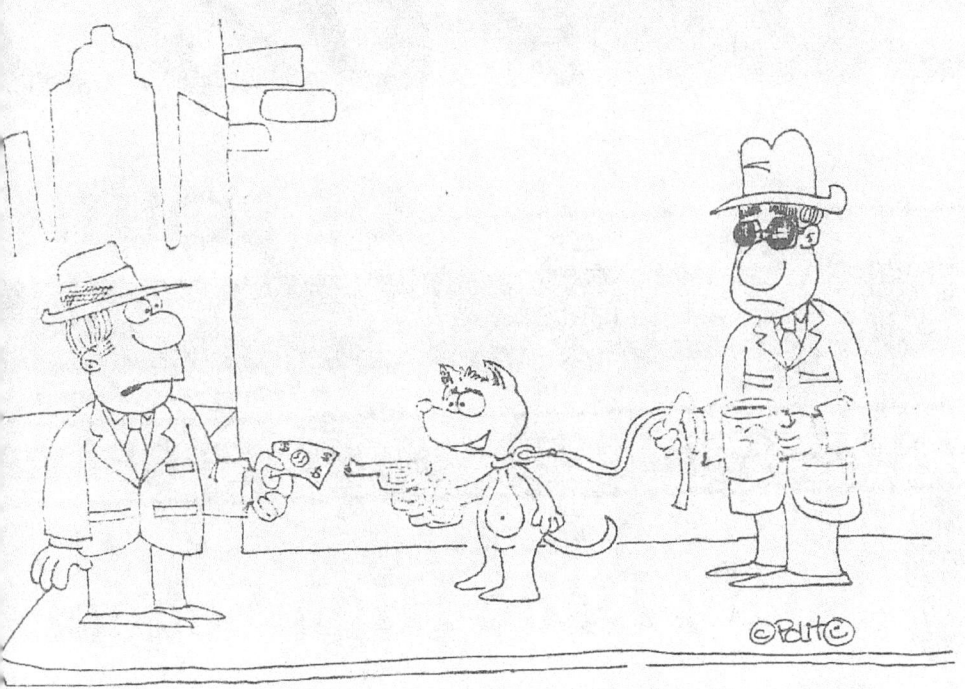

HUMOR HUMOR

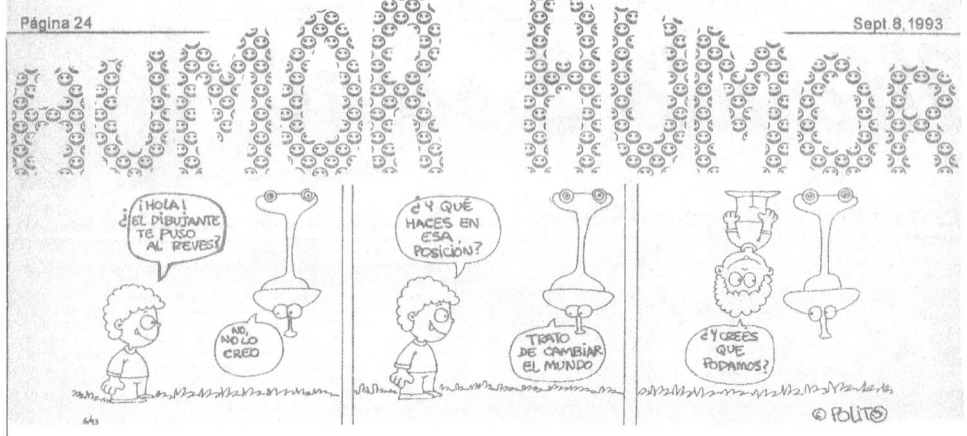

-Hello, the cartoonist putted you upside down?
-Nope

...And What do you do in that position?
-I am trying to change the world

- Do you think we could?

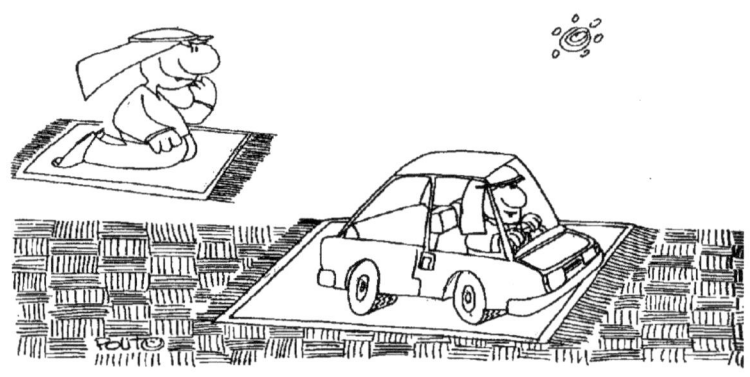

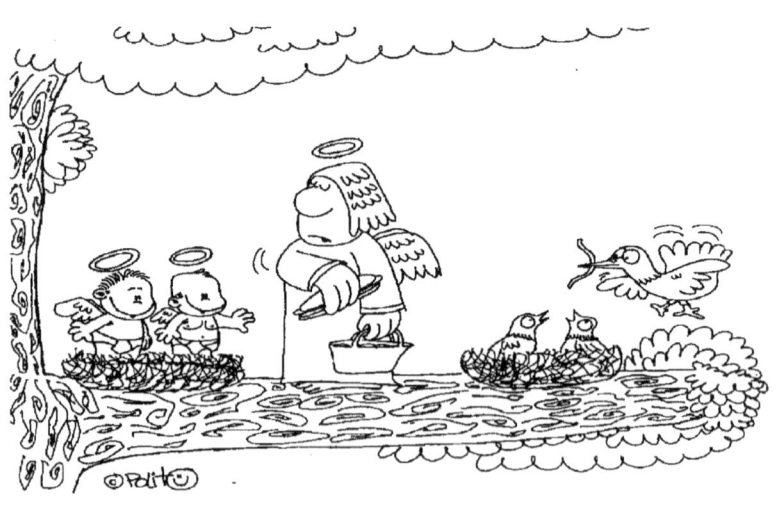

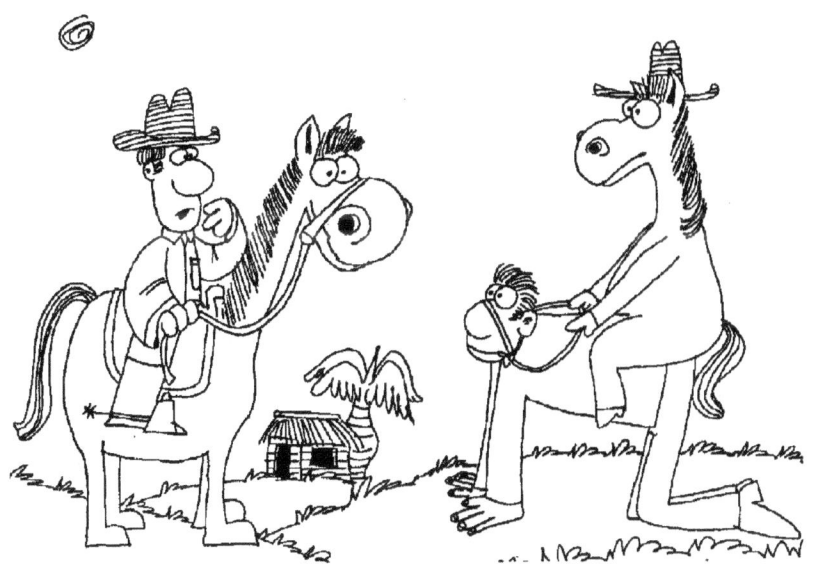

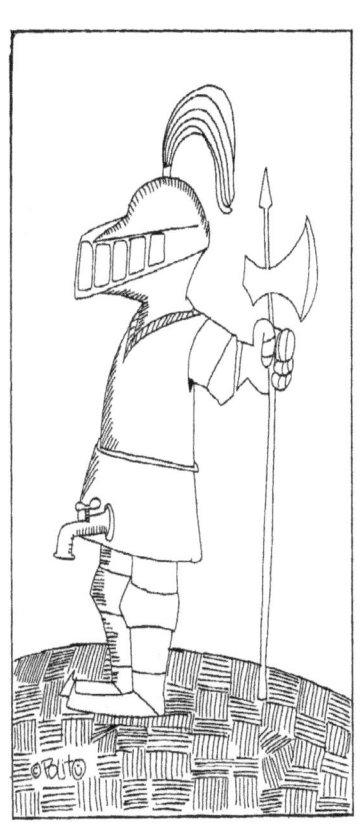

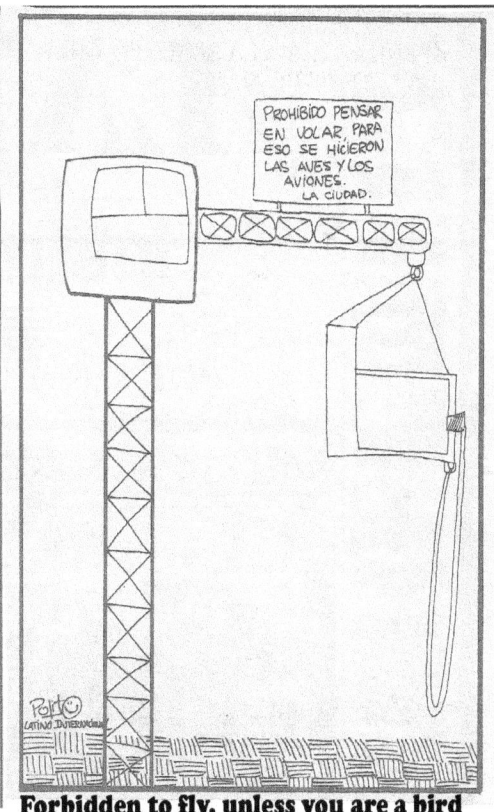

Forbidden to fly. unless you are a bird or a plane.
(The city of Orlando forbids Bunjee jumping)

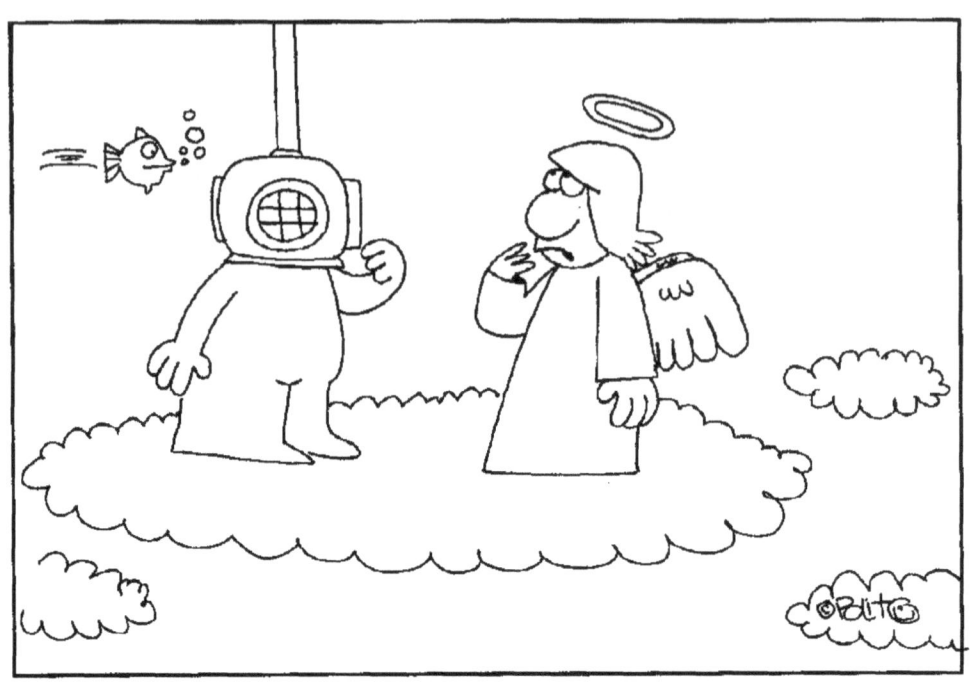

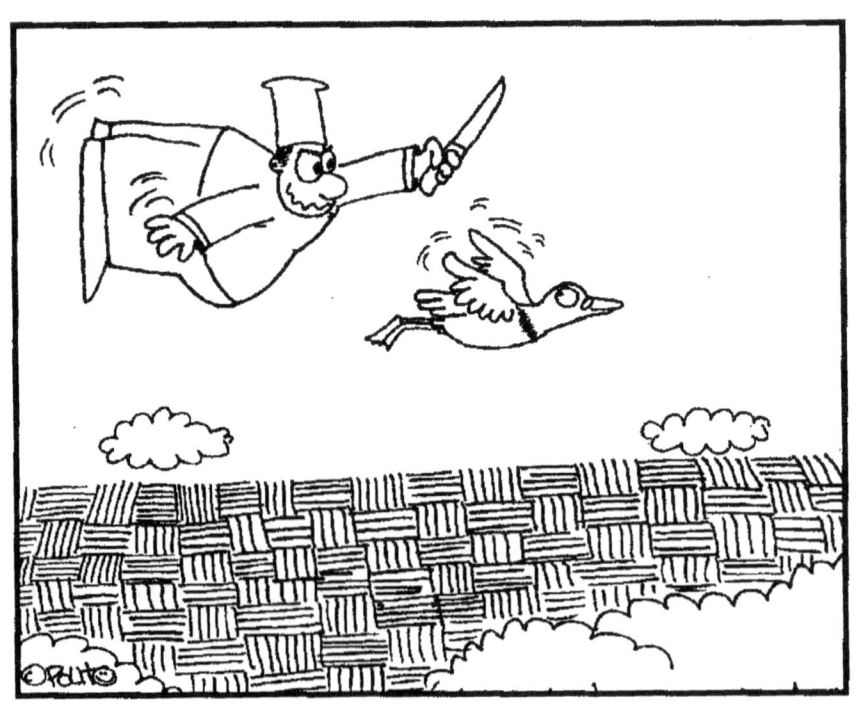

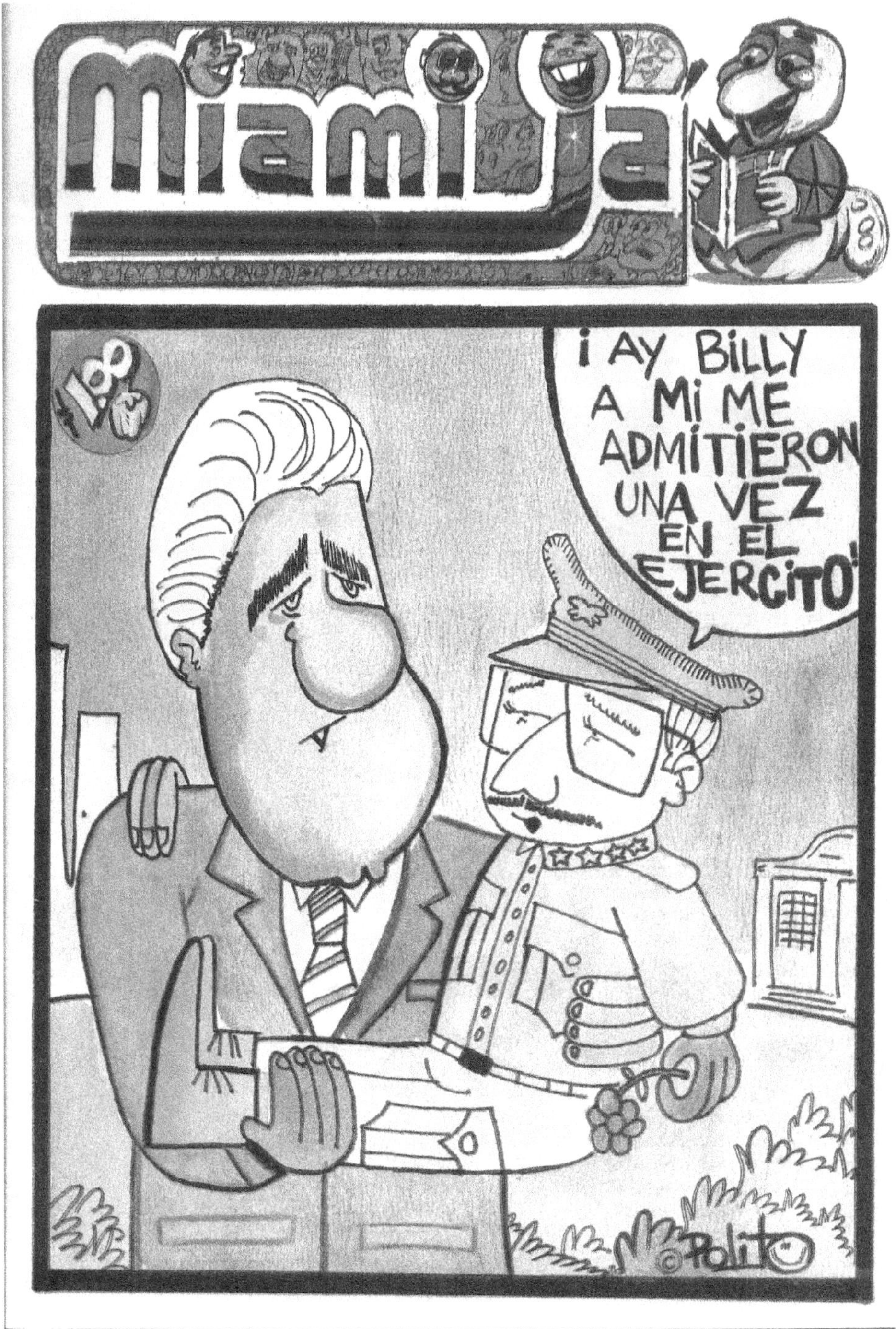

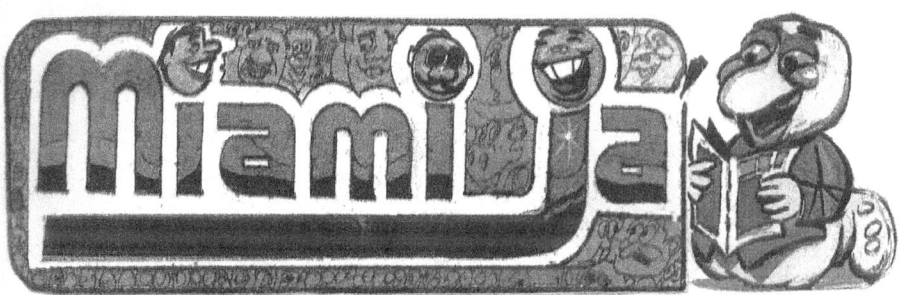

Raul Castro to Bill Clinton:
-"They admitted me once in the Army".

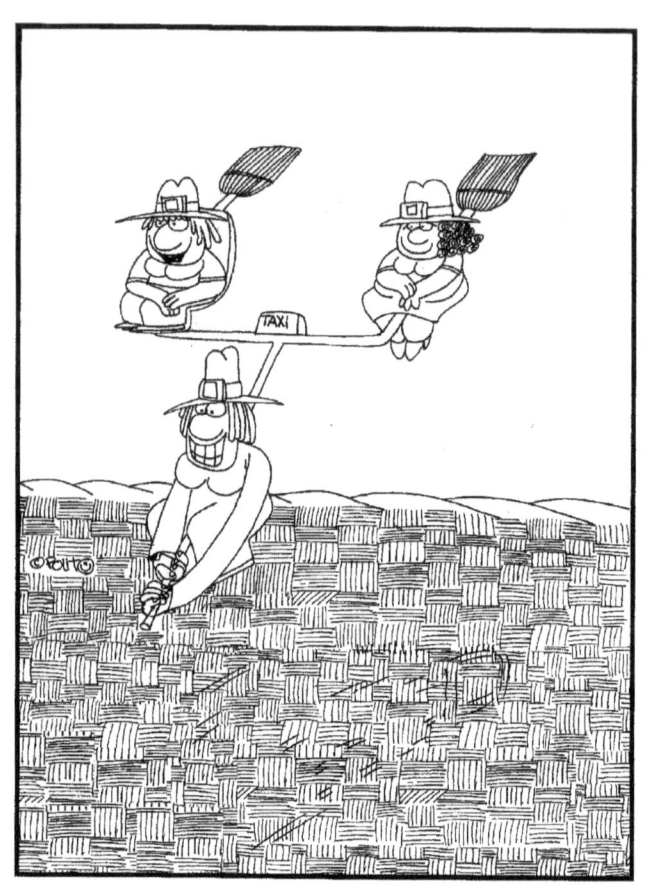

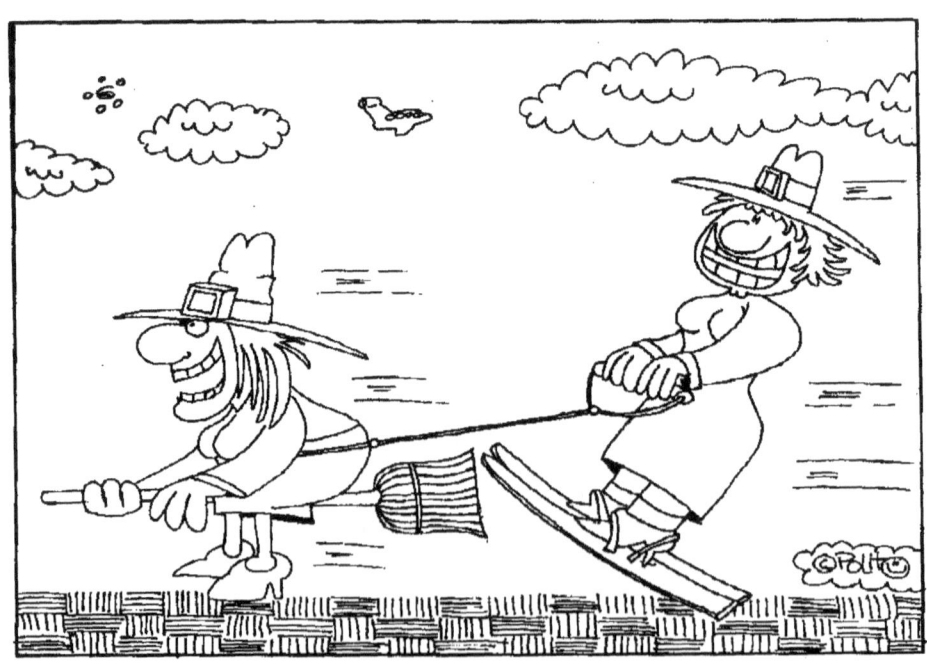

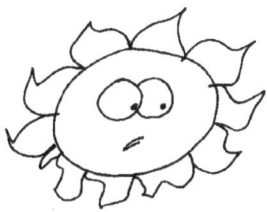

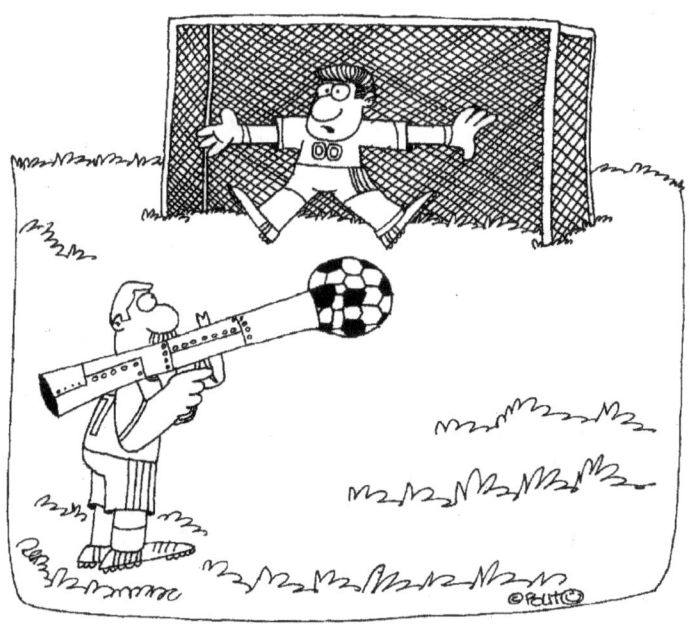
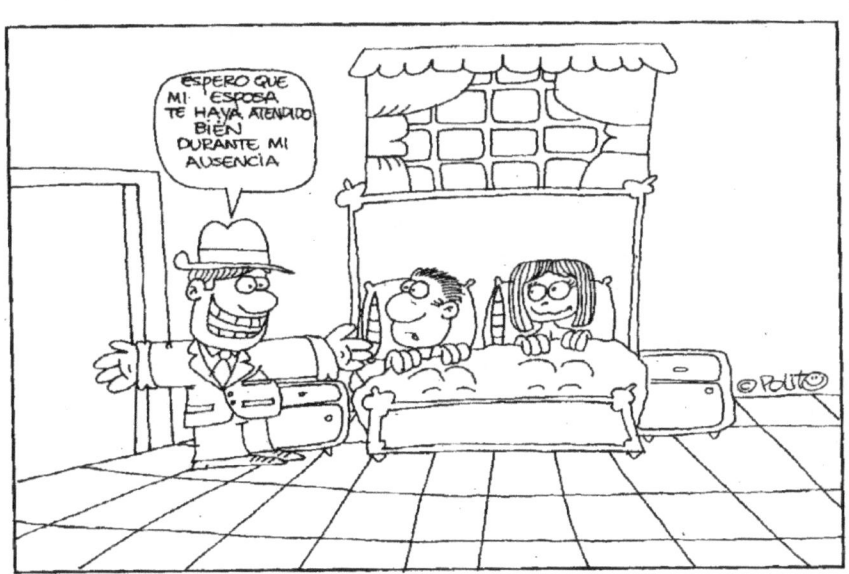

I hope my wife has treated you well during my absence

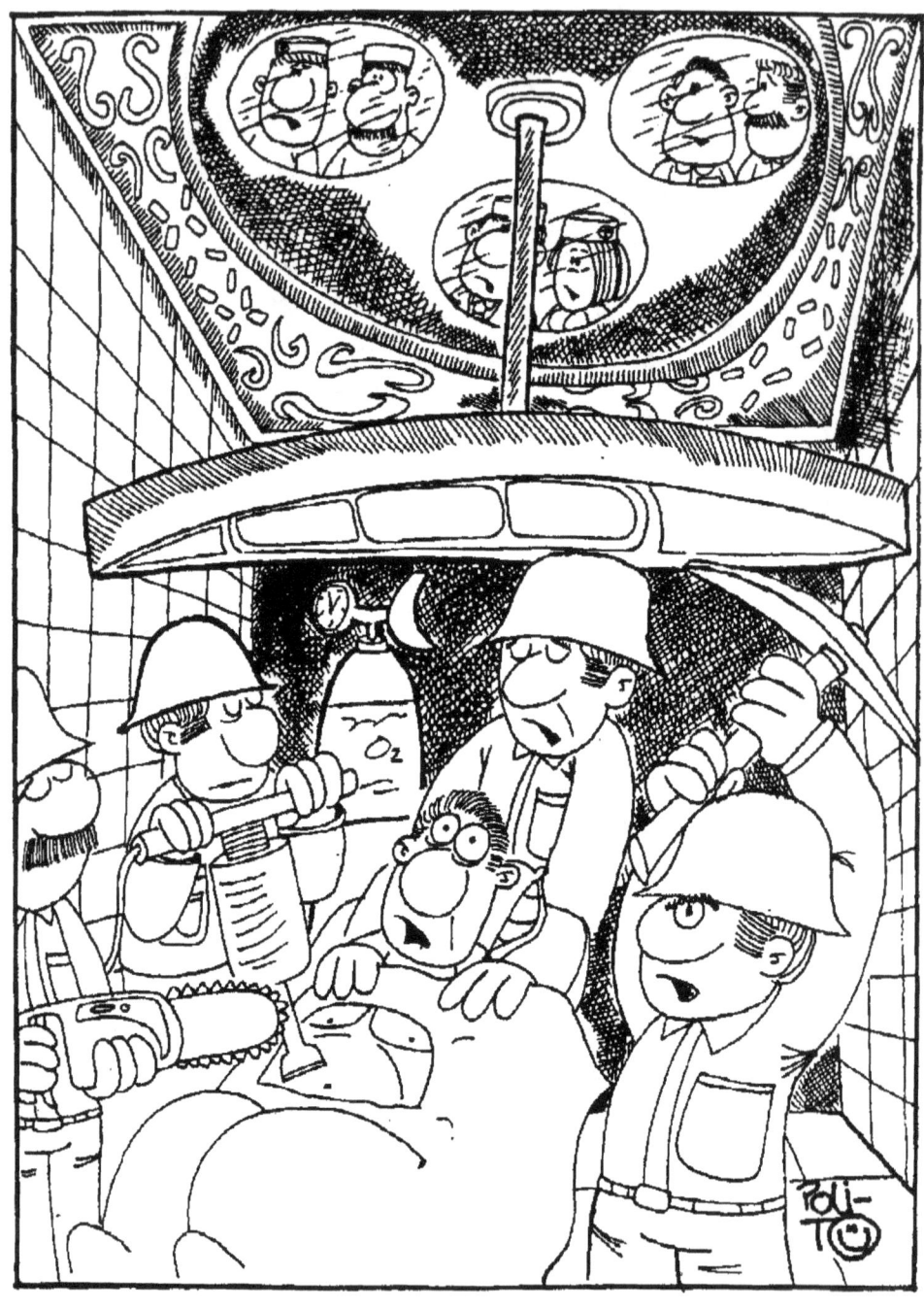

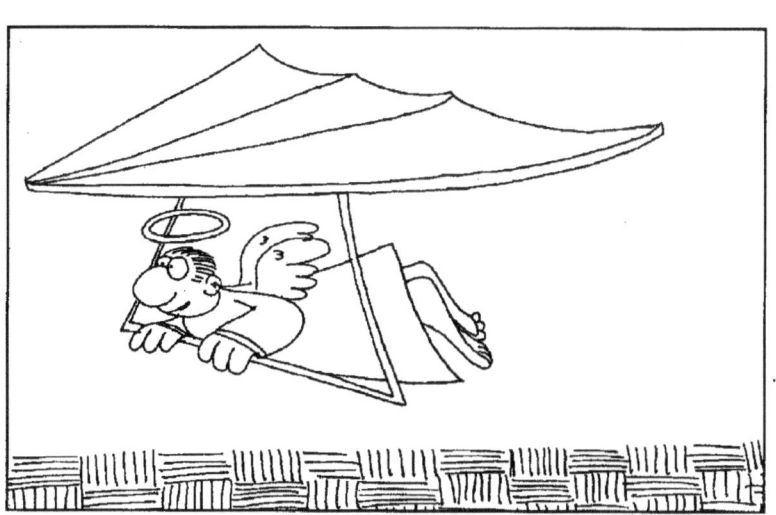